保险法商

典型案例解析

张 韧 张 礼 ◎编著

中国金融出版社

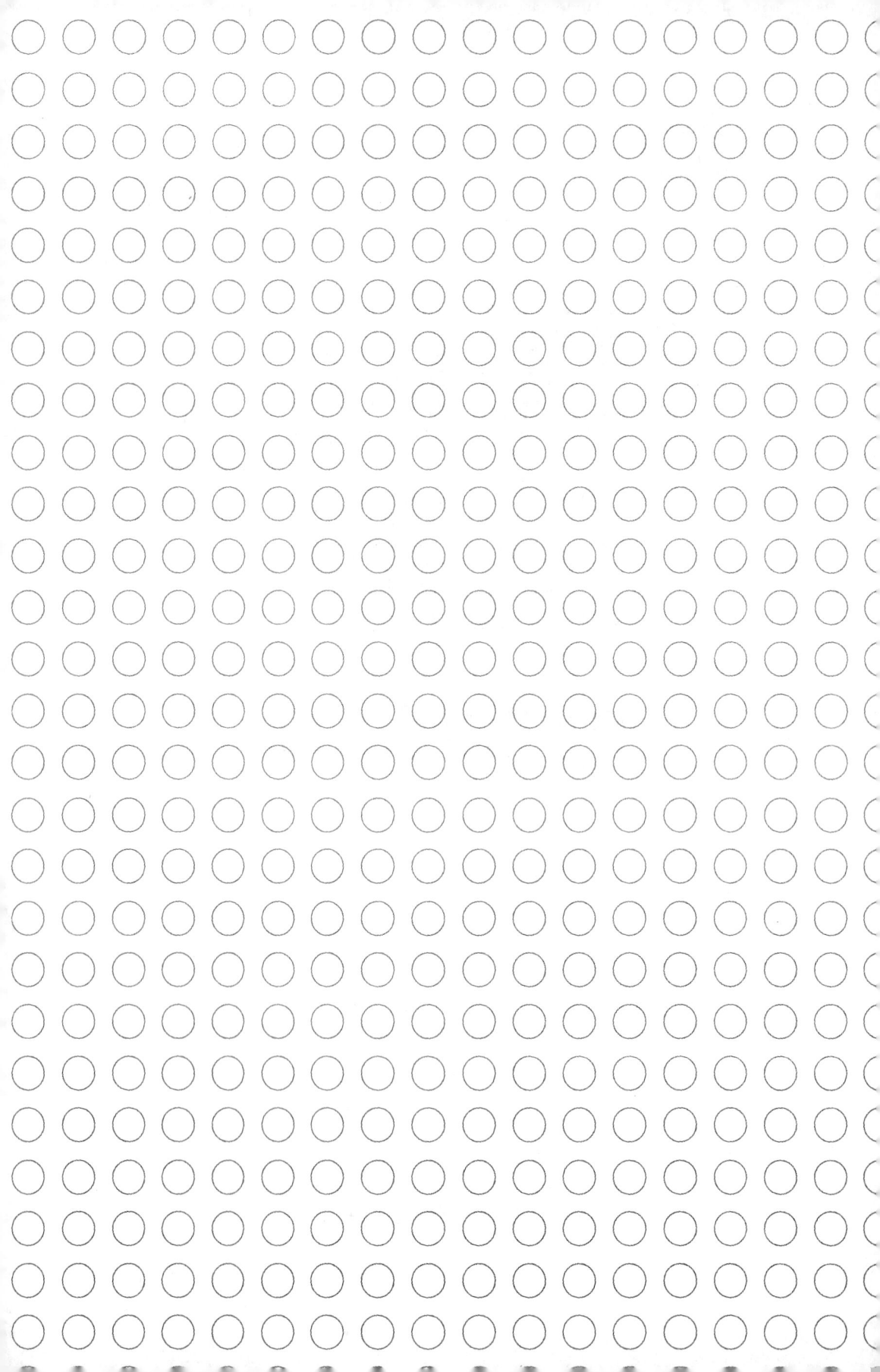

前　言

随着全民保险意识的提高，保险已走进了千家万户，为大家在面对风险时带去一份可靠的保障。

保险，与有形的产品不同，其本质上是一种合同，在达到约定的理赔条件时，保险公司才会向合同指定的人员（或法律规定的人员）给付保险金。保险消费者和保险从业人员具备一定的保险法商知识，对维护保险消费者的利益，更好地发挥保险的作用，促进保险行业的健康发展都具有重要的作用。

随着科技手段的发展，获取保险知识和产品的渠道已经非常丰富。但由于保险法商知识具有很强的专业性、复杂性和广泛性，普通保险消费者和保险从业人员若想系统的学习并非易事。甚至于有人从促进保险销售出发，将保险法商知识缩小至保险在婚姻家庭财产中涉及的法律知识。

现有的保险法律书籍主要是法官、学者和律师等专业人士所著，内容较为艰深复杂。而面对普通大众传播的保险法商知识则主要是较为零散的案例和观点，有些案例和观点已经比较陈旧，与当下的司法实务并不相符。

根据笔者的工作经验，当普通保险消费者遇到保险法律问题时，很难获得有效准确的法律知识作为参考。同时由于很多保险争议标的不高，受制于时间、费用和途径，普通保险消费者很难得到专业法律人员的帮助，从而造成了很多保险纠纷。这些情况既增加了消费者维护自身权益的成本，也影响了保险在大众心目中的形象，甚至还滋生了诸如"代理退保"等损害保险消费者和保险公司的行为。

为此，我们立足于个人消费者的日常保险消费场景，基于个人保险消费者在保险争议中涉及的热点和常见法商知识，精心筛选了近年来的真实司法案例。这些司法案例都是经过中级人民法院审理的案件，有的甚至是高级人民法院审结的案件，以确保所选案例对于同类纠纷具有一定的参考价值。

本书通过直接对司法判决书的概括梳理，让普通读者更快地掌握案件的重要事实脉络、所涉法律规定和判决理由，并对所涉保险法商知识进行了精准评析或类案对比。我们力求用通俗易懂的语言讲述主要的法律逻辑和知识要点，让读者在具体场景中去学习，让法律知识不再艰涩抽象。本书不仅适合保险消费者，也可以为保险从业人员和有志于保险法领域的法律专业人员提供参考和借鉴。

本书分为八个部分，第一至第六部分是个人保险消费者涉及的常见保险法商通用原则，第七部分是个人保险消费者涉及的人身保险常见问题，第八部分是个人保险消费者涉及的车险常见问题。每个案例最后都有二维码，可以扫码查阅二审、再审的判决书全文，方便读者参考。

本书选取的案例中，如果各级法院判决结果相同，我们将各级法院的判决理由综合阐述。但如果法院存在改判的情况，我们就将每次审判的结果和理由分别阐述，以便大家更好的理解。我们只选取了与案例主要关注点相关的法律法规，对《中华人民共和国民法典》实施前的规定都已改用《中华人民共和国民法典》对应条款，未再摘录已经废止的法律法规内容。

由于保险的复杂性和专业性，一个案件往往涉及多个争议点，本书以简洁的语言厘清所选案例的主要争议点，以保证案件的判决是基于对主要争议点的考量，便于读者理解保险法商知识。但由于每个案例都不是完全相同，加之审理法院对法律规定和保险业务认识不同、裁判尺度把握不同等因素，可能会存在类似案例的判决不尽相同，甚至截然相反的情况，我们也尽力在每个案例的评析中对各种情况都予以提示，但难免挂一漏万。

2021年11月4日，最高人民法院发布的《关于进一步完善"四类案件"监督管理工作机制的指导意见》中规定，与本院或上级人民法院近三年内类似案件的生效裁判发生冲突的案件，由院长、副院长、审判委员会专职委员、庭长、副庭长和其他依法承担监督管理职责的审判（执行）部门负责人进行监督管理、监督指导。据此，已生效的案件裁决对法院尚未审结的案件、未来案件审判的借鉴和参考作用更有强制性。请大家在使用本书时，对这一点也予以充分的重视。

在本书出版之际，特别感谢中国保险行业协会都星羽女士在编著过程所提供的宝贵意见。

最后，十分感谢您对本书的支持和信任，希望本书能为您在使用保险时带来更多的助益，更加充分地发挥保险的价值和作用。

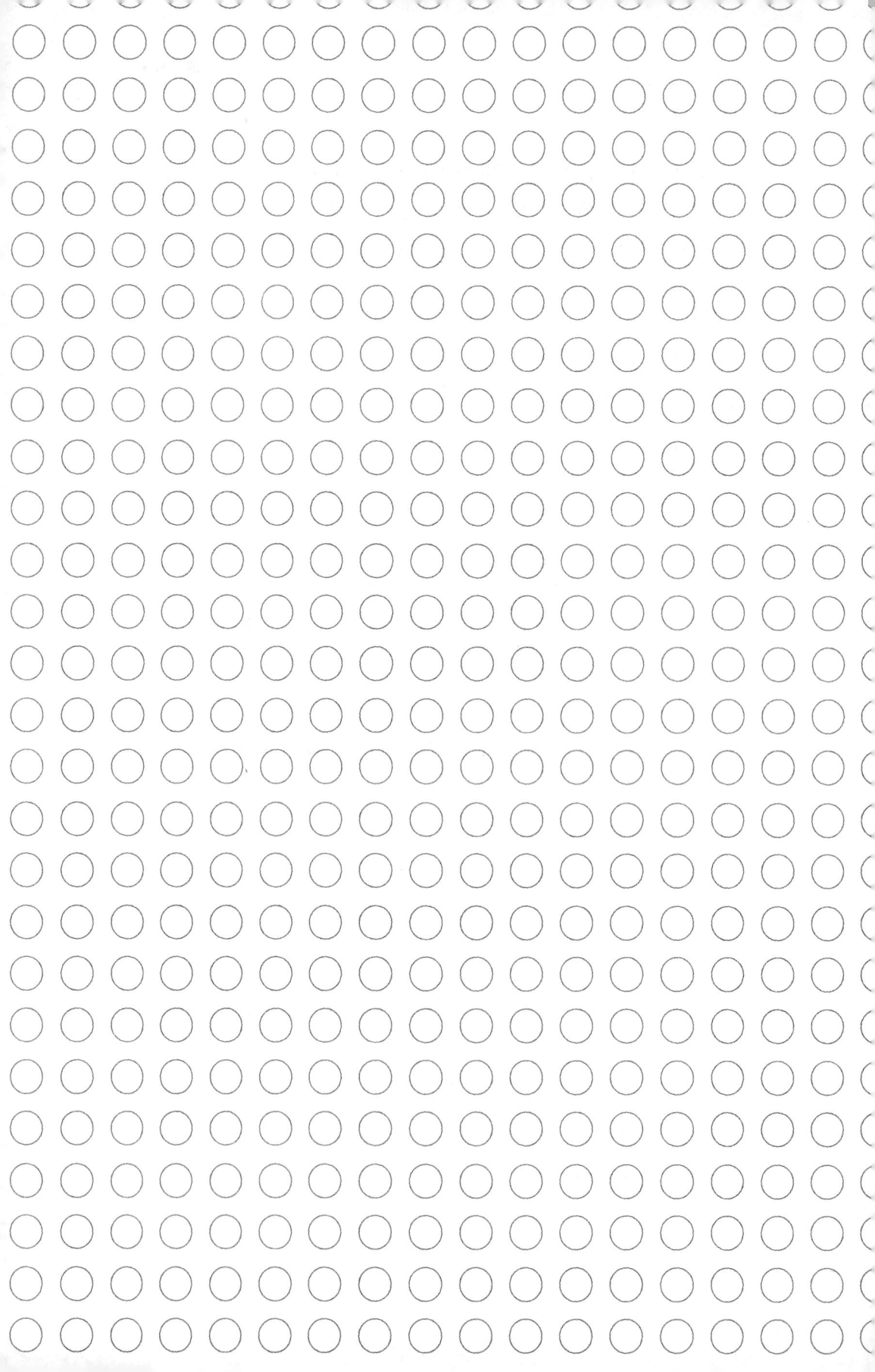

目 录

保险欺诈篇　　　　　　　195

保险合同篇

保险合同是投保人与保险公司约定保险权利义务关系的协议。保险合同属于民商事合同的一种。投保人与保险公司间是民事法律关系。保险合同不仅适用《中华人民共和国保险法》，也适用《中华人民共和国民法典》等法律法规。本章选取的是关于保险合同成立、生效、中止、解除等常见争议问题的诉讼案例，涉及保险合同效力、保险利益、投保人认定、保险费交纳等内容。

保险合同纠纷中常见问题：

1. 收取保险费和签发保险单未一并完成时的保险责任

2. 保险合同文件不一致时的效力认定

3. 保险公司未送达保险合同的后果

4. 投保人要对自己签字的内容承担责任

5. 被保险人同意保险合同的认定

6. 投保人的认定

7. 投保时保险利益的判定

8. 违反保险费交费习惯的责任认定

9. 投保人应保证保险费扣款账户余额充足

10. 夫妻关系存续期间人寿保险的财产权利人

11. 离婚期间购买高额保险的财产认定

12. 保险合同约定流程的履行

13. 保险公司的审核义务

14. 投保人的继承人对保险合同处分权

1.

已收取保险费尚未签发保险单能否获赔？

——收取保险费和签发保险单未一并完成时的保险责任

【案例 1：（2020）鄂 12 民终 630 号】

□ 事情经过

2018年1月31日，张某向保险公司交纳600元保险费（含交强险保险费和驾意险保险费）。保险公司出具两份机动车驾驶人员意外伤害险保险单，保险期间分别为：2018年1月11日至2019年1月10日、2018年2月2日至2019年2月1日；同时出具《摩托车保险交接单》，其上载明"第二联由车主交财保换保险单，告知：请于10日内持本交接单到保险公司拿保险单正本"。

后经张某多次催要，2018年5月4日，保险公司才为事故车辆出具交强险保险单，保险期间为2018年5月5日至2019年5月4日。

2018年5月4日5时，张某驾驶摩托车与同样驾驶摩托车的李某，发生碰撞，导致交通事故。警方认定李某负主要责任，张某负次要责任。

此后，保险公司以保险事故不在保险期间内为由，未予理赔。

□ 争议焦点

保险公司认为：交强险保险单保险期限为2018年5月5日至2019年5月4日。本次事故发生时间为2018年5月4日，不在保险期限内，故保险公司不应承担保险责任。

张某认为：2018年1月31日，自己作为投保人已在保险公司购买了交强险和驾意险，并交纳了保险费用。自己在交付保险费后多次找保险公司要保险单。保险公司未及时签发保险单，是疏失行为，明显存在过错，应承担保险责任。

□ 法院判决

经过一审和二审，法院都判决：交强险合同自保险公司收到保险费时成立并生效，保险公司承担保险责任，按合同给付保险金。

判决理由：保险公司于2018年1月31日收取了张某交纳的保险费，并出具了《摩托车保险交接单》，可看出保险公司同意承保。签发保险单等保险凭证应是保险公司在保险合同成立后应履行的法定义务，并非保险合同成立的条件。本案交强险保险合同应自保险公司收到保险费时成立并生效。

案号：（2020）鄂12民终630号，判决书详情请扫描文末二维码。

□ 适用法律法规

《中华人民共和国保险法》第十三条：投保人提出保险要求，经保险人同意承保，保险合同成立。保险人应当及时向投保人签发保险单或者其他保险凭证。

保险单或者其他保险凭证应当载明当事人双方约定的合同内容。当事人也可以约定采用其他书面形式载明合同内容。

依法成立的保险合同，自成立时生效。投保人和保险人可以对合同的效力约定附条件或者附期限。

□ 案例评析

因为保险公司工作流程规定、工作人员疏忽等因素，保险实际业务中，存在着保险费交纳与保险单签发不能同时完成的情况。

那么在只完成保险费交纳或保险单签发一种行为的情况下，保险公司是否需要承担保险责任呢？下面我们逐一分析：

（一）投保人交纳保险费，保险公司未签发保险单。一般来说，如果保险公司已收取保险费，投保人符合承保条件的，出险后保险公司应承担保险责任。但双方已约定合同生效时间等条件的，则按约定处理。同时，在需要健康告知的保险产品中，一般要等到健康告知审核完毕（但审核时限也要符合常理，不能长期拖延），保险公司确定投保人符合投保条件，同意承保后才承担保险责任；但在保险公司同意承保前发生了保险事故，若投保人符合投保条件的，保险公司仍需承担保险责任。

（二）投保人未交纳保险费，保险公司签发保险单。一般来说，如果保险公司签发保险单，就需要根据保险单约定的内容承担保险责任。但如果双方约定交纳保险费后保险合同才生效等内容，则按约定处理。

投保人交纳保险费，保险公司收取保险费，从某种意义上说，是保险公司同意签订保险合同的一种重要判断因素。比如：虽然被保险人健康情况不符合投保要求，保险公司在知道或应当知道上述情形后，理应拒绝承保，但如果保险公司仍继续收取保险费，将会被认定为已同意被保险人投保该保险产品，需要承担保险责任。

（2020）鄂12民终630号

2.

投保人交纳保险费但未签字时保险合同是否有效?

——保险合同文件不一致时的效力认定

· ·

【案例 2:(2017)苏 04 民终 3272 号】

□ 事情经过

1998年2月10日,袁某向保险公司投保了人寿保险,其女儿为被保险人,交费期间17年,保险费652元。

1998年2月11日,保险公司审核同意后,向袁某出具了保险单,保险单的保险金额为3000元。

2017年1月,袁某按照保险单约定的3000元,去保险公司申领保险金。保险公司经核对,发现投保单的保险金额为1000元。保险公司称,保险单的3000元保险金额是打印失误,希望按照投保单的1000元保险金额支付保险金。

□ 争议焦点

袁某认为:投保单上投保人签名不是其本人所写。因此,要求按保险单的3000元保险金额支付。

保险公司认为:该人寿保险条款、保险费率表等文件,是经国家有关部门批准或备案的（在上报国家有关部门的文件中，保险费652元对应支付保险金额为1000元），保险公司无权随意改变。即使袁某未在投保单上签字，但其交纳保险费仍应被视为对投保单的追认。袁某要求按3000元支付保险金是对保险合同的重大误解，并且显失公平，也会造成国有资产的重大流失。

□ 法院判决

经过一审和二审，法院都判决：保险公司按3000元保险金额支付给袁某。

判决理由：经鉴定，投保单上袁某的签名非本人所写。袁某交纳保险费视为对签订保险合同的追认，但不能认为是对投保单保险金额的追认。并且，袁某也没有在费率表等文件上签字。因此，保险公司应按保险单上3000元的保险金额支付给袁某。

案号：（2017）苏04民终3272号，判决书详情请扫描文末二维码。

□ 适用法律法规

《最高人民法院关于适用〈中华人民共和国保险法〉若干问题的解释（二）》第三条第一款：投保人或者投保人的代理人订立保险合同时没有亲自签字或者盖章，而由保险人或者保险人的代理人代为签字或者盖章的，对投保人不生效。但投保人已经交纳保险费的，视为其对代签字或者盖章行为的追认。

《最高人民法院关于适用〈中华人民共和国保险法〉若干问题的解释（二）》第十四条：保险合同中记载的内容不一致的，按照下列规则认定：

（一）投保单与保险单或者其他保险凭证不一致的，以投保单为准。但不一致的情形系经保险人说明并经投保人同意的，以投保人签收的保险单或者其他保险凭证载明的内容为准；

（二）非格式条款与格式条款不一致的，以非格式条款为准；

（三）保险凭证记载的时间不同的，以形成时间在后的为准；

（四）保险凭证存在手写和打印两种方式的，以双方签字、盖章的手写部分的内容为准。

□ 案例评析

投保人未签字，但交纳保险费，只是对签订保险合同的追认。但对于需要提示说明的内容，保险公司仍需要对投保人进行提示说明。对投保单等合同文件，有证据表明存在内容不一致的，需要结合具体情况判断以哪个合同文件为准。

本案中，对于投保单与保险单内容不一致的效力分析，主要从以下两个方面进行：

（一）虽然投保单上不是投保人本人签字，但因投保人已交纳保险费，所以视为对本次投保行为的追认，保险单生效，也就是保险合同生效。

（二）虽然《中华人民共和国保险法》规定，投保单与保险单或其他保险凭证不一致的，应以投保单为准。但由于投保单非投保人签字，投保单无效，所以应以保险单的内容为准。因此，保险公司应给付保险单中约定的保险金额。

从此案中也可以发现，保险合同文件是否在监管部门备案或审批不必然影响该文件的生效。

但也有观点认为，保险金额是经过精算得出，并在监管部门备案，其具有专业性、公平性，保险单上的金额是笔误，对保险公司而言显失公平，保险公司应该按正确的金额给付保险金，这样既保护了投保人的合法利益，也体现了保险公司承保的本意。

在【（2020）粤01民终11231号】案件中，广州市中级人民法院就是持此观点，以"合同中出现的明显笔误，法律不应苛求当事人严格按照文义履行义务，当事人的权利义务仍应按照订立合同时的真意来确定"为由，判决按原本正确的现金价值表来计算投保人退保后应得的现金价值。

（2017）苏04民终3272号

3.

保险公司只给投保人保险单如何理赔？

——保险公司未送达保险合同的后果

【案例 3：（2021）粤 14 民终 225 号】

□ 事情经过

2018年11月14日，蔡某向保险公司投保意外伤害保险和附加意外伤害医疗保险。蔡某投保后，称仅收到保险公司出具的意外伤害保险保险单（抄件），保险单记载内容为："保障内容：1. 按照《意外伤害保险条款》保障项目有：意外身故、残疾给付，每人保险金额为72000元；2. 按照《附加意外伤害医疗保险条款（2009版）》保障项目有：意外医疗费用补偿，保险金额为3600元，每次事故免赔额100元，给付比例80%"。

2019年10月19日，蔡某发生道路交通事故，并因此致残。警方认定事故双方负同等责任。

事故发生后，保险公司要求按保险条款所附《人体损伤致残程度分级》的给付比例给付赔偿金。蔡某要求保险公司按保险合同约定的保险金额给付赔偿金。

□ 争议焦点

保险公司认为：保险合同条款规定，按合同所附的《人体损伤致残程度分级》所对应伤残等级的给付比例乘以保险金额给付残疾赔偿金。蔡某的伤残程度为10级，理赔金应以保险金额72000元乘以10级伤残对应的10%比例赔付，即7200元（72000元×10%）。

蔡某认为：保险公司只出具了保险单，并没有给他《意外伤害保险条款》和《附加意外伤害医疗保险条款（2009）版》。因此，理赔金应按保险单约定的保险金额赔付（意外身故、残疾给付，每人保险金额为72000元），即72000元。

□ 法院判决

经过一审和二审，法院都判决：保险公司未向投保人提供保险条款，按保险单约定的保险金额支付蔡某保险金72000元。

判决理由：保险公司没有证据表明将《意外伤害保险条款》及《附加意外伤害医疗保险条款（2009）版》给蔡某，因此，应按出具给蔡某的保险单内容支付保险金。

（本案中还有关于伤残等级鉴定的阐述，在此不作赘述）

案号：（2021）粤14民终225号，判决书详情请扫描文末二维码。

□ 适用法律法规

《中华人民共和国保险法》第十三条第一、第二款：投保人提出保险要求，经保险人同意承保，保险合同成立。保险人应当及时向投保人签发保险单或者其他保险凭证。

保险单或者其他保险凭证应当载明当事人双方约定的合同内容。当事人也可以约定采用其他书面形式载明合同内容。

《中华人民共和国保险法》第十七条第一款：订立保险合同，采用保险人提供的格式条款的，保险人向投保人提供的投保单应当附格式条款，保险人应当向投保人说明合同的内容。

□ 案例评析

保险产品在实际的表现形式中就是一份合同。在全部保险业务过程中，保险合同涉及保险单、保险条款、投保提示书、保险批单、合同解除书、理赔通知书等不同的文件。如果不能将这些保险合同文件在规定时限内全部送达给保险消费者，就无法保证保险消费者的合法权益。

由于保险公司的工作流程不规范、工作人员疏忽、证据保存不全，以及投保人联系方式变更、不注意查收等原因，导致保险合同等文件未在规定时间内送达消费者（或者没有证据证明已按时送达），造成了一些诉讼案件。

（一）案件争议点

这类争议主要的表现形式有：

1. 送达投保人的保险合同文件不完整。如只给投保人出具了保险单，没有送达全部的合同文件。

2. 保险合同文件未在规定时间内送达。如出具投保单后才将保险条款送达投保人（投保单说明投保人已经投保，但此时投保人还没有收到保险合同，有可能会被认为投保人在购买保险时，保险公司未履行提示说明义务）。

3. 由第三人将保险合同文件转送投保人，但没有证据表明第三人已送达投保人。

4. 保险代理人没有将保险合同交给投保人。保险代理人失职给保险消费者带来的损失应由保险公司承担，保险公司承担责任后可以根据其和保险代理人的约定，追究保险代理人的责任。

5. 互联网投保或卡式保险中，没有提供纸质版或电子版的保险合同。

6. 保险公司缺乏已将保险合同送达投保人的充分证据。

（二）未送达保险合同的不利后果

由于没有及时完整地将保险合同交给投保人，可能会产生以下不利后果：

1. 投保人（或受益人）与保险公司对部分条款产生理解分歧。

2. 投保人（或受益人）以保险公司没有送达保险合同为由，认为免责条款无效。

3. 投保人（或受益人）认为合同解除权的行使超过规定时限送达而无效。

在上述三种情况中，如果保险公司没有其他证据证明已告知投保人（或受益人），法院一般会支持保险消费者的主张。

处理此类争议时，主要考量的是证据的证明效力，也就是投保人（或受益人）要证明投保人没有收到保险合同，保险公司要证明已将保险合同交给投保人。在实际案件中，保险公司的举证责任更大。一般来说，保险公司不能拿出充分的证据，证明已将保险合同文件送达投保人，法院就会认定投保人没有收到保险合同。

保险合同的送达有一个特殊情况，即团体保险中，保险公司只要将保险合同送给投保人（一般是公司等组织机构）即可，并不要求将保险合同送给每个被保险人（也就是投保人员工）。但如果是团体机构组织员工个人投保，每个员工本人为投保人，那么保险公司仍需将保险合同送达每位投保人。

（2021）粤14民终225号

4.

保险代理人代填内容后投保人 签字是否有效？

——投保人要对自己签字的内容承担责任

【案例4：（2020）浙06民终1132号】

□ 事情经过

2018年1月9日，严某向保险公司投保两全保险和附加防癌疾病保险，被保险人为傅某。保险期间为2018年1月10日至2049年1月9日。

严某在电子《个人人身保险产品投保提示书》及电子《个人人身保险投保单》上签字确认，傅某在电子《个人人身保险投保单》上签字确认。其中《个人人身保险投保单》中被保险人的健康信息告知等问题均勾选"否"。该投保单声明与授权中载明：1. 被保险人或其法定监护人及投保人（以下简称"本人"）已认真阅读了"投保提示书"，保险代理人已提供投保险种的格式条款，并按照要求对投保事项和保险条款的所有内容（特别是免除和限制你公司保险责任的条款）作详细解释和明确说明，对此，本人无异议。2. 本人对本投保单、与投保单有关的各份问卷及文件内的声明、陈述、告知均属事实，如有隐藏或日后发现与事实不符，即使保险单已签发，你公司可依法解除本保险合同，对于合同解除前发生的任何保险事故你公司不负保险金给付责任。

2019年5月10日至23日，傅某入院治疗，出院诊断为子宫内膜恶性肿瘤（Ia期）。

2019年6月28日，保险公司以傅某未如实告知为由，未予理赔。

□ 争议焦点

保险公司认为：傅某曾于2014年2月28日至3月9日期间入院治疗，诊断为子宫多发性肌瘤、左输卵管系膜囊肿、高血压病等，但傅某未在《个人人身保险投保单》的健康信息中如实告知。因此，2019年6月28日，保险公司以投保前疾病未如实告知为由，做出解除保险合同的决定，并不给付保险金。

傅某认为：健康告知等信息都是保险代理人所填，其仅是最后签字。故其未违反如实告知义务，保险公司有责任赔付保险金。

□ 法院判决

经过一审和二审，法院都判决：投保人未如实告知，保险公司有权解除合同，不给付保险金。

判决理由：因保险合同的保险代理人未能出庭作证，所以傅某关于健康告知信息由保险代理人代填的说法缺少证据。同时，傅某和严某都是完全民事行为能力人，应当预见到在保险单最后一页签字所会产生的法律后果，既然签字确认，就应该被视为对勾选结果的认可。因此，认定傅某和严某没有履行如实告知义务，保险公司不赔付保险金。

案号：（2020）浙06民终1132号，判决书详情请扫描文末二维码。

□ 适用法律法规

《中华人民共和国保险法》第十六条第一、第二、第三、第四款：订立保险合同，保险人就保险标的或者被保险人的有关情况提出询问的，投保人应当如实告知。

投保人故意或者因重大过失未履行前款规定的如实告知义务，足以影响保险人决定是否同意承保或者提高保险费率的，保险人有权解除合同。

前款规定的合同解除权，自保险人知道有解除事由之日起，超过三十日不行使而消灭。自合同成立之日起超过二年的，保险人不得解除合同；发生保险事故的，保险人应当承担赔偿或者给付保险金的责任。

投保人故意不履行如实告知义务的，保险人对于合同解除前发生的保险事故，不承担赔偿或者给付保险金的责任，并不退还保险费。

□ 案例评析

保险产品的投保过程比较复杂。而且保险消费者和保险代理人很多都是亲属、朋友关系，十分熟悉，保险消费者对其有天然的信任感。因此，为了提高服务水平，保险代理人代为填写投保信息的情况较为常见，并且也确实方便了投保人。但由于保险代理人填写内容的不规范和投保人审核的不严谨，造成了很多纠纷。

从法律意义上说，虽然内容不是投保人自己填写的，但投保人如果具有完全民事行为能力，签字就是对已填写内容的确认，就要承担相应的法律责任。本案中，傅某最终败诉，主要也是因为这个原因。

当然如果发生以下两种情况，傅某在本案中也存在胜诉的可能：一是保险代理人愿意出庭作证，证明填写相关内容时没有询问傅某，将是有力的证据；二是投保单声明中，只是表示已阅读保险条款，没有明确提到保险代理人"并按照要求对投保事项和保险条款的所有内容（特别是免除和限制你公司保险责任的条款）作详细解释和明确说明"等相似的内容，那么也有可能被法院认为保险公司没有尽到提示和明确说明义务，从而判定相关条款无效。

特别要说明的是，保险代理人根据保险公司的委托，向保险公司收取佣金，并在保险公司授权的范围内代为办理保险业务。根据《中华人民共和国保险法》第一百二十七条，保险代理人根据保险公司的授权代为办理保险业务的行为，由保险公司承担责任。保险代理人没有代理权、超越代理权或者代理权终止后以保险公司名义订立合同，使投保人有理由相信其有代理权的，该代理行为有效。因此，保险代理人的行为产生的法律责任由被代理人即保险公司承担。但近年来发展迅速的保险经纪人，是基于投保人的利益，为投保人与保险公司订立保险合同提供中介服务，并依法收取佣金的机构。保险经纪人与保险代理人的法律身份不同，本书中关于保险代理人涉及的责任义务可能并不完全适用于由保险经纪人提供保险服务的情况，比如：投保人只向保险代理人如实告知，即可视为向保险公司如实告知；但如果只向保险经纪人如实告知，则难以被视为向保险公司如实告知。因此，保险消费者在接受他人的保险服务时，要注意服务提供者的差异。本书中其他涉及保险代理人的案例也均需注意此种情况。

总而言之，签订保险合同应本着严谨、认真的态度。保险消费者在购买保险产品时一定要认真阅读条款，妥善保存投保过程中与保险公司、保险代理人、保险经纪人交流沟通的证据，谨慎审核填写、签字的内容，保障自身权益。

（2020）浙06民终1132号

5.

保险代理人代投保能否认定未经被保险人同意？

——被保险人同意保险合同的认定

··

【案例5：（2021）苏04民终1747号】

□ 事情经过

2018年3月，赵某通过手机提供身份证和银行卡给保险代理人杨某，由其代赵某在两份保险的投保单上签字，并由其代为填写银行自动转账授权书，两份保险的投保人均为赵某。保险合同A的被保险人为赵某的妻子，包含年金保险和附加投保人豁免保险费重大疾病保险等三种保险。保险合同B的被保险人为赵某，包含年金保险等两种保险。

2018年4月，杨某代赵某又投保两份保险，同样由其代赵某在两份保险的投保单上签字，并代为填写银行自动转账授权书，投保人、被保险人均为赵某。保险合同C包含养老年金保险、附加重大疾病保险和两全保险三种保险。保险合同D为两全保险。

以上四份保险合同均含有身故保险金、身故豁免保险费等保险责任。

赵某投保后，保险公司两次通过电话回访赵某。赵某确认保险回执、投保人和被保险人处的签名都分别是投保人和被保险人所签，投保单上的风险提示语是本人抄录，了解保险费、免责条款等事项。

保险合同签订后，由保险公司授权的银行从赵某提供的银行账号上扣取了保险费。

2019年10月，赵某和妻子向保险公司出具《情况说明》，写明"我们通过手机提供了身份证和银行卡"。

此后，赵某以保险合同无效为由，要求保险合同返还保险费，并承担相应的利息。

□ 争议焦点

保险公司认为：根据我国保险合同订立形式的演变过程，本案属于组合产品，并不是赵某认为的以死亡为给付条件的人身保险合同。因此，不需要被保险人同意，保险合同有效。

赵某认为：保险公司出具的四份保险合同均有以被保险人身故为给付保险金条件的条款，但被保险人并未同意，故这四份合同无效，所以保险公司应返还保险费，并承担相应的利息。

□ 法院判决

经过一审和二审，法院都判决：四份保险合同有效。

判决理由：

（一）赵某购买的四份保险，除养老年金保险外的其他保险产品中均包含有以死亡为给付保险金条件的合同条款，属于综合性的人身保险合同。对于其中以死亡为给付保险金条件的约定部分，应当经被保险人同意并认可保险金额，方为有效。其他不涉及以死亡为给付保险金条件的约定部分，则不需要被保险人同意和认可保险金额。

（二）四份保险产品中，有一份保险产品的被保险人为赵某的妻子，有三份保险产品的被保险人为赵某本人。2018年时，赵某妻子已知道赵某购买保险产品之事，未表示异议，据此应认定她同意并认可保险金额。

（三）赵某通过手机提供身份证和银行卡，由授权银行从银行账户上扣除四份保险合同两个保险单周期的保险费。此后，赵某明知杨某代其在投保人和被保险人签名处签字，但在之后的两次电话回访中明确表示投保单和被保险人签名处的签名均系其本人所签，视为赵某与保险公司以口头形式或者其他形式订立以死亡为给付保险金条件的保险合同，并认可保险金额。

（本案中，两审法院判决结果虽然一样，但理由不同。一审法院认为不属于"以死亡为给付条件的人身保险合同"，无须被保险人同意并认可保险金，因此有效。二审法院则认为该保险合同属于"以死亡为给付条件的人身保险合同"，但被保险人已同意并认可，因此有效。以上判决理由根据二审判决结果梳理。）

案号：（2021）苏04民终1747号，判决书详情请扫描文末二维码。

□ **适用法律法规**

《中华人民共和国民法典》第一百六十一条第一款：民事主体可以通过代理人实施民事法律行为。

《中华人民共和国保险法》第三十四条：以死亡为给付保险金条件的合同，未经被保险人同意并认可保险金额的，合同无效。

按照以死亡为给付保险金条件的合同所签发的保险单，未经被保险人书面同意，不得转让或者质押。

父母为其未成年子女投保的人身保险，不受本条第一款规定限制。

□ **案例评析**

现实生活中，保险销售人员经常会向其亲朋好友推销保险产品，亲朋好友往往会基于人情、信任，对保险产品不作详细了解就购买，让销售人员代自己签字也不鲜见，甚至是将所有投保事宜全部交由销售人员办理。当投保人想退保或出险不能获得满意的保险金时，有时会以不是自己投保、自己不知情、自己被误导等理由，与保险公司发生纠纷。

本案中，赵某将个人信息提供给从事保险销售工作的亲戚杨某，由杨某代自己签署保险文件、授权银行扣款，他的这种行为在法律上属于代理关系，即赵某授权杨某代表自己实施投保行为，杨某的行为视为是赵某的作为。而且，在保险公司回访时，赵某说是自己签的，对保险产品相关情况也了解。在交纳两年保险费后，赵某却又声称自己以为买的是理财，才发现扣的是保险费，这不仅与其此前所说不符，也不符合常理。无论是从法律上还是基于正常人的判断都很难相信赵某所说的情况。

购买保险产品会涉及很多环节和相关人员（如投保人、被保险人、保险代理人等）。投保一份保险产品是否为投保人本意？是否经被保险人同意？并不是必须要在每个环节都有相关人员亲自完成才能证明。如果有足够的证据证明是经本人或相关人员同意，保险合同也将生效。

在购买保险产品时，我们一定要认真了解保险产品是否为自己需要，否则购买了不适合的产品，会让自己没有得到想要的保障，如果退保，也会让投保人产生一定的损失。

（2021）苏04民终1747号

6.

签订保险合同的人一定是"投保人"吗?

——投保人的认定

【案例6:(2020)鲁06民终755号】

□ 事情经过

2017年8月9日,A市老龄工作委员会办公室作为投保人,向保险公司投保团体保险,包含小额团体意外伤害保险,附加意外费用补偿团体医疗保险,保险期间一年。邢某为被保险人之一。

投保单中"投保人及被保险人声明"内容有:"贵公司已对保险合同的条款内容履行了说明义务,并对责任免除条款履行了明确说明义务。投保单位已仔细阅知、理解投保提示及保险条款尤其是责任免除、解除合同等规定,并同意遵守。所填投保单各项及告知事项均属事实并确认无欺瞒。上述一切陈述及本声明将成为贵公司承保的依据,并作为保险合同的一部分。如有不实告知,贵公司有权在法定期限内解除合同,并依法决定是否对合同解除前发生的保险事故承担保险责任。"该处有李某(A市老龄工作委员会办公室工作人员,该保险项目经办人)签名,并在投保人盖章处加盖A市老龄工作委员会办公室公章。

投保声明书内容有:"我单位以团体投保方式,在贵公司为员工投保保险（投保单号码：×××644339）。贵公司销售人员已将被保险人必须表示同意并知悉保险事宜的相关法律条文、保险合同内容及有关事项向我单位经办人李某作了详细说明。由于我单位人员流动频繁，员工众多，操作起来非常烦琐；而且就在贵公司投保人寿保险之事，我单位已将保险责任、保险金额、保险费、责任免除、解除合同、受益人等有关情况告知了各被保险人，被保险人没有表示不同意见，视作被保险人已同意保险有关事由。因此，我单位承诺：在保险有效期内，凡发生被保险人以未经其本人同意投保为由而引发的法律纠纷，与贵公司无关，本单位将承担相关责任。"投保声明书加盖投保单位A市老龄工作委员会办公室公章。

2018年1月1日，张某驾驶小型轿车与邢某无证驾驶的无号牌三轮载货摩托车发生事故，造成两车损坏，致邢某受伤。2018年2月7日，交警大队作出的道路交通事故认定书，认定张某驾车未确保安全驾驶、超速行驶，承担事故的同等责任；邢某驾车未确保安全驾驶、不按规定让行、无证驾驶无号牌机动车、货运机动车违反规定载人、驾驶安全设施不全的机动车，承担事故的同等责任。

此后，保险公司以此次保险事故属于保险合同免责内容为由，未予理赔。

□ 争议焦点

保险公司认为：该团体保险是由A市老龄工作委员会办公室统一下文要求各乡镇办理的，并由A市老龄工作委员会办公室统一交给保险公司保险费。签订该保险合同的投保人是A市老龄工作委员会办公室，其在投保声明书、投保单中投保人及被保险人声明处加盖公章确认，由此证明保险公司对免责条款履行了明确说明义务。邢某无证驾驶无牌号三轮摩托车发生交通事故，属于保险合同责任免除情形，故保险公司不承担保险赔偿责任。

邢某认为：2016年底或2017年初，其将团体保险费交到村委会计处，当时没有给其出具任何收据。交通事故发生后，其才到村委去取回该保险单。因此，保险公司应承担保险责任。

□ 法院判决

经过一审和二审，法院都判决：邢某为实际投保人，保险公司未履行提示及明确说明义务，应给付保险金。

判决理由：该保险合同虽然是A市老龄工作委员会办公室与保险公司之间签订的，但A市老龄工作委员会办公室与邢某不存在劳动关系，也未实际支付保险费，A市老龄工作委员会办公室仅为该团体保险的召集人，不是投保人。邢某本人应为投保人，其在事故发生后才到村委办公室拿到了保险单。因此，保险公司未履行提示及明确说明的义务，免责条款无效，保险公司应承担保险责任。

案号：（2020）鲁06民终755号，判决书详情请扫描文末二维码。

□ 适用法律法规

《中华人民共和国保险法》第十条：保险合同是投保人与保险人约定保险权利义务关系的协议。

投保人是指与保险人订立保险合同，并按照合同约定负有支付保险费义务的人。

保险人是指与投保人订立保险合同，并按照合同约定承担赔偿或者给付保险金责任的保险公司。

《中华人民共和国保险法》第十七条：订立保险合同，采用保险人提供的格式条款的，保险人向投保人提供的投保单应当附格式条款，保险人应当向投保人说明合同的内容。

对保险合同中免除保险人责任的条款，保险人在订立合同时应当在投保单、保险单或者其他保险凭证上作出足以引起投保人注意的提示，并对该条款的内容以书面或者口头形式向投保人作出明确说明；未作提示或者明确说明的，该条款不产生效力。

《中华人民共和国保险法》第三十一条第一款：投保人对下列人员具

有保险利益:

　　(一) 本人;

　　(二) 配偶、子女、父母;

　　(三) 前项以外与投保人有抚养、赡养或者扶养关系的家庭其他成员、近亲属;

　　(四) 与投保人有劳动关系的劳动者。

□ 案例评析

　　人身保险合同中除了保险公司,还涉及三个主体:投保人、被保险人、受益人,这三个主体既可以是同一个人,也可以是不同的人。但三个主体的权利义务不一样,其中投保人的义务最多,对保险合同享有的权利也最多。

　　投保人是与保险公司签订保险合同的人,是保险费的交纳者和保险单的所有者,是保险公司履行提示说明义务的对象,是承担如实告知义务的主体,享有退保权、保险单质押贷款权、理财险的账户所有权等。正是因为投保人有着诸多的权利,所以确定实际投保人具有重要的意义。

　　认定投保人不仅要看保险合同是谁订立的,也要看保险单实际交费者是谁,并结合其他因素来确定。本案的保险合同签订者与保险费实际承担者并不一致,法院从合同签订者与被保险人间不存在保险利益,且不是实际消费者,以及其在投保中的作用综合判断,认定投保人应是实际承担保险费的被保险人,进而认定保险公司没有对投保人履行提示说明义务,判决保险公司不能免责,要给付保险金。

(2020) 鲁06民终755号

7.

爷爷能给孙子买保险吗?

——投保时保险利益的判定

....

【案例 7：（2017）鄂 28 民终 388 号、（2018）鄂民再 290 号】

□ 事情经过

2011年6月24日，杨甲以5周岁的孙子杨丙为被保险人，向保险公司投保两全保险（分红型）。在"个人业务投保书"上，杨甲在"投保人签名"一栏中签署本人姓名，在"被保险人（法定监护人）"一栏中签署"杨丙"和"杨乙'代'"字样，其中"杨乙"为杨甲的儿子，杨丙的父亲。

2011年6月28日，杨甲交纳首期保险费。2011年7月20日，保险公司签发保险单，投保人为杨甲，被保险人为杨丙，受益人法定。保险合同于2011年6月30日成立，2011年7月1日生效，交费期间为5年。保险责任包括生存保险金、期满保险金和身故保险金。

2012年2月12日，杨甲持其子杨乙身份证，在保险公司业务员陪同下到银行办理了农行信用卡，但该卡实际由杨甲持有。

2013年8月20日，保险公司将被保险人杨丙的生存保险金转账支付到以杨乙为名的农行信用卡上。

2014年，杨甲又按约定交纳了保险费。2014年5月30日，杨甲以该保险单为质押，向保险公司贷款。

2015年9月1日，杨甲以自己是文盲，不懂保险专业知识，从而在保险公司宣传误导下，为孙子杨丙办理隔代保险，导致投保人与被保险人无保险利益，且未经被保险人的法定监护人同意为由，向法院起诉，要求确认合同无效并退还保险费。

□ **争议焦点**

杨甲认为：自己对被保险人杨丙不具有保险利益，且合同中涉及以死亡为给付保险金条件的条款，因此，保险合同无效，保险公司应退还保险费。

保险公司认为：杨甲与杨丙具有保险利益。投保过程中，杨甲提交了被保险人法定代理人杨乙的身份证原件、户口本、银行卡，构成事实委托，表示杨乙认可杨甲的投保行为。同时，与本案保险相关联的保险单有7份，金额高达370多万元，是家庭大额支出，4份保险单以不同形式办理了保单质押贷款，且款项已支付给杨乙，杨乙应知道保险合同的存在，但长期未提出异议。因此，杨甲对被保险人杨丙具有保险利益。

□ **法院判决**

（一）一审法院判决：杨甲对杨乙、杨丙不具保险利益，保险合同无效，保险公司退还保险费（需扣除已支付的生存保险金）。

判决理由：

1. 杨甲与被保险人杨丙是祖孙关系，也不在一起生活，不具备法定和事实上的抚养关系，故杨甲与杨丙不具有保险利益。

2. 杨甲是以其自身名义为孙子杨丙投保，并不是以其子杨乙的名义投保，故不存在杨乙对合同效力进行追认的问题。

3. 保险合同具有较强的专业性，保险公司在缔约过程中需尽谨慎审查义务，主动审查投保人与被保险人是否具有保险利益，尽可能避免合同纠纷。

4. 杨甲以自己名义为杨丙投保，用本人持有的银行卡支付保险费，无法证明杨乙同意其父杨甲为其子杨丙订立保险合同。

因此，投保人与被保险人没有保险利益，保险公司在签订合同过程中存在过失，保险合同无效，保险公司应退还投保人保险费（需扣除已支付的生存保险金）。

（二）二审法院改判：杨甲对杨丙具保险利益，保险合同有效。

判决理由：

1.涉案保险合同中的生存保险金和期满保险金都是以生存为给付条件，对于被保险人杨丙或者法定受益人而言，属于纯获利的合同，不必经法定代理人追认。

2.涉案保险合同约定的受益人法定。法定继承中，杨甲属于第二顺序的继承人，在未经被保险人杨丙父母同意的情况下，杨甲不能从该保险合同中获利，可以避免发生道德风险，符合立法目的。

3.已领取的生存保险金付至杨乙账户，杨乙一直未提出异议。且该保险合同属大额的人身保险合同，杨乙作为家庭共同成员对如此大额的家庭支出完全不知情于情理不符。

4.杨甲以涉案保险单为质押，已向保险公司贷款。涉案保险合同包含了以死亡为给付保险金条件的条款，此类保险单，未经被保险人书面同意，不得转让或者质押，杨乙作为被保险人杨丙的法定代理人，其主张对保险一事不知情亦不合常理。

因此，杨甲为杨丙所购买的人身保险合同具有保险利益，应当有效。

案号：（2017）鄂28民终388号，判决书详情请扫描文末二维码。

（三）再审中，湖北省高级人民法院改判：杨甲对杨丙不具保险利益，保险合同无效，保险公司退还保险费（需扣除已支付的生存保险金）。

判决理由：

1.《中华人民共和国保险法》第三十三条明确规定：只有父母能为其未成年子女投保以死亡为给付条件的人身保险，故杨甲不能为其孙子杨丙投保以死亡为给付保险金条件的人身保险。

2. 被保险人的法定代理人杨乙只是领取生存保险金，并没有证据证明杨乙知道该合同的全部内容，特别是同意为其子女投保以死亡为给付条件的身故保险。因此，杨乙领取生存保险金的行为，即便推定为默示的追认，其追认的内容也仅能及于投保生存保险，而不涉及投保身故保险。

3. 投保人杨甲虽有不诚信行为，但保险公司在投保人不是未成年人父母且事先未取得被保险人父母同意的情形下，承保以死亡为给付保险金条件的人身保险，违反不得承保此类保险的法定义务，具有明显过错。

保险公司与投保人杨甲签订的保险合同，因违反法律的强制性规定而无效，退还投保人保险费（需扣除已支付的生存保险金）。

案号：（2018）鄂民再290号，判决书详情请扫描文末二维码。

□ 适用法律法规

《中华人民共和国民法典》第一百五十三条第一款：违反法律、行政法规的强制性规定的民事法律行为无效。但是，该强制性规定不导致该民事法律行为无效的除外。

《中华人民共和国保险法》第十二条第一款：人身保险的投保人在保险合同订立时，对被保险人应当具有保险利益。

《中华人民共和国保险法》第三十一条：投保人对下列人员具有保险利益：

（一）本人；

（二）配偶、子女、父母；

（三）前项以外与投保人有抚养、赡养或者扶养关系的家庭其他成员、近亲属；

（四）与投保人有劳动关系的劳动者。

除前款规定外，被保险人同意投保人为其订立合同的，视为投保人对被保险人具有保险利益。

订立合同时，投保人对被保险人不具有保险利益的，合同无效。

《中华人民共和国保险法》第三十三条：投保人不得为无民事行为能力人投保以死亡为给付保险金条件的人身保险，保险人也不得承保。

父母为其未成年子女投保的人身保险，不受前款规定限制。但是，因被保险人死亡给付的保险金总和不得超过国务院保险监督管理机构规定的限额。

□ 案例评析

该案主要涉及两个问题：爷爷对孙子是否具有保险利益、谁能为未成年人投保以死亡为给付保险金条件的人身保险。本案的审判过程颇为曲折，各级法院的判决不尽相同，但这正好能让我们更好地了解法院对这两个问题的理解和观点。

（一）根据《中华人民共和国保险法》关于具有保险利益的人员规定，本案的爷爷与孙子虽然是近亲属，但因两人并不共同生活，相互间没有抚养关系，并不符合保险法第三十一条第一款的规定。同时，也没有充分的证据证明被保险人的法定代理人同意投保人订立合同，故杨甲对杨丙没有保险利益。

（二）虽然《中华人民共和国保险法》规定父母可以为其未成年子女投保以死亡为给付保险金条件的人身保险。但需注意：1. 只有父母可以投保，且父母不能同意他人投保。所以本案的杨甲即使得到了杨乙的同意也无权为杨丙投保以死亡为给付保险金条件的人身保险。2. 保险金有最高额的限制。被保险人不满10周岁（不包括10周岁）的，保险合同约定和实际给付的死亡保险金额总和不得超过人民币20万元；被保险人10—18周岁（不包括18周岁）的，保险合同约定和实际给付的死亡保险金额总和不得超过人民币50万元。但此限额不包括已交保险费或被保险人死亡时合同的现金价值、航空意外死亡保险金额、重大自然灾害意外死亡保险金额。

虽然《最高人民法院关于适用〈中华人民共和国保险法〉若干问题的解释（三）》第六条的规定，经未成年人父母同意，其他履行监护职责的人为未成年人订立的以死亡为给付条件的保险合同有效。但由于法律对"其他履行监护职责的人"没有明确界定，并且根据本案例的判决精神，为了避免产生争议，非未成年人父母尽量不要为未成年人订立以死亡为给付条件的保险合同。

如果祖父母辈与未成年孙辈具有监护职责，形成了抚养关系（如未成年人父母不幸身故，由祖父母辈抚养），就可以为未成年孙辈购买保险，包括以死亡为给付条件的人身保险。但如果祖父母辈与未成年孙辈没有形成抚养关系，则可以在未成年孙辈父母同意的情况下，为未成年孙辈购买保险，但不包括以死亡为给付条件的人身保险。

《中华人民共和国保险法》第三十一条将保险利益的范围进行了很大的扩充，保险利益不再必须基于一定的亲属、法律关系，而只要是被保险人同意即可。这里需要注意的是，以被保险人身故为给付条件的保险合同，其保险金额和欲指定的受益人一定要经被保险人同意。

同时，本案中，法院也认为，保险公司在与投保人订立合同时，要主动审核投保人与被保险人是否具有保险利益，否则在保险合同因此无效时，要承担过错责任。

（2017）鄂28民终388号　　（2018）鄂民再290号

8.

保险公司未如期扣缴保险费出险能否获赔？

——违反保险费交费习惯的责任认定

······························

【案例 8：（2021）内 05 民终 500 号】

□ 事情经过

2007年6月12日，王某向保险公司投保终身重疾保险，交费期限20年。合同约定，保险费的交付日期为合同每年的生效对应日。

2007年6月13日至2010年6月12日，王某以现金的方式交付了3年的保险费。

2010年开始，王某按保险公司要求提供银行存折，每期保险费由保险公司自动扣划。截至2016年，保险公司每年从王某存折内扣划保险费1100元。

2017年7月17日，王某如期在该存折中存款1100.00元，但保险公司并未扣划该笔保险费，2017年9月25日，银行以小额账户管理费为由，从中扣除58.92元，导致账户余额为1041.69元，不足以支付年度保险费，保险公司未能成功扣划。

2018年7月20日、2019年7月26日，王某均如期存入1100.00元，但保险公司从2017年开始就一直未从该存折中扣划款项。

2020年6月16日，王某因身体不适住院治疗，诊断为：右侧乳腺浸润性癌，高血压病2级。

2020年7月16日，王某通过银行支付保险公司4793.15元，该款项是从2017年6月13日至2021年6月12日间的保险费4400.00元及部分利息之和。2020年7月17日，王某申请该保险单复效成功。

因双方不能就赔偿问题达成一致意见，王某起诉要求保险公司给付保险金，退还2020年7月17日扣划的保险费4793.15元。

□ 争议焦点

保险公司认为：按照保险合同约定，王某理应在每年的生效对应日交纳保险费，但2017年度王某向银行存入保险费的日期已经过了当年的生效对应日期。保险公司不能如数扣划保险费是由王某自身原因造成的。王某在保险合同效力中止期间发生保险事故，保险公司不应理赔。

王某认为：保险公司应该给付保险金，并退还其于2020年7月16日支付的4793.15元保险费。

□ 法院判决

经过一审和二审，法院都判决：保险公司违反保险费交费习惯，保险合同未中止，应给付保险金。

判决理由：

（一）2011年至2016年期间，王某均是在每年7月末交存保险费，保险公司均在三日内进行扣划。2017年王某仍按照双方多年的交易习惯将保险费足额存入，但保险公司未如期扣划，后因银行扣划账户管理费导致保险费不足。此后每年王某仍按照以往的交易习惯存入保险费，但保险公司一直未扣划过，也没有通知王某解除合同。

（二）2010年7月16日，王某支付保险公司未扣缴的保险费及利息，保险公司未予拒绝并全部收取，同时通过了王某提出的合同复效申请。

（三）王某根据双方交易习惯，相信其交费日期、交费数额符合合同约定，进而认为因其每年按期交纳保险费，保险合同处于有效状态。保险公司对于王某未能按时成功扣缴保险费有过错，合同效力并没有中止。

（四）合同中约定的合同效力中止期间保险人不承担保险责任，属于免责条款，在王某投保时保险业务员未对合同中的免责条款进行提示和明确说明，甚至责任免除内容未以黑色字体明显标注，该条款没有法律效力。

（五）2020年交的保险费其对应保险期间为2020年6月13日到2021年6月12日，王某被查出患有癌症发生于2020年6月16日，晚于保险期间开始日，故2020年保险费不应退还。

案号：（2021）内05民终500号，判决书详情请扫描文末二维码。

□ 适用法律法规

《中华人民共和国民法典》第一百四十条：行为人可以明示或者默示作出意思表示。

沉默只有在有法律规定、当事人约定或者符合当事人之间的交易习惯时，才可以视为意思表示。

《中华人民共和国保险法》第十七条：订立保险合同，采用保险人提供的格式条款的，保险人向投保人提供的投保单应当附格式条款，保险人应当向投保人说明合同的内容。

对保险合同中免除保险人责任的条款，保险人在订立合同时应当在投保单、保险单或者其他保险凭证上作出足以引起投保人注意的提示，并对该条款的内容以书面或者口头形式向投保人作出明确说明；未作提示或者明确说明的，该条款不产生法律效力。

□ 案例评析

很多期交保险合同涉及交费期长达数十年。期间因为保险公司人员变动、管理规定的变化、投保人情况的变化（如交费账户、收入、地址、联系方式等），会造成保险费未能及时交纳或划转。未及时交纳保险费将导致保险合同中止、终止等严重损害投保人利益的后果。

及时交纳保险费是投保人的重要义务，通常情况下保险公司并没有通知、提醒投保人交费的义务，但保险合同中有特别约定或保险公司改变以往交费习惯时，保险公司则负有一定的通知、提醒等义务。

一般来说，如果投保人与保险公司已形成了长期的交费习惯，如在固定时间扣划保险费、上门收取保险费等。保险公司突然改变保险费收取方式，导致投保人未能及时交费，又未及时通知提醒投保人（如保险公司交费提示中有"如已交费，请忽略"等类似内容，将不被视为有效的通知提醒），法院可能会认定投保人未交费的责任应由保险公司承担，从而在被保险人发生保险合同约定的保险事故后，判决保险公司仍应支付保险金。

本案就是因保险公司改变保险费收取习惯，导致投保人未能及时交纳保险费而产生的纠纷。从保险费交纳情况来看，2007年至2009年，王某以现金方式交付了2007年6月13日至2010年6月12日间的保险费。自2010年起，由王某将保险费存入自己的银行账户，再由保险公司扣划，王某以这种方式顺利交费至2016年。经过这7年，王某与保险公司间对于存入保险费、扣划保险费已形成固定模式，从而被法院认定为王某与保险公司之间形成了交费习惯。因此，当保险公司未按以往时间扣划保险费，且在扣划不成功后，也未通知王某解除保险合同，并且王某此后也一直依惯例按时存入保险费，法院据此认定王某不存在过错，保险公司应承担保险责任。

虽然王某对保险公司未能收取保险费没有过错，但自2017年起王某的确没有实际支付保险费，保险费仍在其银行账户中，基于公平原则，保险公司理应收取这4年的保险费4400元。笔者认为，虽然法院没有判决退还利息，但既然认为王某没有过错，合同也一直有效，保险公司能否收取利息是件值得商榷的事情。

（2021）内05民终500号

9.

投保人账户余额不足导致无法扣款的责任如何承担？

——投保人应保证保险费扣款账户余额充足

【案例9：（2020）苏05民终8527号】

□ 事情经过

2014年12月18日，薛某向保险公司投保重大疾病保险，交费期间20年。双方约定以自动划转形式交纳保险费。在投保单自动垫交保险费权益的条款中，保险费过期未交时有"合同中止"和"自动垫交保险费"两种选择，薛某均未勾选，该栏下方载明"本栏如未勾选，视为同意首选"。

薛某交纳了2014年、2015年、2016年的保险费。因薛某未于2017年12月按期交纳当年保险费，保险合同中止。

2019年8月9日，薛某向保险公司申请复效，补交保险费11616元、利息735.60元，合计12351.60元。保险合同自2019年8月10日复效。

2019年9月25日，薛某经医院检查，细胞学诊断为乳头状癌。10月5日入院治疗，出院记录记载"因体检发现甲状腺结节十年余"入院。

根据保险合同约定：自合同复效之日起180日内，被保险人因初次确诊患有合同约定的重大疾病按所交保险费（不计利息）给付保险金。2019年12月25日，保险公司向薛某支付已交5期保险费，共计保险金29040

元。薛某要求保险公司按保险基本金额给付保险金。

□ **争议焦点**

薛某认为：根据中国保险监督管理委员会令2010年第4号《人身保险业务基本服务规定》第21条规定："对于约定分期支付保险费的保险合同，保险公司应当向投保人确认是否需要缴费提示。投保人需要缴费提示的，保险公司应当在当期保险费缴纳日前向投保人发出缴费提示。保险合同效力中止的，保险公司应当自中止之日起10个工作日向投保人发出效力中止通知，并告知合同效力中止的后果以及合同效力恢复的方式。"本人已选择手机短信服务。保险公司保险费未扣划成功后，未履行催告交费义务即单方中止保险合同，中止后亦未履行通知义务。因此，2019年8月31日补交保险费，不能简单地认定为复效行为，而是对保险合同非正常中止的补救。保险公司应当按保险基本金额给付保险金，而不是给付所交保险费。

保险公司认为：保险公司多次扣款，均因薛某账户余额不足而扣款不成，导致保险合同中止。投保人交纳保险费后，保险合同复效。薛某在复效等待期内发生保险事故，保险公司给付所交保险费，符合合同约定。

□ **法院判决**

经过一审和二审，法院都判决：薛某因自身过错未交保险费，保险公司按合同约定，向薛某给付所交保险费为保险金。

判决理由：薛某的银行账户余额不足，同时保险合同未约定保险公司有通知其交费的义务，因此，保险公司扣款未成功，是其自身过错所致。薛某补交保险费为保险合同复效。保险公司应按照合同约定，给付所交保险费作为保险金。

案号：（2020）苏05民终8527号，判决书详情请扫描文末二维码。

□ **适用法律法规**

《中华人民共和国保险法》第三十七条第一款：合同效力依照本法第

三十六条规定中止的，经保险人与投保人协商并达成协议，在投保人补交保险费后，合同效力恢复。但是，自合同效力中止之日起满二年双方未达成协议的，保险人有权解除合同。

□ 案例评析

为方便起见，很多保险消费者会选择委托扣款。但由于约定扣款账户余额不足、扣款流程存在问题等导致扣款不成功的情况时有发生。未及时交纳保险费会造成保险合同的中止等情况，导致保险消费者失去保障。

从目前的司法案例来看，如果仅是因为账户余额不足，导致扣款不成功，法院会认为是投保人的责任，从而需要承担在交费宽限期后发生保险事故不能获得保险金的后果。

如果存在以下三种情况，则法院有可能会认定保险公司承担扣款不成功的责任，仍负有保险责任：1. 投保人约定的扣款账户在扣款日余额充足；2. 合同明确约定保险公司在扣款不成功时有提示通知的义务，而保险公司未尽到此义务；3. 保险公司改变扣款的习惯导致扣款不成功，如改变扣款时间、改变多份不同时间的保险合同惯常扣款顺序等。

从本案看来，仅根据中国保险监督管理委员会令2010年第4号《人身保险业务基本服务规定》第21条规定，认为保险公司在扣款未成功时，需要履行提示告知义务的，有可能不会获得法院的支持。

为了减少这种纠纷的发生，一方面，保险公司要提高服务水平。另一方面，保险消费者也要重视保险费的交纳，及时检视保险单，保证账户余额充足，在可能情况下选择自动垫交保险费服务。

（2020）苏05民终8527号

10.

用父母的钱购买的保险是否属于夫妻共同财产？

——夫妻关系存续期间人寿保险的财产权利人

【案例 10：（2020）京 03 民终 2127 号】

□ **事情经过**

2003年11月17日，张某与牛某结婚。

2009年12月24日，牛某向保险公司投保两全保险（万能型），保险费40万元，保险费来源于牛某父母给其的转账。该保险的投保人、被保险人、生存受益人均是牛某，主险合同的保证利率为年利率1.75%，保证利率之上的投资收益是不确定的。

2015年6月9日，张某与牛某经法院判决离婚。

张某起诉要求分割牛某购买的两全保险产品，保险合同项下的权利义务由牛某享有，牛某一次性给付张某20万元和该部分投保金额自2009年12月25日至2015年6月25日期间按照保险合同条款约定的保证利率计算的增值部分。

□ **争议焦点**

牛某认为：购买保险的40万元款项来源于父母打款，资金来源清楚。牛某父母也向法院明确表示打给牛某的40万元是赠与牛某个人的财产，且专门用于购买保险。同时，牛某购买的保险产品中，被保险人与受益人均为牛某本人，保险利益是预期的，不确定的，不应作为夫妻共同财产分割。

张某认为：牛某没有证据证明购买保险的款项是个人财产，因此牛某购买的保险产品应为夫妻共同财产，保险利益也是夫妻共同财产，应予以分割。

□ **法院判决**

经过一审和二审，法院都判决：牛某购买的保险产品属于夫妻共同财产，应给付张某20万元和该部分投保金额2009年12月25日至2015年6月25日期间的投资收益。

判决理由：牛某及其父母未能提供充分的证据证明40万元为只赠与牛某个人的财产。因此，牛某用于购买两全保险（万能型）的40万元是牛某与张某的夫妻共同财产，保险产品和收益属于夫妻共同财产，张某有权分得保险费一半和夫妻关系存续期间收益的一半。因牛某本人掌握该保险合同的收益情况而拒不提供，夫妻关系存续期间收益为依据保险合同中保证利率计算的保险增值部分（扣除初始费用、保障成本、保险单管理费等）。

（本案中还有关于诉讼时效的阐述，在此不作赘述）

案号：（2020）京03民终2127号，判决书详情请扫描文末二维码。

□ **适用法律法规**

《中华人民共和国民法典》第一千零六十二条第一款：夫妻在婚姻关系存续期间所得的下列财产，为夫妻的共同财产，归夫妻共同所有：

（一）工资、奖金、劳务报酬；

（二）生产、经营、投资的收益；

（三）知识产权的收益；

（四）继承或者受赠的财产，但是本法第一千零六十三条第三项规定的除外；

（五）其他应当归共同所有的财产。

□ 案例评析

本案的核心点是夫妻关系中，如何确定购买保险产品的资金是否属于夫妻共同财产，进而确定保险单是否属于夫妻共同财产。

父母给予子女钱物是很常见的情况。子女已婚后，如果没有明确的赠与协议或其他相关证据证明只给予子女一人，则父母给予子女的钱物是对子女及其配偶的赠与，属于夫妻共同财产。用共同财产购买的保险产品，当然也属于夫妻共同财产。

本案中，虽然牛某父母主张40万元只赠与牛某一人，并且指定用于购买保险产品，因此，牛某购买的保险产品属于牛某个人财产。但夫妻共同生活，很难区分购买保险产品的钱是出自夫妻共同财产还是一方财产，因牛某及父母没有充分而明确的证据证明保险费是父母赠与牛某一个人的，故法院没有支持他们的这一说法。

在有的案例中，夫妻一方主张其已将购买保险产品的费用转账给另一方，因此，保险产品属于自己的个人财产。但由于夫妻共同生活，夫妻双方名下的资金一般都属于共同财产，仅凭从自己名下的银行账户转到另一方的银行账户，也很难被认定该保险产品是其独自购买的，从而最终被认定为夫妻共同财产。

夫妻关系存续期间，一方用共同财产投保，离婚时保险单的分割原则是：基于保险费是共同财产，当保险产品兼具人身和财产两种性质时，根据最高人民法院的《第八次全国法院民事商事审判工作会议纪要》规定，由投保人一方补偿一半保险费给另一方。同时，对于婚姻关系存续期的增值部分在扣除初始费用、保障成本、保险单管理费后由双方平分。

　　如果子女已婚，父母希望保险产品作为给子女的个人财产，有两种处理方式：1. 最优方案是将自己作为投保人和被保险人，将子女指定为受益人。但在被保险人身故前，此保险产品属于投保人的财产，如果投保人发生债务纠纷，这份保险产品的价值会有被用来偿还投保人债务的风险。2. 如果要将资金给子女，由其个人购买保险产品，那就要明确将此资金赠与子女个人用于购买某种保险产品（可采用签订赠与协议、公证等形式保留证据），并且最好能设立单独的银行卡，进行资金流转，以免资金混淆，产生争议。

（2020）京03民终2127号

11.

离婚期间为子女购买大额保险如何处理?

——离婚期间购买高额保险的财产认定

....

【案例 11：（2019）浙 03 民终 7451 号】

□ **事情经过**

卓某（丈夫）与李某（妻子）原是夫妻关系，育有两子。

2015年4月2日，王某偿还李某债务2621333元，转入李某账户。同日，李某支出两笔款项，各500000元，合计1000000元，余额显示为1621926.24元。卓某起诉离婚后，李某又用剩余的款项分别为两子投保商业人身保险，合计28份，保险费约1040000元。

2015年4月29日，卓某以夫妻感情纠纷为由，向法院起诉，要求与李某离婚。同年5月12日、10月28日，法院两次驳回卓某诉讼请求。

2018年11月8日，卓某再次起诉要求与李某离婚。2019年2月20日，法院判决准予卓某、李某离婚，未成年儿子由李某直接抚养，抚养费由李某自行承担。

卓某、李某分居期间（2015年4月开始），一子随李某生活，另一子自2017年开始在李某处生活。

因离婚后财产分割不能达成一致意见，卓某、李某向法院起诉。

□ 争议焦点

卓某认为：王某偿还的262万余元为夫妻共同财产，要求分割。

李某认为：王某偿还的262万余元用作为子女购买商业保险和子女抚养、房屋装修等项目上，已全部用完，无财产供分割。

□ 法院判决

经过一审和二审，法院都判决：李某未经卓某同意，为子女购买大额商业保险的保险费需作为双方共同财产分割。

判决理由：卓某起诉要求与李某离婚，说明双方夫妻关系处于紧张时刻。在此期间，李某为子女投保二十余份人身保险合同，显然已超出正常家庭生活必需的合理范围，李某未经过卓某同意对夫妻共同财产做出较大数额开支，且其中多份合同明确约定"本合同生存保险金、关爱金作为保险费自动转入投保人李某合同项下的万能个人账户"。现卓某表示不知情，因此，李某支付的1040000元保险费应予以分割。

（本案中还有关于其他共同财产性质的阐述，在此不作赘述）

案号：（2019）浙03民终7451号，判决书详情请扫描文末二维码。

□ 适用法律法规

《中华人民共和国民法典》第一千零六十二条：夫妻在婚姻关系存续期间所得的下列财产，为夫妻的共同财产，归夫妻共同所有：

（一）工资、奖金、劳务报酬；

（二）生产、经营、投资的收益；

（三）知识产权的收益；

（四）继承或者受赠的财产，但是本法第一千零六十三条第三项规定的除外；

（五）其他应当归共同所有的财产。

夫妻对共同财产，有平等的处理权。

《中华人民共和国民法典》第一千零八十七条第一款：离婚时，夫妻的共同财产由双方协议处理；协议不成的，由人民法院根据财产的具体情况，按照照顾子女、女方和无过错方权益的原则判决。

□ **案例评析**

保险产品的种类很多，保险费差距也很大。在婚姻关系存续期间，使用夫妻共同财产购买大额保险，特别是高保险费的理财型保险产品，应该经夫妻双方平等协商，一致同意。否则，即使是为孩子购买的保险产品，如果另一方不认可，在离婚时，该保险产品仍然要作为共同财产进行分割。

本案中，投保人李某认为夫妻共同存款中的一部分已为子女购买了保险，这部分存款已支出，在离婚时不该进行分割。法院并没有采纳其观点，仍将已支付的保险费视为夫妻共同财产，判决李某向卓某给付相当于一半保险费金额的存款。李某希望利用保险规避财产分割的目的没有达到。

一般来说，婚姻关系存续期间，夫妻一方为子女购买的保险费较低的保障性保险产品，在离婚判决中，容易被认定为对子女的赠与。如果保险费已交清、或夫妻一方仍愿意继续交纳保险费，则保险合同可以继续存续。但如果保险费未交清，且夫妻双方均不愿继续交纳保险费，则需要对保险合同进行退保，退回的现金价值作为夫妻共同财产进行分割。

需要指出的是，在离婚期间或者婚姻关系显著恶化时，一方单独使用共同财产购买大额保险，容易被认定为转移财产，可能会导致不利后果。

（2019）浙03民终7451号

12.

犹豫期内双方确定退保后是否即完成退保？

——保险合同约定流程的履行

∙∙

【案例 12：（2021）陕 04 民终 641 号】

□ 事情经过

2015年11月，王某向保险公司投保了养老金保险和年金保险（附带万能账户）。保险合同约定：本合同自保险公司接到解除合同申请书时终止。保险合同签订后，王某交纳了保险费。

在犹豫期内，王某向保险公司提出退保，公司负责人签署同意撤单的意见。

2017年1月，王某又交纳了保险费。

2016年1月和2017年1月，保险公司分别向王某万能账户支付生存金。

2019年1月和10月，王某通过保险公司APP操作提取生存金。

之后，王某起诉，要求退保，并要求保险公司返还保险费。

□ 争议焦点

保险公司认为：王某虽在犹豫期内提出退保，公司负责人也在保险单上签署同意退保的意见，但王某并未按照要求提交退保手续。公司向王某支付生存金，其都正常领取，已用实际行动表明对合同的认可和履行。

王某认为：自己在犹豫期内已提出解除合同且得到保险公司同意。但保险公司却未按时退还全部保险费，还在自己不知情的情况下向账户中转入生存金，第二年继续从自己的账户扣保险费，不是自己主动交的。

□ 法院判决

经过一审和二审，法院都判决：王某未履行退保手续，保险合同解除后，保险公司退还现金价值，不必退还保险费。

判决理由：王某自2017年1月交纳第二年保险费之后再未续交保险费，合同目的已不能实现，故双方所签的合同应解除。虽然在犹豫期内，王某和保险公司一致同意撤单，但之后王某并未按照合同约定提供退保所需的书面材料，也没有证据证明是保险公司拖延不办退保手续。王某却实际先后多次提取生存金，应视为其对合同的继续履行。合同解除后，保险公司应按合同约定的计算方法，退还现金价值。

案号：（2021）陕04民终641号，判决书详情请扫描文末二维码。

□ 适用法律法规

《中华人民共和国民法典》第五百六十三条：有下列情形之一的，当事人可以解除合同：

（一）因不可抗力致使不能实现合同目的；

（二）在履行期限届满前，当事人一方明确表示或者以自己的行为表明不履行主要债务；

（三）当事人一方迟延履行主要债务，经催告后在合理期限内仍未履行；

（四）当事人一方迟延履行债务或者有其他违约行为致使不能实现合同目的；

（五）法律规定的其他情形。

以持续履行的债务为内容的不定期合同，当事人可以随时解除合同，但是应当在合理期限之前通知对方。

□ 案例评析

在投保人签订保险合同、交纳保险费后，会有段时间让投保人再慎重考虑是否真的要投保，若决定退保可以无损失的拿回全部保险费，这个时间段就是犹豫期。

本案中，王某在犹豫期提出退保，保险公司也同意了。按正常程度，应该是王某按要求提交退保材料，保险公司审核后退还保险费，从而完成退保。但王某与保险公司只是对退保之事在意见上达成了一致，却没有继续其他流程（如提交书面退保申请书等），而且保险公司按合同支付生存金，王某也领取了生存金、支付了第二年保险费。从双方的行为来看，王某并没有将退保的意见付诸实施，即实际上没有退保。

在后来保险合同的履行过程中，王某没有交第三年的保险费，并起诉要求返还保险费，是以自己的行为在解除合同。鉴于投保人有权随时解除合同、保险公司无权通过诉讼方式要求投保人交纳保险费，双方当初签署保险合同的目的已不能实现，故法院判决解除合同。保险公司对于合同的解除没有过错，所以按合同约定返还王某现金价值。此现金价值距保险费有较大差额，导致王某有一定的损失。

保险合同是一种严谨的合同文书。保险消费者一定要严格按照合同规定的流程办理各种事项，否则，可能会损害自己的权益。

（2021）陕04民终641号

13.

保险公司允许夫妻一方私自办理
对方保险退保如何处理？

——保险公司的审核义务

【案例 13：（2020）鲁 06 民终 5363 号】

□ **事情经过**

2001 年 6 月，王某向保险公司投保两全保险（分红型）和附加豁免保险费保险。

2009 年 3 月，保险公司办理了该保险单的退保手续。退保金和红利均退至王某名下账户。

2017 年 8 月，王某与叶某经法院判决离婚，王某要求分割保险单保险金未得到法院支持。此时，王某才知道上述保险单已被退保，王某对之前的退保情况并不知情。退保的账户是叶某用王某的身份证办理并持有，退保申请书中的签名并非王某本人所签。

因此，王某起诉保险公司，要求退还保险费，并赔偿损失。

□ **争议焦点**

保险公司认为：王某未能妥善保管自己的身份证原件、银行储蓄本原件及保险单原件，导致叶某借机持有王某的身份证原件、银行储蓄本原件及保险单原件等解除合同所需的资料冒办退保，保险现金价值及红利被冒领，王某也有过错，应该承担相应的责任。叶某退保时与王某是夫妻关系，其冒用王某签名办理退保并领取现金价值和红利，该费用属于他们的夫妻共同财产，王某没有遭受实际损失。

王某认为：保险合同及相关证件均放在家中由叶某掌控，其串通保险公司的工作人员在自己不知情的情况下解除保险合同，自己没有过错。由于保险公司的错误造成保险单被退，资金被转移，保险公司应当承担一切损失。

□ 法院判决

经过一审和二审，法院都判决：王某的保险合同被违约解除，保险公司退还王某保险合同的现金价值、红利和利息损失。

判决理由：保险公司在办理退保手续时未尽到审慎审查义务，违背王某真实意思解除保险合同，致使王某的合同权益受损，应当承担相应的赔偿责任。王某的损失应为保险公司违约解除合同致他人冒领相关保险费用的数额及相应的利息损失。因王某疏于对投保账户的管理，其在合同解除后未继续交纳保险费，不存在合同正常履行情况下才能得到的保险金额。

案号：（2020）鲁06民终5363号，判决书详情请扫描文末二维码。

□ 适用法律法规

《中华人民共和国民法典》第五百七十七条：当事人一方不履行合同义务或者履行合同义务不符合约定的，应当承担继续履行、采取补救措施或者赔偿损失等违约责任。

《中华人民共和国保险法》第四十七条：投保人解除合同的，保险人应当自收到解除合同通知之日起三十日内，按照合同约定退还保险单的现金价值。

□ **案例评析**

退保权属于投保人。只有投保人（投保人死亡后其继承人是否有权退保，各法院的处理并不一致，但大多认为有权退保），才能办理保险合同的退保手续。

通过本案例可以看出，保险公司办理保险业务时，在自身力所能及的范围内，要严格按流程办理，尽到必要的审核义务，否则将承担由此导致的他人损失。法院在审理保险诉讼案件时，也多次提到过保险公司未尽审核义务，如以死亡为给付条件的保险合同未经被保险人同意和认可保额；受益人继承权资料不完备；团体保险中被保险人名单重复；被保险人年龄明显超过可保年龄等。

保险公司作为专业机构，在办理退保、理赔等手续时，不仅要认材料，也要认人，以防被人冒领现金价值、保险金后，还要再次赔偿合法权利人，造成自己的损失。

夫妻一方将另一方投保的保险冒名退保，另一方因此起诉保险公司的案例并不多见。通过本案，可以知道法院对于此种情况下的赔偿数额认定是被冒领的金额（退保时保险合同的现金价值），并非退还已交保险费，更不是未退保情况下可获得的利益。这也提醒了投保人要时常关注保险单状态和保险费交纳情况，加强对保险单的管理。

（2020）鲁06民终5363号

14.

投保人死亡后的保险合同如何处理？

——投保人的继承人对保险合同处分权

· ·

【案例 14：（2020）豫 09 民终 2042 号】

□ 事情经过

2014年8月，郝某作为投保人，以王甲和王乙为被保险人，在保险公司投保长期险和附加一年期短险。

2018年5月，投保人郝某因故去世。法定继承人为王甲、王乙、王丙、孙某，四人表示因家庭经济困难，一致同意：不愿变更投保人继续交纳保险费履行保险合同。

□ 争议焦点

保险公司认为：投保人身故后，继承人可以继承保险合同权利义务，可以提出解除涉案保险合同。保险合同解除后，保险公司应当退还保险单现金价值，而不是保险费。

法定继承人认为：不继续交纳保险费只能返还现金价值，是强迫继续投保，不符合保险费本意，要求与保险公司解除保险合同，并退还保险费。

□ 法院判决

（一）一审法院判决：解除保险合同，并退还未发生保险事故的保险合同对应的全部保险费。

判决理由：投保人死亡，投保人权利义务的继受者可以对投保人进行变更也可以解除合同，投保人的法定继承人表示因家庭经济困难不愿变更投保人继续履行合同，保险合同应当解除。保险合同仅约定投保人解除合同的处理方式，但没有约定投保人死亡情况下保险费如何处理，双方对于合同的解除均无过错，根据公平原则，王甲已经从保险公司处获得附加短期险的保险赔偿金，且附加短期险保险期间已过，故保险公司无须退还附加短期险保险费。但对于被保险人王甲及王乙主险及附加长险的保险费，保险公司应当退还。

（二）二审法院改判：解除保险合同，退还保险单的现金价值。

判决理由：在郝某身故后，法定继承人有权继承合同中财产权益。继承人与保险公司都同意解除合同，故保险合同解除。保险合同约定投保人解除合同，保险公司退还保险单的现金价值。合同解除后，保险公司应按照合同约定及保险法规定，退还保险单的现金价值。因郝某已经身故，该现金价值作为其遗产，由保险公司直接退还郝某法定继承人。

案号：（2020）豫09民终2042号，判决书详情请扫描文末二维码。

□ 适用法律法规

《中华人民共和国保险法》第四十七条：投保人解除合同的，保险人应当自收到解除合同通知之日起三十日内，按照合同约定退还保险单的现金价值。

□ 案例评析

保险单是投保人的财产，投保人可随时解除保险合同。投保人身故后，保险单中的财产价值作为投保人的财产，由其继承人继承。此时的保险单价值主要指保险单的现金价值和投资理财账户里的资金。

由于保险合同还涉及被保险人、受益人的具体利益，因此投保人身故后，虽然投保人的继承人继承了保险合同，但对保险合同的处理，还是要尽量与被保险人、受益人协商取得一致的意见。具体有以下四种情况：

（一）投保人的继承人与被保险人都一致同意解除保险合同。本案中的被保险人都是投保人的继承人，大家都一致同意解除保险合同，因此与保险公司解除保险合同，退还保险合同的现金价值。

（二）投保人的继承人之间意见不一致，有的要求解除保险合同，有的不同意解除保险合同。那么尽量双方协商一致，由不同意解除保险合同的一方支付给要求解除保险合同的一方合理的对价（一般是基于保险单的现金价值进行计算），然后将保险合同的投保人变更为愿意继续交纳保险费的继承人。如果不同意解除保险合同的一方不愿继续交纳保险费，将会因为欠交保险费而致保险合同中止，最终导致保险合同终止。如果双方就对价无法协商一致，就需要法院最终判决保险合同的处理方式了。

（三）投保人的继承人要求解除保险合同，被保险人不愿解除保险合同。根据《最高人民法院关于适用〈中华人民共和国保险法〉若干问题的解释（三）》，被保险人向投保人支付相当于保险单现金价值的款项，就可以通知并要求保险公司将保险合同的投保人变更成自己。

有的法院认为，投保人的继承人可以继承的是保险单中属于投保人的财产权益，但解除权不是财产权，不能被继承，即继承人不能解除合同。这种情况下，可以根据上述司法解释规定，由被保险人向投保人的继承人支付相当于保险单现金价值的款项后变更投保人，再继续交纳剩余的保险费。这种方法可以很好地解决投保人死亡后保单是否存续的问题、投保人继承人能否继承合同解除权的争论。

（四）投保人的继承人、被保险人、受益人可以协商一致，等到保险合同到期后或理赔后，再协商分配保险金。若分配时出现纠纷，当事人仍可以通过诉讼方式解决。

　　由于投保人是保险合同的所有者，其身故后的保险合同处理方式情况较为复杂。现在有的保险产品还可以指定第二投保人，也就是投保人身故后，第二投保人即成为保险合同的投保人，成为保险合同的所有者。如果保险合同有这样的功能，可以在购买保险时未雨绸缪，设定好第二投保人。

（2020）豫09民终2042号

提示说明篇

根据《中华人民共和国保险法》第十七条的规定，提示说明义务是保险公司的重要义务之一。保险公司未尽到提示说明义务，会导致责任免除等保险条款不产生效力。

提示说明义务主要包括两个方面的内容：一是提示说明义务是针对保险合同格式条款，不包括保险公司与投保人协商后自行约定的条款。二是对一般合同内容需进行说明（此义务是倡导性，若保险公司违反并没有相应的不利法律后果），对具有免责条款性质的内容要进行明确说明（此义务是强制性，这也是保险纠纷中常见争议点之一），但将法律禁止性内容作为免责条款时只需进行提示，即可发生法律效力。

本章选取的是关于保险公司履行提示说明义务的认定标准、免责条款的认定标准和特定事件处理原则的诉讼案例。

提示说明纠纷中常见问题：

1. 保险公司履行提示说明义务的认定

2. 保险公司履行提示说明义务的对象

3. 保险公司对禁止性规定仅需提示

4. 互联网投保时保险公司履行提示说明义务的认定

5. 电话投保时保险公司履行提示说明义务的认定

6. 卡式保险投保时保险公司履行提示说明义务的认定

7. 免责条款中概括性内容及效力的认定

8. 保险公司履行提示说明义务的举证责任

9. 免责条款的认定

10. 免责条款的认定

11. 免责条款的认定

12. 免责事项中故意犯罪的认定

1.

保险代理人代写风险提示语时如何认定保险公司履行提示说明义务？

——保险公司履行提示说明义务的认定

· ·

【案例 15：（2020）甘 09 民终 1060 号】

□ 事情经过

2014年1月21日，赵某参加保险公司产品推荐会，以本人和其子为被保险人，各投保一份两全保险（分红型），现场在电子投保确认单中的投保人签名、被保险人签名及风险提示语后签署自己姓名。两份保险交费期都是10年，赵某自2014年至2016年交纳保险费3年，2017年起未交纳保险费。

2014年2月27日，赵某以两份保险单作为抵押在保险公司办理了保险单抵押贷款业务，2017年2月13日偿还本息。2017年2月14日，赵某领取两份保险账户价值的部分现金。2017年2月15日，赵某再次以两份保险单做抵押，在保险公司办理保险单抵押贷款。2017年后，赵某再未交纳保险费。

此后，赵某以保险公司存在欺诈为由，向法院起诉，要求保险公司退还保险费，并三倍赔偿。

□ 争议焦点

赵某认为：保险公司没有对保险产品进行足以使消费者知悉和理解的说明，没有告知保险产品收益的不确定性和保险条款，销售人员承诺的事项与实际情况差距较大。并且，保险合同在投保之后才送达，电子投保确认单上的风险提示语是保险代理人填写，自己仅是签字。因此，保险公司存在欺诈行为，要求退还保险费，并以三倍赔偿。

保险公司认为：保险合同的签订是双方真实意思的表示，已就保险合同内容向赵某进行了提示及明确说明，并有电话回访录音作为证明。因此，赵某退保后，应按合同约定退还现金价值。

□ 法院判决

经过一审和二审，法院都判决：保险公司尽到提示及明确说明义务，赵某退保后，保险公司退还保险合同现金价值。

判决理由：

（一）保险公司在推荐会上虽未按照规定向赵某出示保险条款、产品说明书、投保提示书等，但在现场对保险产品进行讲解。赵某承认收到宣传彩页，内容与之后送达的保险合同的保险内容相一致。

（二）赵某承认收到完整保险合同，合同内容中有明确的加黑、放大"阅读指引"字体及相关内容，保险公司已进行了提示。

（三）保险公司电话回访时，赵某明确表示已收到保险合同。电话回访时，工作人员询问宣传材料利益演示是基于公司预算而假设、保险单的收益是不确定的、具体收益是以红利通知书为准、犹豫期内相关权益、中途退保会有损失等关键问题时，赵某都回答了解、知道，可见保险公司已进行了明确说明。

（四）虽然电子投保确认单上有部分内容是保险公司业务员代为填写，但赵某在投保人栏和被保险人法定监护人栏亲笔签名，并支付保险费，赵某的这些行为是对业务员代填写内容的确认。

（五）赵某曾持保险单向保险公司两次借款，也说明赵某对保险合同内容应当是知晓的。

因此，法院认定保险公司已尽到提示及明确说明义务，无欺诈行为，在赵某退保后，按合同约定退还赵某现金价值。

（本案中还有关于保险公司虚假宣传、保险欺诈的阐述，在此不作赘述）

案号：（2020）甘09民终1060号，判决书详情请扫描文末二维码。

□ **适用法律法规**

《中华人民共和国保险法》第十七条：订立保险合同，采用保险人提供的格式条款的，保险人向投保人提供的投保单应当附格式条款，保险人应当向投保人说明合同的内容。

对保险合同中免除保险人责任的条款，保险人在订立合同时应当在投保单、保险单或者其他保险凭证上作出足以引起投保人注意的提示，并对该条款的内容以书面或者口头形式向投保人作出明确说明；未作提示或者明确说明的，该条款不产生效力。

《最高人民法院关于适用〈中华人民共和国保险法〉若干问题的解释（二）》第三条第二款：保险人或者保险人的代理人代为填写保险单证后经投保人签字或者盖章确认的，代为填写的内容视为投保人的真实意思表示。但有证据证明保险人或者保险人的代理人存在保险法第一百一十六条、第一百三十一条相关规定情形的除外。

《最高人民法院关于适用〈中华人民共和国保险法〉若干问题的解释（二）》第十一条第一款：保险合同订立时，保险人在投保单或者保险单等其他保险凭证上，对保险合同中免除保险人责任的条款，以足以引起投保人注意的文字、字体、符号或者其他明显标志作出提示的，人民法院应当认定其履行了保险法第十七条第二款规定的提示义务。

《最高人民法院关于适用〈中华人民共和国保险法〉若干问题的解释

(二)》第十二条：通过网络、电话等方式订立的保险合同，保险人以网页、音频、视频等形式对免除保险人责任条款予以提示和明确说明的，人民法院可以认定其履行了提示和明确说明义务。

《最高人民法院关于适用〈中华人民共和国保险法〉若干问题的解释(二)》第十三条：保险人对其履行了明确说明义务负举证责任。

投保人对保险人履行了符合本解释第十一条第二款要求的明确说明义务在相关文书上签字、盖章或者以其他形式予以确认的，应当认定保险人履行了该项义务。但另有证据证明保险人未履行明确说明义务的除外。

□ 案例评析

保险公司是否进行了提示及明确说明，是法院在很多保险诉讼案例中重要的审查内容之一，直接影响相关条款有无法律效力。保险公司因为没有对条款进行提示及明确说明而败诉的案件很多。从保险公司的角度来看，法院认定其已进行提示及明确说明的标准很严格。这是因为保险合同内容复杂、专业用语多，严格的标准才能减少保险公司利用其优势地位损害消费者权益，让广大保险消费者正确全面了解保险产品，以促进整个行业持续健康发展。

为了让大家客观地了解法院对保险公司履行提示及明确说明义务的判定标准，我们特意选择一个案情较为简单、保险公司胜诉的案件来进行分析。从理论上来说，保险公司在这个案例中有两个不利之处：1. 保险合同送达时间晚于保险合同签订时间，这点会容易被认为因投保人在投保时没有看到完整的保险合同，所以保险公司没有履行提示说明义务。2. 电子投保确认单上的个人声明部分是由保险代理人填写，投保人仅签字。在很多案例中，这两点也是保险公司被判没有履行提示及明确说明义务的重要因素。

保险公司能在此案中胜诉，笔者认为关键有四个原因：1. 电话回访记录从形式（在赵某收到合同后进行）到内容（询问内容较为清晰全面），较为完善，证明赵某了解保险合同内容。2. 赵某收到的宣传彩页内容与保险合同一致。3. 赵某两次进行保险单贷款，证明其了解保险合同。4. 虽然电子投保确认单上的个人声明部分是由保险代理人填写，但因为有赵某本人签名确认，也具有法律效力。

"提示"及"明确说明"是两个要求，"提示"是指将需要投保人关注的内容显著区别于其他一般内容；"明确说明"是指保险公司在与投保人订立保险合同之前或者签订保险合同之时，对于保险合同中所约定的免责条款等内容，除了在文字表现形式上提示投保人注意外，还应当对有关免责条款的概念、内容及其法律后果等，以书面或者口头形式向投保人作出解释，使投保人了解条款真实含义及法律后果。

在法院审判中，保险公司履行提示及明确说明义务是一个判定标准比较复杂、有一定自由裁量空间的问题。主要从以下九个方面考量：

（一）准确界定免责条款。保险公司的明确说明义务主要基于对免责条款的义务，因此对免责条款需要准确确认。特别是不在保险合同"免责条款"部分的、属于对保险公司承担的保险责任进行限缩的隐性免责条款，要格外注意需对这些条款进行明确说明。

（二）完成提示义务的标准。主要标准是对需要提示的内容在文字上进行加黑、加粗、单独列出等突出方式标出，显示出与其他合同内容的不同。当然，突出显示内容过多也不行，比如，曾有保险合同50%以上都用加黑、加粗显示，这样就无法体现突出标注了，从而达不到提示相关条款的目的。

（三）完成明确说明义务的标准。主要标准是让投保人真正理解保险条款的内容。不仅要由投保人亲自签署投保声明，而且要通过口头或书面的形式让投保人理解有关条款内容。在实际判断中，主要通过投保声明、电话回访确认、投保网页强制阅读等有形的形式证明达到了"明确说明"的要求。

（四）个人投保声明的具体内容。一般认为投保人声明不能笼统地写"已阅读保险条款"或者"保险人已对合同内容进行说明"，而要明确写到"保险人已对保险合同中有关免责条款、收费约定……做了明确说明"等类似内容。同时，投保人手抄声明书比机打内容后投保人签名更具有说服力。

（五）及时送达保险单和保险合同。如果保险单、保险条款等保险合同文件没有送达投保人手中，或者没有证据证明送达投保人，也可能会导致保险公司被认定为没有履行提示及明确说明义务。

（六）设计严谨的互联网投保环节。互联网投保中，保险公司被认定为没有履行提示及明确说明义务的因素主要有：必须主动点击才能出现保险合同和投保提示等内容；不需要阅读完保险合同和投保提示内容也能进入投保环节；提示及明确说明的内容没有特殊字号显示；庭审时无法演示原投保环节等。因此，互联网投保在重要内容的强制阅读、投保流程的可回溯、电子签名认证等方面都需要有严谨的设计，确保投保人能注意到重要的条款内容、履行必要的签字认可手续。卡式保险激活时，需要通过电话提示、网络页面操作，因此也需要遵循类似的原则。

（七）严谨的电话回访方式。电话回访要在投保人收到保险合同后。电话回访时，对重点内容要具体询问，而不能概括性提问，投保人回答内容应明确肯定，不能含混不清。如果同时有多份保险合同，要对每份保险合同进行询问，而不是放在一起概括性询问，否则将很难区分投保人的回答内容所针对的具体保险合同。

（八）追认保险合同不能证明保险公司一定履行了提示及明确说明义务。保险合同签署过程中，存在投保人没有签名的情况。虽然投保人可以通过交纳保险费、履行合同义务、收取保险合同利益等形式追认保险合同，但追认保险合同，是对签订保险合同这一事实进行追认，并不代表对保险公司履行了提示及明确说明义务的追认。

（九）投保人如果多次购买同一保险产品，保险公司对其履行提示与明确说明义务可以简化。涉及这类情况最常见的就是复购率很高的车险、医疗险和意外险。在多次购买同一保险产品后，法院会认为保险消费者对该保险产品已很熟悉，保险公司尽到提示义务即可。

如何判定保险公司履行提示及明确说明义务，是一个综合的考量。法院会全面分析具体案例的综合情况，再作出判决。对于保险公司，一定要加强工作人员的培训和管理，优化投保流程，为保险消费者做好服务。对于保险消费者，一定要严谨细致地审阅保险合同，疏忽大意会造成在其最需要的时候却得不到应有的保障。

（2020）甘09民终1060号

2.

团体保险中需要向被保险人进行提示说明吗？

——保险公司履行提示说明义务的对象

......

【案例 16：（2020）辽 10 民终 1924 号】

□ **事情经过**

　　蔡某所在单位为员工向保险公司投保团体意外伤害保险，投保人为公司，蔡某为被保险人之一。保险期限自2018年7月4日至2019年7月3日。

　　2019年4月16日，蔡某从高温工作岗位离开，走出车间大门时昏倒，经医院抢救无效死亡，死亡原因为心脏猝死。

　　此后，蔡某继承人向保险公司理赔。保险公司以心脏猝死不属于意外伤害责任为由，未予理赔。

□ **争议焦点**

　　蔡某继承人认为：猝死不一定是疾病原因导致，将猝死排除在意外保险范围没有依据。同时，保险公司就猝死免赔事项未在保险凭证上作特别的提示和告知，未尽到提示及明确说明义务，条款无效。因此，要求保险公司按意外身故责任支付保险金。

保险公司认为：蔡某是心脏猝死，属于自然疾病死亡，不属于意外伤害范围。同时，保险条款中的免责部分字体已加黑，蔡某所在公司（投保人）已在投保声明中盖章，能够证明保险公司已将保险条款交与投保人，已对保险条款尽到提示的义务。因此，保险公司不承担保险责任。

□ 法院判决

（一）一审法院判决：保险公司未履行提示及明确说明义务，给付保险金。

判决理由：保险公司未就猝死免赔条款在投保单、保险单或者其他保险凭证上作出足以引起投保人注意的提示，故该条款对投保人和受益人不产生效力。

（二）二审法院改判：蔡某的猝死事件不属于本保险合同意外保险责任，保险公司已尽到提示义务，不承担保险责任。

判决理由：蔡某的死亡证明书注明其死亡原因是心脏猝死，不是意外伤害导致的死亡，不属于本保险合同意外保险责任。保险条款中的免责部分字体已加黑，蔡某所在公司（投保人）已在投保声明中盖章，能够证明保险公司已将保险条款交与投保人，已对保险条款尽到提示的义务。因此，保险公司不承担保险责任。

（本案中还有关于猝死是否属于意外伤害的阐述，在此不作赘述）

案号：（2020）辽10民终1924号，判决书详情请扫描文末二维码。

□ 适用法律法规

《中华人民共和国保险法》第十七条：订立保险合同，采用保险人提供的格式条款的，保险人向投保人提供的投保单应当附格式条款，保险人应当向投保人说明合同的内容。

对保险合同中免除保险人责任的条款，保险人在订立合同时应当在投保单、保险单或者其他保险凭证上作出足以引起投保人注意的提示，并对该条款的内容以书面或者口头形式向投保人作出明确说明；未作提示或者明确说明的，该条款不产生效力。

《最高人民法院关于适用〈中华人民共和国保险法〉若干问题的解释（二）》第十一条：保险合同订立时，保险人在投保单或者保险单等其他保险凭证上，对保险合同中免除保险人责任的条款，以足以引起投保人注意的文字、字体、符号或者其他明显标志作出提示的，人民法院应当认定其履行了保险法第十七条第二款规定的提示义务。

保险人对保险合同中有关免除保险人责任条款的概念、内容及其法律后果以书面或者口头形式向投保人作出常人能够理解的解释说明的，人民法院应当认定保险人履行了保险法第十七条第二款规定的明确说明义务。

□ 案例评析

保险公司履行提示说明义务的对象是投保人（既可以是自然人，也可以是组织机构），不包括被保险人、受益人等其他保险合同主体。

团体保险以单位为投保人。保险公司只需要向该单位履行提示说明义务即可，并不需要向每个被保险人逐一提示及明确说明。团体保险中，保险合同文件中的提示及明确说明事项已进行加黑、加粗等特殊显示，投保单上特别注明要注意阅读免责条款等内容（如将免责条款明确印制则更好），有投保人的盖章、投保单位具体办理投保事务的人签名、合理的签署日期等，即可认定保险公司已进行提示及明确说明。但如果投保单位的盖章、签名、签署日期和保险合同送达时间有瑕疵，法院则会根据具体情况判定。

本案中，二审法院正是基于投保人是单位，与保险公司对自然人的履行提示说明义务不同，认定保险公司履行了提示说明义务，从而改判保险公司不承担保险责任。可见，团体保险中保险公司履行提示说明义务的认定较宽松。因保险公司不需向被保险人直接解释保险条款，投保单位应将保险范围、免责情况等重要事项向被保险人解释、告知。作为团体险的被保险人得知单位投保了团体险后，也应该主动向单位了解保险合同内容，以便能更好地保护自己权益。

（2020）辽10民终1924号

3.

保险公司对禁止性规定如何履行提示说明义务？

——保险公司对禁止性规定仅需提示

· ·

【案例 17：（2020）鲁 02 民终 11595 号】

□ 事情经过

2017年9月9日，A中学向保险公司投保团体人身意外伤害保险，保险期间自2017年9月9日至2018年9月8日。团体人身意外伤害保险条款以加黑加粗字体约定："被保险人在下列期间遭受伤害导致身故或残疾的，保险人不承担给付保险金责任：……（四）、被保险人饮酒驾车、醉酒驾车、无有效驾驶证驾车或驾驶无有效行驶证的机动交通工具期间……"。A中学作为投保人，盖章确认的投保单中"重要提示"载明："1. 为了更好地保障您的权益，请您在投保前仔细阅读保险条款，尤其是黑体字标注的免除保险人责任的条款内容，并听取本公司业务人员的说明，如对保险公司业务人员的说明不明白或有异议的，请您在填写本投保单之前向保险公司业务人员进行询问。如未询问且又签署投保单的，视同已经对条款内容完全理解并无异议。2. 请您在仔细阅读保险条款后用黑或兰黑墨水笔填写投保单及被保险人清单。投保单中投保人声明载明：保险人已经告知本人仔细阅读保险合同条款，提示本人特别阅读黑体字标注的免除保险人责任的条款内容。保险人对保险合同内容，尤其是免除保险人责任的条款已经向本人作出了明确说明，本人已经完全理解，没有异议，申请投保。"

2017年11月30日，刘某被A中学增加为团体人身意外伤害保险的被保险人。

2018年3月30日，韩某驾驶重型半挂牵引车与驾驶二轮摩托车的刘某相撞，刘某当场死亡。刘某未取得机动车驾驶证，二轮摩托车逾期未检验处于注销状态。交警大队出具事故认定书，认定韩某肇事逃逸，车辆制动不合格，承担事故的全部责任。刘某未取得机动车驾驶证，驾驶行车制动不符合要求、逾期未检验注销状态的摩托车，违反了《中华人民共和国道路交通安全法》第十九条（一）款、第二十一条及《中华人民共和国道路交通安全法实施条例》第十六条（一）款（四）项之规定，但该违法行为与事故的发生没有因果关系，刘某不承担事故责任。

此后，保险公司以无证驾驶属于免责事项为由，未予理赔。

□ 争议焦点

刘某继承人认为：根据交警部门的事故认定书，刘某未取得摩托车驾驶证的行为与涉案交通事故的发生没有关系，死亡原因也与未取得摩托车驾驶证无关，刘某不承担事故责任。因此，保险公司应承担保险责任。

保险公司认为：刘某无证驾驶，属于保险条款免责事项，故保险公司不承担保险责任。

□ 法院判决

经过一审和二审，法院都判决：保险公司已履行提示义务，免责条款有效，无须给付保险金。

判决理由：无有效驾驶证驾车或驾驶无有效行驶证的机动交通工具是法律、行政法规的禁止性规定。保险公司将法律、行政法规的禁止性规定作为免责事项，只要进行提示，不需进行明确说明。保险公司在保险条款中对此条款以加粗加黑字体显示，根据投保人声明也可以认定保险公司已进行提示，免责条款有效。被保险人刘某因无有效驾驶证、驾驶无有效行驶证的机动车而发生交通事故而死亡，属于免责事项，保险公司不承担保险责任。

案号：（2020）鲁02民终11595号，判决书详情请扫描文末二维码。

□ **适用法律法规**

《中华人民共和国保险法》第十七条第二款：对保险合同中免除保险人责任的条款，保险人在订立合同时应当在投保单、保险单或者其他保险凭证上作出足以引起投保人注意的提示，并对该条款的内容以书面或者口头形式向投保人作出明确说明；未作提示或者明确说明的，该条款不产生法律效力。

《最高人民法院关于适用〈中华人民共和国保险法〉若干问题的解释（二）》第十条：保险人将法律、行政法规中的禁止性规定情形作为保险合同免责条款的免责事由，保险人对该条款作出提示后，投保人、被保险人或者受益人以保险人未履行明确说明义务为由主张该条款不成为合同内容的，人民法院不予支持。

《最高人民法院关于适用〈中华人民共和国保险法〉若干问题的解释（二）》第十一条第一款：保险合同订立时，保险人在投保单或者保险单等其他保险凭证上，对保险合同中免除保险人责任的条款，以足以引起投保人注意的文字、字体、符号或者其他明显标志作出提示的，人民法院应当认定其履行了保险法第十七条第二款规定的提示义务。

□ **案例评析**

保险公司将法律、行政法规中的禁止性规定作为免责事项，只需要对该免责条款进行提示即可生效。一般来说，保险公司将此事项用加黑加粗字体等做出突出显示、将保险条款交给投保人、投保人出具声明，法院通常会认定保险公司已履行了提示义务。

在执行这条规定中，还有一个重要的考量点，就是保险免责条款中的禁止性规定必须是出自法律、行政法规，即应是全国人大及其常委会制定的法律、国务院制定的行政法规中的禁止性规定才能提示即有效，除此之外其他机构制定的规定，保险公司若要作为免责条款，仍需进行提示和明确说明，否则免责条款不产生法律效力。

（2020）鲁02民终11595号

4.

互联网投保时保险公司如何体现已履行提示说明义务？

——互联网投保时保险公司履行提示说明义务的认定

....

【案例 18：（2021）陕 01 民终 2820 号】

□ 事情经过

2019年11月4日，李某向保险公司投保了意外伤害保险，郭某为被保险人，意外伤害保险责任保额为30万元，保险期限为2019年11月14日至2020年11月13日。

保险单特别载明被保险人为一至六类职业人员。经投保人和保险人双方约定：被保险人发生保险事故时，保险人将按照被保险人在保险事故发生时的职业类别调整保险金给付标准，其中五类职业具体给付标准为：15%的保额。职业分类表显示混凝土预拌车驾驶员属五类职业。

2020年5月21日，郭某驾驶混凝土预拌车，卸完混凝土清灌过程中从车上摔下，导致死亡。

此后，李某以保险公司未履行提示说明义务为由，要求保险公司按保额理赔。保险公司只同意按郭某职业对应比例进行理赔。

☐ **争议焦点**

李某认为：保险合同通过互联网购买，为电子合同。投保人支付保险金后，才显示电子保险单，电子保险单出具后，投保人才看到该特别约定的条款。投保页面中"本人已经仔细阅读和确认《投保须知》、《保险条款》、《理赔指南》、《职业分类表》和《偿付能力告知书》的相关内容"的内容无特别标识，也非投保人必须阅读或点击后才能进行下一步操作。依据职业进行赔偿的条款是减轻或免除保险人责任的格式条款，保险公司未履行提示说明义务，应当无效。故要求保险公司按约定支付30万元保险金。

保险公司认为：保险公司已履行提示说明义务，故应按郭某发生保险事故时的职业对应的赔付比例支付保险金，即混凝土预拌车驾驶员属五类职业，按30万元的15%赔付，也就是赔付45000元。

☐ **法院判决**

经过一审和二审，法院都判决：保险公司已履行提示说明义务，免责条款有效，支付保险金45000元。

判决理由：李某通过网络购买保险时，需阅读和确认投保须知、保险条款、理赔指南、职业分类表和偿付能力告知书全部资料后方可进入同意承保和支付保险费的界面。并且保险公司出具的保险单也明确载明被保险人发生保险事故时，保险人将按照被保险人保险事故发生时的职业类别调整保险金给付标准。因此，法院认定保险公司已履行提示说明义务，故依据职业进行赔付的条款有效。

（本案中还有关于保险金请求权转让的阐述，在此不作赘述）

案号：（2021）陕01民终2820号，判决书详情请扫描文末二维码。

☐ **适用法律法规**

《最高人民法院关于适用〈中华人民共和国保险法〉若干问题的解释（二）》第十二条：通过网络、电话等方式订立的保险合同，保险人以网页、音频、视频等形式对免除保险人责任条款予以提示和明确说明的，人民法院可以认定其履行了提示和明确说明义务。

☐ **案例评析**

互联网保险因为其便利性，越来越受到保险消费者的认可和接受，投保量逐年提高。购买保险需要查阅的文件较多，流程较为复杂，互联网虽然很便利，但也因为阅读界面的限制、部分互联网投保流程设计不合理、部分消费者对阅读条款不重视等原因，导致保险消费者容易忽视很多保险合同的信息，从而造成理赔时的争议。

保险公司是否履行提示说明义务，是互联网保险容易发生的争议焦点之一。一般来说，对于保险公司在互联网保险中是否履行提示说明义务，主要从以下四个方面判定：1. 投保页面和所提供的保险合同是否对免责条款等重要内容以加粗加黑等方式明确显示。2. 投保人需要查阅的保险条款等文件，是否需要点击并完成阅读后，才能进入到下一个投保环节，以确保投保人必须点击查阅全部文件。3. 互联网投保完成后，保险公司是否按投保人要求，提供保险合同的电子文本或纸质文本。4. 互联网投保后，保险公司电话回访的内容规范严谨。如果保险公司不能严格做到以上四点，法院会综合各方面情况予以判定。

随着监管部门对互联网保险的管理越来越严格和科技水平的提高，互联网保险在投保流程等方面越来越规范、严谨、科学。因此，保险消费者在享受科技带来的便利的同时，一定要认真阅读保险条款，还要注意保险条款以外的健康告知、投保须知、投保人声明等内容，而不能因为字数多、电子显示端字体较小，就一带而过。保险消费者在完成互联网投保后，一定要选择要求保险公司提供合同文本，收到合同文本（电子或纸质）后，要认真阅读，核实相关信息是否符合个人投保的意愿。

（2021）陕01民终2820号

5.

电话投保的投保人否认保险公司履行提示说明义务该如何判定？

——电话投保时保险公司履行提示说明义务的认定

【案例 19：（2019）赣 03 民终 702 号】

□ 事情经过

彭某通过电话销售渠道，向保险公司投保交强险和商业三者险。商业三者险合同约定："驾驶人肇事后逃逸，保险人不负责赔偿"。

电话投保时，保险公司明确告知彭某通话内容会有录音。电话中，保险公司与彭某确认了投保车辆、保险范围、保险期限、保险费金额，提示彭某收到保险单及保险条款后务必仔细阅读保险条款内容，尤其是各个险种的责任免除及特别约定，还特别对"驾驶人肇事后逃逸，得不到保险赔偿"的免责情形进行了强调和说明，并告知现就将保险单做好寄给彭某。

在保险合同有效期间内，2019年2月8日，彭某在驾车撞死行人后逃逸，后被警方抓获。警方认定彭某负事故全部责任。

此后，彭某与保险公司就保险公司是否履行提示说明义务，产生争议。

□ 争议焦点

彭某认为：保险公司是发生事故后打电话告知其免责条款的，其一直没有收到保险条款。保险公司要求其签署《放弃索赔权利声明书》时，其已被公安机关限制人身自由，显失公平。因此，保险公司没有履行提示说明义务，免责条款无效，应在商业三者险范围内赔付。

保险公司认为：彭某在一审中提供了保险单，可以证明其已收到保险公司邮寄的保险合同材料。彭某是通过电话销售购买了保险。保险公司确定了彭某投保意向后，就通过电话方式回复并告知彭某险种情况、免赔问题及特别约定，不是保险事故发生后拨打的。保险公司的电话录音是在核实彭某身份信息后，明确告知了彭某通话全程都有录音记录的情况下录制的。在录音对话中，保险公司明确要求彭某在收到保险单及保险条款后，对保险单及保险条款（特别是免责条款）仔细阅读。从通话录音及保险单的寄出可以确认保险公司对免责情形已履行了提示告知义务，故保险公司不需在商业三者险范围内赔付。

□ 法院判决

经过一审和二审，法院都判决：保险公司履行了提示说明义务，在交强险范围内给付相应保险金，商业三者险无须赔付。

判决理由：

（一）保险公司虽然没有提交彭某签字确认的保险人对免责条款已履行明确说明义务的相关书证，但保险公司提交了彭某与其通话协商确立保险合同关系时的完整电话录音，该电话录音所确认的投保车辆、保险范围、保险期限、保险费金额均与彭某提交的案涉保险单内容完全一致。且在通话时保险公司明确告知了彭某这次通话内容会有录音，彭某对保险公司进行电话录音的行为没有提出异议。可以确认该电话录音证据的真实性、合法性、关联性。

（二）在该电话录音中，保险公司提示彭某收到保险单及保险条款后务必仔细阅读保险条款内容，尤其是各个险种的责任免除及特别约定，同时还特别对"驾驶人肇事后逃逸，得不到保险赔偿"的免责情形进行了强调和说明，并告知彭某现就将保险单做好给其寄过去。该电话录音可以证实在双方当事人确立本案保险合同关系时，保险公司对"驾驶人肇事后逃逸，保险人不负责赔偿"的责任免除情形向彭某进行了明确说明。且彭某在一审中提供了保险单，可以确认其收到了保险公司邮寄的保险单。

（三）在该保险单的重要提示或明确说明中，保险公司也要求彭某收到本保险单后立即核对，如有不符请及时通知保险公司，并再次要求彭某详细阅读保险条款，特别是加黑突出标注的免责条款内容。从保险公司在保险单上再次特别注明了彭某应详细阅读保险条款及彭某收到保险单后没有对未提供保险条款提出异议的情形进行分析，保险公司应当在邮寄保险单的同时附带了相关保险条款。

（四）彭某在发生交通事故被公安机关限制人身自由期间，给保险公司出具了一份《放弃索赔权利声明书》，该声明可间接证实彭某应当了解"驾驶人肇事后逃逸，保险人不负责赔偿"的商业三者险免赔情形。

因此，保险公司已履行了提示说明义务，不需在商业三者险范围内赔付。

（本案中还有关于彭某签订《放弃索赔权利声明书》效力的阐述，在此不作赘述）

案号：（2019）赣03民终702号，判决书详情请扫描文末二维码。

□ **适用法律法规**

《中华人民共和国保险法》第十七条第二款：对保险合同中免除保险人责任的条款，保险人在订立合同时应当在投保单、保险单或者其他保险凭证上作出足以引起投保人注意的提示，并对该条款的内容以书面或者口头形式向投保人作出明确说明；未作提示或者明确说明的，该条款不产生效力。

《最高人民法院关于适用〈中华人民共和国保险法〉若干问题的解释（二）》第十二条：通过网络、电话等方式订立的保险合同，保险人以网页、音频、视频等形式对免除保险人责任条款予以提示和明确说明的，人民法院可以认定其履行了提示和明确说明义务。

□ 案例评析

电话销售渠道是消费者购买保险的一个重要途径。但因为电话销售仅是靠电话确认投保关系，因此在确认保险公司履行提示说明义务时有一定的困难，如双方无法见面、留存书面证据难、通话时间有限等。

这里特意选取了一个保险公司胜诉的案件，使大家可以更好地了解如何判定保险公司是否履行提示说明义务。

客观说，本案中，保险公司证明自身履行了提示说明义务有两个难点：1. 受电话投保方式所限，没有彭某书面签字的投保声明。2. 没有明确的彭某收到保险合同的证据（如签收记录等）。

但本案中，保险公司被判定履行了提示说明义务，笔者认为关键有两点因素：1. 电话交流内容全面，且保险公司进行了电话录音，特别是明确强调和说明了"驾驶人肇事后逃逸，得不到保险赔偿"的免责情形。2. 彭某在一审中提供了保险单，因此被认定为已收到了保险公司邮寄的保险单。

有的案例中，法院认为"明确说明"是指保险公司除了在保险单上提示投保人注意外，还应对有关免责条款的概念、内容及其法律后果等，以书面或者口头形式向投保人或其代理人作出解释，以使投保人理解该条款的真实含义和法律后果。例如：保险公司客服人员只是在电话中对投保人概括式地告知和提示，如提示投保人"仔细阅读免责内容"等，不能等同于保险公司已经明确告知了免责条款的具体内容，可能会被法院认为没有履行提示说明义务。

虽然本篇是讨论电话投保中保险公司履行提示说明义务的判定，但这个案例的内容很有代表性和典型性，可以作为其他情况下判定保险公司履行提示说明义务的参考。

（2019）赣03民终702号

6.

保险代理人代为激活卡式保险可以认为保险公司履行提示说明义务吗？

——卡式保险投保时保险公司履行提示说明义务的认定

....

【案例 20：（2020）湘 10 民终 1898 号】

□ **事情经过**

2018年12月10日，周某通过保险代理人，向保险公司投保综合交通意外伤害保险，范某为被保险人，保险期限自2018年12月17日至2019年12月17日。该保险为卡式电子保险单，属于不记名保险，不需要签名。保险免责条款约定："被保险人酒后驾驶、无合法有效驾驶证驾驶或驾驶无有效行驶证的机动车"，导致被保险人意外伤害的，保险公司不给付保险金。

2019年11月26日，范某无证驾驶无号牌二轮摩托车与小轿车相撞，经抢救无效死亡。交警大队认定：范某未取得机动车驾驶证，驾驶未依法登记的机动车，应负本次事故的次要责任。

此后，周某与保险公司就保险公司是否履行提示说明义务，产生争议。

□ 争议焦点

保险公司认为：在保险卡激活过程中，投保人在每一个页面均需确认，并最终同意接受条款才能激活该卡，否则整个激活流程就会中止，并且投保人在购卡时也会获得一本保险卡单，内容中也有加粗字体明确提示免责条款从而充分保障投保人阅读到免责条款，因此，保险公司已履行免责条款的提示义务，免责条款合法有效。即使保险代理人代投保人进行激活操作，代表的也是投保人，而非保险公司。范某发生的保险事故属于免责内容，保险公司不承担赔偿责任。

周某认为：该保险是通过保险公司保险代理人购买的，激活电子操作流程是由保险代理人完成的，其本人未进行电子激活操作，并不知晓免责事由。并且未取得驾驶证和驾驶未取得行驶证的摩托车的行为违反的是管理性强制性规定，而非效力性的强制性规定，保险公司需尽到提示和说明义务。因此，保险公司未履行提示说明义务，应承担赔偿责任。

□ 法院判决

经过一审和二审，法院都判决：保险公司未提供证据证实已告知投保人免责条款，故应给付保险金。

判决理由：周某为范某购买了综合交通意外伤害保险。该保险为卡式保险，需要投保人以电子激活的方式完成保险单激活，而该保险是由保险代理人代为购买，并代为完成保险单激活流程，保险公司未提交充分证据证明履行了提示说明义务，故应承担保险责任。

案号：（2020）湘10民终1898号，判决书详情请扫描文末二维码。

□ 适用法律法规

《中华人民共和国保险法》第十七条：订立保险合同，采用保险人提供的格式条款的，保险人向投保人提供的投保单应当附格式条款，保险人应当向投保人说明合同的内容。

对保险合同中免除保险人责任的条款，保险人在订立合同时应当在投保单、保险单或者其他保险凭证上作出足以引起投保人注意的提示，并对该条款的内容以书面或者口头形式向投保人作出明确说明；未作提示或者明确说明的，该条款不产生效力。

□ **案例评析**

卡式保险是一种常见的保险形式，购买后需要通过互联网、电话等形式激活生效。为了方便保险消费者，也为了做好服务，保险代理人代为激活的情况时有发生。本案就是因为保险代理人代为激活保险卡，又没有明确证据证明保险公司履行了提示说明义务，导致保险公司被要求承担保险责任的情况。

但在有的案件中，法院会认为保险条款要求投保人亲自激活，或者没有约定由保险公司代投保人激活，那么保险代理人代为激活的行为，是代表投保人的，因此，保险公司应被视为履行了提示说明义务。

此外，如果卡式保险在激活过程中，并不需要投保人阅读条款、免责内容、投保须知等，就可以进行投保操作，在没有其他证据证明已向投保人履行提示说明义务的情况下，保险公司也可能被认定没有尽到提示说明义务。

（2020）湘10民终1898号

7.

免责条款中概括性内容是否需要明确说明？

——免责条款中概括性内容效力的认定

【案例 21：（2020）苏 10 民终 660 号】

□ **事情经过**

2017年8月，工程公司作为投保人，以公司员工作为被保险人，向保险公司投保短期健康保险和意外伤害保险。陈某是被保险人之一，从事高空安装作业。保险单的特别约定第4条："未取得对应的特种作业证书进行特种作业操作引起的意外事故，保险公司不承担保险责任"。

2018年12月26日，工程公司的员工陈某在工地发生意外伤害，经抢救无效死亡。

应急管理局调查认定该起事故为一般生产安全责任事故。2019年3月21日，应急管理局作出行政处罚决定书，认定门窗公司（工程公司的工程分包商）安排未持有特种作业操作证（高处作业）的陈某从事高空安装作业，对本起事故的发生负有责任，并对门窗公司法定代表人进行了处罚。

陈某的妻子、子女与工程公司签订人民调解协议书，约定工程公司一次性支付丧葬费、死亡赔偿金、被抚养人生活费、抚慰金等计1361800元，保险理赔款归工程公司所有。

此后，工程公司与保险公司就保险公司是否履行提示说明义务，产生争议。

□ **争议焦点**

保险公司认为：国家安全生产监督管理总局的特种作业人员安全技术培训考核管理规定，对各类特种作业安全技术培训做了要求，并要求考核合格持证方可上岗。保险公司在保险单的第二页单独列出5条特别约定，其中第4条是："未取得对应的特种作业证书进行特种作业操作引起的意外事故，保险公司不承担责任"，该页除了5条特别约定并无其他内容，工程公司也在该页上盖章确认，充分表明保险公司已经尽到免责条款的提示和告知义务。陈某作为特种作业人员，未取得相关作业证书，属于保险合同的免责事项，保险公司不承担保险责任。

工程公司认为：本次发生的事故系安全事故，属于保险合同中约定的意外身故保险责任。保险公司没有证据证明已经明确说明免责条款内容，免责条款无效，故应承担保险责任。

□ **法院判决**

经过一审和二审，法院都判决：保险公司概括性说明条款没有说明具体内容，没有履行提示说明义务，免责条款无效，需给付保险金。

判决理由：保险单续页的特别约定条款，是打印的格式条款。第4条是免责条款，其中有关"特种作业证书"的概念过于宽泛，对特种作业的种类未作详细列举，仅作概括性说明，并无具体解释说明为何种证书。保险公司也没有明确陈某所从事的工作是否属特种作业范畴，应当取得何种具体的特种作业证书。因此，无法认定保险公司已尽到明确说明义务，故第4条无效，保险公司应承担保险责任。

（本案中还有关于被保险人适格、诉讼主体资格等内容的阐述，在此不作赘述）

案号：（2020）苏10民终660号，判决书详情请扫描文末二维码。

□ 适用法律法规

《中华人民共和国保险法》第十七条：订立保险合同，采用保险人提供的格式条款的，保险人向投保人提供的投保单应当附格式条款，保险人应当向投保人说明合同的内容。

对保险合同中免除保险人责任的条款，保险人在订立合同时应当在投保单、保险单或者其他保险凭证上作出足以引起投保人注意的提示，并对该条款的内容以书面或者口头形式向投保人作出明确说明；未作提示或者明确说明的，该条款不产生效力。

□ 案例评析

保险合同要面对广大的投保群体，包含各种复杂的情况，因此保险公司有时会在免责条款中列入概括性的约定内容。但由于概括性的约定内容过于笼统，保险消费者难以理解，因此如果保险公司不能进行明确说明，指出具体的适用情况，含有概括性、兜底性内容的免责条款很容易被判定为无效。

此观点的法律依据不仅是《中华人民共和国保险法》规定的保险公司对免责条款有明确说明的义务，还类比参照了《最高人民法院关于适用〈中华人民共和国保险法〉若干问题的解释（二）》中保险公司对投保人的询问表存在概括性问题时的处理。但概括性条款的认定本身也存在主观的判断，这需要从保险条款、保险产品、相关行业规定、认知水平、合理性等方面来综合判断。

（2020）苏10民终660号

8.

保险代理人自证未提示说明是否有效?

——保险公司履行提示说明义务的举证责任

【案例 22:(2020)京 02 民终 7433 号】

□ 事情经过

2018年2月19日,王某向保险公司投保人身保险和附加重疾险,霍某为被保险人。王某在手机上签署了《人身保险投保书》和《人身保险投保提示书》,但没有在投保人声明处抄录"本人已阅读保险条款、产品说明书和投保提示书,了解本产品的特点和保险单利益的不确定性"。保险代理人签名处有声明:"本人已面晤投保人,并就投保单列明的所有告知事项逐一向投保人、被保险人当面询问。"根据保险合同约定:重大疾病包含"心脏瓣膜手术",但遗传性疾病、先天性畸形属于免责事项。

保险合同订立后,保险公司向王某打电话回访,询问王某是否收到正式的电子保险单或纸质保险单,王某称没有收到纸质保险单,收到了电子保险单并曾经浏览过电子保险单内容,大致了解了保险单条款。

2019年12月30日,医院诊断霍某患有主动脉瓣二瓣化,非风湿性主动脉瓣狭窄(重度)。该医院出具的《心脏大血管超声报告》载明,超声印象为主动脉瓣二叶畸形、主动脉瓣重度狭窄。

2020年4月20日，霍某住院。2020年4月26日，霍某进行了主动脉瓣机械瓣膜置换术。

此后，王某、霍某与保险公司就保险公司是否履行提示说明义务，产生争议，并发生诉讼。

庭审时，保险公司确认，霍某接受的手术属于先天性疾病，属于保险合同约定的免责范围。

保险代理人出庭作证：其介绍王某签署投保书时，手中并未持有纸质保险单，是通过手机向王某播放了一下保险单内容；其不熟悉保险条款中的免责条款，没有向王某告知免责条款。

□ 争议焦点

保险公司认为：根据王某、霍某签署的《人身保险投保书》和《人身保险投保提示书》，以及客服人员对王某的回访录音，可以证明保险公司已履行提示说明义务，因此免责条款具有效力，保险公司不承担保险责任。

王某和霍某认为：霍某进行的主动脉瓣机械瓣膜置换术，属于重大疾病规定的"心脏瓣膜手术"。同时，因为保险代理人没有尽到提示说明义务，也就是保险公司未尽到提示说明义务，因此，免责事项不发生效力。故要求保险公司给付保险金。

□ 法院判决

经过一审和二审，法院都判决：保险公司没有履行提示说明义务，需给付保险金。

判决理由：该保险代理人承认自己不懂保险条款，没有向王某、霍某告知免责条款。保险公司也不能提交证据证明保险代理人向王某履行了明确说明义务。法院综合考虑该保险代理人的年龄、学历、从事保险代理工作的时间和目前从事的工作内容，认可该保险代理人证言，故认定保险公司没有履行提示说明义务，需承担保险责任。

（本案中还有关于疾病确诊时间、保险费交纳时间等内容的阐述，在此不作赘述）

案号：（2020）京02民终7433号，判决书详情请扫描文末二维码。

□ 适用法律法规

《中华人民共和国保险法》第十七条第二款：对保险合同中免除保险人责任的条款，保险人在订立合同时应当在投保单、保险单或者其他保险凭证上作出足以引起投保人注意的提示，并对该条款的内容以书面或者口头形式向投保人作出明确说明；未作提示或者明确说明的，该条款不产生效力。

《最高人民法院关于适用〈中华人民共和国保险法〉若干问题的解释（二）》第十三条第一款：保险人对其履行了明确说明义务负举证责任。

□ 案例评析

保险代理人是保险公司直接面向消费者推介、说明保险产品的营销人员，是保险公司履行提示说明义务的具体执行人员。在是否向投保人提示及明确说明保险合同重要内容上，保险代理人的证词具有重要作用，特别是保险代理人自己承认没有向投保人提示及明确说明保险合同内容，通常会被法院认可。因保险代理人自己承认没有向投保人尽到提示说明义务，而导致保险公司败诉的案例也不少见。

即使保险代理人与投保人存在亲属关系（会被视为存在一定的利益关系），保险代理人前后证词不一致（如一次说已向投保人明确说明，另一次又说没有明确说明），法院也会高度重视，并综合案件的具体情况、证词的形式、保险代理人自身情况等因素进行最后认定。

本案就是保险代理人自证其没有对免责条款尽到提示说明义务，而保险公司又没有证据证明已履行提示说明义务而导致的败诉。

保险代理人向投保人尽到提示说明义务是对其代理工作的基本要求。因此，部分代理人在承认没有履行提示说明义务，导致保险公司败诉后，很可能会被保险公司以没有尽到代理职责为由起诉，从而赔偿保险公司的损失。但具体损失金额的确定需要根据具体案情来认定，比如：有的案件中会认为损失是给付的保险金；有的案件中会认为损失是代理人领取的佣金；有的案件会根据代理人和保险公司的过错责任，由双方按一定比例分担损失。

（2020）京02民终7433号

9.

等待期条款是否属于免责条款？

——免责条款的认定

【案例23：（2019）豫03民终2755号】

□ 事情经过

2017年10月，乔某向保险公司投保终身重大疾病保险，被保险人为其女李某，生效日期为2017年11月2日。保险合同含重大疾病保险金，保额40万元。保险合同约定："被保险人与本合同生效（或最后复效）之日起一百八十日内，被保险人初次发生并经专科医生明确诊断患重大疾病（无论一种或多种），本合同终止，本公司按照本合同所交保险费（不计利息）给付重大疾病保险金"，其中的180天即是保险合同中的等待期。

2018年4月，李某因病住院治疗，被诊断为"右乳粘液腺癌"，属于保险合同约定的重大疾病。

此后，李某与保险公司就等待期保险公司是否需要提示说明，产生争议。

□ 争议焦点

保险公司认为：保险合同约定了180天的等待期，李某为等待期内患病，应给付所交保险费。且等待期条款在保险合同责任条款内，不属于免责条款，无须提示说明。

李某认为：合同约定等待期内患病只给付所交保险费，低于保险金额，减少了保险公司的责任，属于免责条款。投保人乔某作证，投保时签署保险合同不到一分钟，合同文本没有仔细看过，保险公司业务员只是说住院都能报，没有解释说明等待期含义。同时，保险合同中的等待期条款的文字未以突出背景、不同字体、字体加粗加黑放大等方式予以特别标示；投保单中该内容字体未突出显示；投保人声明是直接打印的格式条款，未对等待期做出明确说明，故保险公司没有履行提示说明义务，等待期条款无效。因此，保险公司应给付合同约定的保险金额，而不是所交保险费。

□ **法院判决**

经过一审和二审，法院都判决：等待期条款属于免责条款，保险公司未履行提示说明义务，该条款无效，需全额给付保险金。

判决理由：虽然从形式上看，等待期条款属于保险责任条款，但实际是保险公司制定的限制投保人的权利、免除或减轻保险公司责任的一种格式条款，实质上起到了免责条款的作用，产生了免除保险公司保险责任的效力，故等待期条款应视为免责任条款。因保险公司未能提供已履行提示说明义务的证据，故该条款无效，需按保额给付保险金，而不是所交保险费。

案号：（2019）豫03民终2755号，判决书详情请扫描文末二维码。

□ **适用法律法规**

《中华人民共和国保险法》第十七条第二款：对保险合同中免除保险人责任的条款，保险人在订立合同时应当在投保单、保险单或者其他保险凭证上作出足以引起投保人注意的提示，并对该条款的内容以书面或者口头形式向投保人作出明确说明；未作提示或者明确说明的，该条款不产生效力。

《最高人民法院关于适用〈中华人民共和国保险法〉若干问题的解释（二）》第九条第一款：保险人提供的格式合同文本中的责任免除条款、免赔额、免赔率、比例赔付或者给付等免除或者减轻保险人责任的条款，可以认定为保险法第十七条第二款规定的"免除保险人责任的条款"。

□ 案例评析

免责条款限定了保险消费者获得保险赔偿的范围，减轻了保险公司的责任，因此，保险法要求保险公司必须对免责条款尽到提示及明确说明义务，免责条款方能有效。

保险合同中，免责条款有两种表现形式：1."显性免责条款"，就是明确列入保险条款"除外责任""责任免除"等部分的内容。2."隐性免责条款"，也就是虽然未列入保险条款的"除外责任""责任免除"等部分，但实际上免除或者减轻了保险人责任的条款。这类免责条款主要包含免赔额、免赔率、比例赔付、特别约定、疾病名称、名词释义等部分。

在认定"隐性免责条款"时，要把免责条款与责任条款分清，只有免除或减轻本属于保险责任范围的事项，才属于免责条款。比如，重疾险条款将"植物人状态"列为重大疾病之一，但条款原文又将"植物人状态"中"因酗酒或滥用药物"引起的，排除在保险责任范围外，就属于"隐性免责条款"。但也有一些保险合同条款是否属于"免责条款"并不容易清晰的区分，从而造成争议，且法院的认定结果也不尽相同，有时被认定为"免责条款"，有时不被认定为"免责条款"。作为保险消费者遇到此种情况时要摆事实、讲道理，用能支持自己主张的判决案例尽力争取合法权益。

本案例即是对免责条款认定标准的具体适用。等待期条款（含复效等待期条款）通常都在保险责任部分，不列入保险合同的"责任免除"

部分，但因为其实际上限制了投保人权利、减轻了保险公司责任，所以属于免责条款。保险公司在保险销售过程中应进行提示及明确说明，以降低理赔时的纠纷和诉讼时的败诉风险。

（2019）豫03民终2755号

10.
保险公司对合同生效时间是否需要履行提示说明义务？

——免责条款的认定

⋯⋯⋯⋯⋯⋯⋯⋯⋯⋯⋯⋯⋯⋯⋯⋯⋯⋯⋯⋯⋯⋯⋯⋯⋯⋯⋯⋯

【案例 24：（2018）豫 02 民终 290 号】

□ **事情经过**

许某购买畅保会员卡两张，该卡赠送会员保险一份。该卡注明激活流程为："登陆网站→注册会员→输入卡号密码→阅读服务条款→填写真实个人资料→激活完成"。同时注明"此卡有效激活后，赠送会员保障一份，生效时间为激活后的第五日零时，具体以网站查询为准"。

2016年6月13日16点54分、16点59分，许某激活会员卡，生成两份保险单，投保人与被保险人为许某，生效日均为2016年6月17日，保险期间均为2016年6月17日零时起至2017年6月16日24时止。

2016年6月13日18时左右，许某因意外死亡。

此后，许某继承人与保险公司就保险合同生效时间是否需要提示说明，产生争议。

□ **争议焦点**

保险公司认为：卡片激活时间并不等于合同生效时间。被保险人发生保险事故的时间，不在合同生效时间内，保险公司不承担保险责任。

许某继承人认为：投保人购买畅保会员卡后，委托保险公司业务员进行了激活。保险卡背面显示"生效时间为激活后的第五日零时"，限制了投保人的权利，免除了保险公司的部分责任，属于格式免责条款，但该条款为正常字体大小，保险公司未尽提示及明确说明义务，因此该条款无效。保险公司应承担保险责任。

□ 法院判决

经过一审和二审，法院都判决：保险公司未尽到提示说明义务，应给付保险金。

判决理由：本案中涉案保险卡背面显示"生效时间为激活后的第五日零时"的条款，为有效约定。但是，该类附期限生效的格式合同不同于人们通常的双方交付、激活即生效的保险合同，限制了投保人一定期限内的权利，也免除了该期间保险公司的责任，保险公司有义务进行提示说明。而本案中保险卡背面关于"生效时间为激活后的第五日零时"等内容，均为正常字体，保险公司也没有证据表明已向许某充分说明。因此，该生效日期条款无效，保险公司应承担保险责任。

案号：（2018）豫02民终290号，判决书详情请扫描文末二维码。

□ 适用法律法规

《中华人民共和国保险法》第十七条：订立保险合同，采用保险人提供的格式条款的，保险人向投保人提供的投保单应当附格式条款，保险人应当向投保人说明合同的内容。

对保险合同中免除保险人责任的条款，保险人在订立合同时应当在投保单、保险单或者其他保险凭证上作出足以引起投保人注意的提示，并对该条款的内容以书面或者口头形式向投保人作出明确说明；未作提示或者明确说明的，该条款不产生效力。

□ 案例评析

保险合同有时不是即时购买，就能即时生效的。有的可能要次日零时生效（比如车险）、约定几日后生效（比如部分意外险）。这些生效时间距购买时间虽然间隔很短，但因为偶然因素，也会有在这极短的时间内发生保险事故的情况。由于保险公司对生效时间的提示说明不够，使保险消费者没有理解正确的生效时间，也会产生理赔争议（常见于车险和意外险）。

关于这类保险合同生效时间的条款，有的法院认为这个条款限制了投保人的权利，免除了保险公司的部分责任，属于免责条款，需要保险公司履行提示及明确说明义务；有的法院认为生效时间的条款是双方可以协商的，并且总的保障期间不变，并没有限制投保人的权利，也没有免除保险公司的责任，不是免责条款，保险公司和投保人都有注意的责任，不需要保险公司特别进行提示及明确说明。本案中，法院认定合同生效时间是免责条款。

保险合同生效时间是关系到保险责任开始的重要条款。因为各类保险产品可以有不同的规定，保险消费者应根据需要提前购买保险产品，并在购买时认真审阅生效时间的约定，不能想当然地认为买了保险马上就能生效并获得保障，以免产生不必要的争议，损害个人的权益。

（2018）豫02民终290号

11.

保险公司对《人身保险伤残评定标准》是否需要履行提示说明义务?

——免责条款的认定

....

【案例 25:(2021)豫 01 民终 6374 号】

□ 事情经过

2020年8月28日,李某在工地施工中意外坠落受伤。李某所在公司已投保了建筑工程团体人身意外伤害保险,李某是被保险人之一。保险条款约定,按照《人身保险伤残评定标准》进行鉴定,并按比例给付保险金。

2021年2月22日,李某委托司法鉴定机构按照《劳动能力鉴定标准》作出鉴定意见书,认定构成九级伤残一处和十级伤残一处。

此后,李某与保险公司就《人身保险伤残评定标准》是否需要提示说明,产生争议。

□ 争议焦点

李某和所在公司认为:李某作为建筑工人在工地施工过程中受到伤害,适用《劳动能力鉴定标准》进行鉴定是完全正确的。《人身保险伤残鉴定标准》只是一个行业标准,并非国家标准,很多构成工伤和人体伤残等级的情况在该行业标准中均没有规定,存在严重的缺陷。同时,残疾赔偿金的赔付比例属于保险人责任免除条款，保险公司没有尽到明确提示说明义务，不能发生效力。李某要求保险公司按现在的鉴定结果给付保险金。

保险公司认为：保险公司的保险条款在中国保监会备案，符合有关规定。《人身保险伤残评定标准》是中国保险行业协会、中国法医学会2013年6月8日联合发布的专业标准。伤残赔偿金按比例赔付的内容，属于合同基本条款，不是免责条款，保险公司无须承担明确说明义务。因此，保险公司要求按照《人身保险伤残鉴定标准》进行赔付。

□ 法院判决

经过一审和二审，法院都判决：保险公司按李某依据《劳动能力鉴定标准》作出的鉴定意见进行赔付。

判决理由：李某的伤情在《人身保险伤残评定标准》中均未显示，因此按《劳动能力鉴定标准》认定伤残等级更符合客观实际。同时，《人身保险伤残鉴定标准》约定残疾保险金按比例赔付属于免责条款，保险公司未尽到提示说明义务，因此无效。

（本案中还有关于鉴定书效力问题的阐述，在此不作赘述）

案号：（2021）豫01民终6374号，判决书详情请扫描文末二维码。

□ 适用法律法规

《中华人民共和国保险法》第十七条：订立保险合同，采用保险人提供的格式条款的，保险人向投保人提供的投保单应当附格式条款，保险人应当向投保人说明合同的内容。

对保险合同中免除保险人责任的条款，保险人在订立合同时应当在投保单、保险单或者其他保险凭证上作出足以引起投保人注意的提示，并对该条款的内容以书面或者口头形式向投保人作出明确说明；未作提示或者明确说明的，该条款不产生效力。

《最高人民法院关于适用〈中华人民共和国保险法〉若干问题的解释

（二）》第九条第一款：保险人提供的格式合同文本中的责任免除条款、免赔额、免赔率、比例赔付或者给付等免除或者减轻保险人责任的条款，可以认定为保险法第十七条第二款规定的"免除保险人责任的条款"。

☐ **案例评析**

目前国内常用的伤残鉴定标准有《人体损伤致残程度分级》和《劳动能力鉴定职工工伤与职业病致残等级》。《人体损伤致残程度分级》是由最高人民法院、最高人民检察院、公安部、安全部、司法部联合发布，并于2017年生效的国家标准。《劳动能力鉴定职工工伤与职业病致残等级》是由国家质量监督检验检疫总局和国家标准化管理委员会发布，于2015年生效的国家标准。保险合同中常用的《人身保险伤残评定标准（行业标准）》是由中国保险行业协会、中国法医协会联合发布的行业标准。

部分现实中的损伤情况在其他标准中有对应的伤残等级，在《人身保险伤残评定标准（行业标准）》中无对应等级或对应等级较低，因此，在很多法院的判例中，保险合同适用《人身保险伤残评定标准》，在一定程度上免除保险公司责任，从而被认定为免责条款。本案例即属于此类情况。但也有部分法院认为《人身保险伤残评定标准》属于合同责任范围的约定，是行业惯例做法，不属于免责条款。在具体案例中，法院会综合各种情况进行判定。

伤残评定标准是保险赔付的一个重要标准。虽然保险合同大都采用《人身保险伤残评定标准》，但也有保险合同采用其他标准。大家在购买保险时一定要认真查看、仔细询问。如果是购买团体保险，也可以尽力和保险公司协商，采取更符合本企业和所在行业的伤残评定标准。

（2021）豫01民终6374号

12.

被保险人涉嫌杀死他人后死亡是否属于免责事项？

——免责事项中故意犯罪的认定

【案例 26：（2020）冀 05 民终 2408 号】

□ 事情经过

2011年7月20日，潘某作为投保人及被保险人，向保险公司投保终身寿险（万能型），身故保险金15万元；附加无忧意外险，意外身故保险金6万元。受益人为赵某（潘某妻子）和潘某儿子各50%。

终身寿险免责条款约定："因以下情形之一导致被保险人身故的，我们不承担给付保险金的责任：被保险人故意犯罪或者抗拒依法采取的刑事强制措施"。意外保险免责条款约定："因以下情形之一导致被保险人身故、伤残的，我们不承担给付保险金的责任：被保险人故意自伤、故意犯罪、抗拒依法采取的刑事强制措施或自杀"。

2019年5月24日，潘某、赵某死亡。

2019年11月1日，公安局出具证明，内容为：2019年5月24日，我局接报警称：潘某与其妻子赵某死于家中，接报后我局立即展开侦查，并对潘某和赵某进行了尸检。经侦查，2019年5月24日，潘某因家庭琐事将赵某杀死。经法医鉴定，赵某系被他人用斧类器械击打头面部致颅脑损伤死亡；潘某左手掌皮肤有电流斑，心脏冠状动脉粥样硬化，肺淤血水肿，大脑水肿，是先被电击后身体倒地头部触地，是钝性外力作用头部致脑损伤死亡。

2019年12月24日，公安局出具撤销案件决定书：赵某被杀案一案，因犯罪嫌疑人潘某死亡，根据《中华人民共和国刑事诉讼法》第十六条之规定，决定撤销此案。

此后，保险公司以潘某故意犯罪时死亡为由，未予理赔。

□ 争议焦点

保险公司认为：虽然公安机关因犯罪嫌疑人潘某死亡，作出撤销案件的决定，但公安机关的证明书，能够直接证实潘某有故意杀人的犯罪行为。2019年5月24日，公安机关对潘某表哥的询问笔录显示：潘某杀害赵某后，与潘某表哥通电话，表述自己杀死了赵某，自己也不活了。这表明，杀害赵某是潘某死亡的直接原因，潘某故意犯罪行为与其死亡结果有直接关系。因此，被保险人潘某因故意犯罪而死亡，符合保险法的法定免责事由及保险合同的约定免责事由，保险公司不应承担保险责任。

潘某之子认为：现有证据不能确定被保险人（潘某）存在故意犯罪。同时，只有在被保险人因故意犯罪行为死亡时才能拒赔。若被保险人的死亡与犯罪行为之间没有因果关系，比如犯罪行为终结后，因其他意外原因导致死亡的情形，保险公司也应当理赔。本案中没有证据证明被保险人潘某的死亡结果与故意犯罪行为之间有因果关系。结合公安机关证明，可以推断潘某是先被电击后身体倒地，头部触地导致脑损伤死亡，属意外死亡，保险公司应当理赔。

□ 法院判决

经过一审和二审，法院都判决：不能认定潘某存在故意犯罪和自杀行为，保险公司按合同约定全额给付身故保险金和意外身故保险金。

判决理由：

（一）因潘某作为犯罪嫌疑人已死亡，公安机关对赵某被杀案作出撤销案件决定书。虽然公安机关出具证明中有潘某因家庭琐事将赵某杀死的表述，但本案中并没有上述机关作出的足以证实潘某是故意犯罪的生效法律文书或者其他结论性意见，故不能认定潘某存在故意犯罪行为。

（二）从双方调取的公安机关的材料，无法确定潘某的死亡属于自杀，也不足以证明潘某的死亡与赵某被杀案之间存在因果关系。

因此，保险公司应给付身故保险金和意外身故保险金。

案号：（2020）冀05民终2408号，判决书详情请扫描文末二维码。

□ 适用法律法规

《中华人民共和国保险法》第四十五条：因被保险人故意犯罪或者抗拒依法采取的刑事强制措施导致其伤残或者死亡的，保险人不承担给付保险金的责任。投保人已交足二年以上保险费的，保险人应当按照合同约定退还保险单的现金价值。

《最高人民法院关于适用〈中华人民共和国保险法〉若干问题的解释（三）》第二十二条：保险法第四十五条规定的"被保险人故意犯罪"的认定，应当以刑事侦查机关、检察机关和审判机关的生效法律文书或者其他结论性意见为依据。

□ 案例评析

故意犯罪是保险法的法定免责事项，也是保险产品合同约定的免责事项。在保险理赔中，当以"故意犯罪"作为免责事项时，除了法定免责事项必须尽到提示义务以外，需要从以下三个方面考量：

（一）免责事项中的"故意犯罪"要符合两个条件：1. 该行为要是"犯罪行为"，即必须要违反刑法，而不是其他一般性的法律、行政法规，比如交通事故中的违法停车等；2. 该犯罪行为主观上必须要是"故意"，而不是过失。

（二）要有能证明被保险人属于故意犯罪的公安机关、检察机关或法院的生效法律文书或者其他结论性意见。本案的被保险人潘某虽然很有可能是杀害赵某的人，但因其已死亡，公安局出具的是撤销案件决定书，该决定书并没有确定潘某就是罪犯，并实施了故意犯罪行为，所以缺少对被保险人故意犯罪的认定，不能适用保险合同的相关免责条款。在一些案例中，法院就因没有被保险人属于故意犯罪的生效法律文书或结论性意见，从而无法认定被保险人存在故意犯罪行为，导致判决保险公司应承担保险责任。但也有的法院会根据公安机关的证据，认定被保险人属于故意犯罪行为，适用免责条款，保险公司不承担保险责任。

（三）被保险人的故意犯罪行为与保险事故间要有因果关系。被保险人即使实施了故意犯罪，但若保险事故与该犯罪行为无关，保险公司也不能适用保险合同的相关免责条款。假设本案的潘某被认定为属于故意犯罪行为，但根据法医鉴定和其他证据并不能确定潘某是杀人后自杀或是因为杀人而导致自己死亡，则潘某的故意犯罪行为与其死亡没有因果关系，与保险合同约定的免责条件不符，保险公司仍需承担保险责任。

刑事责任是一种后果严重的法律责任，追究刑事责任有严格的程序要求和严谨的认定过程。故意犯罪作为刑事案件中罪犯主观恶意很大的情形，对其认定更需要有权机关的有效的法律文件，不能凭普通民众、非有权机关的推测或认知来判定。

（2020）冀05民终2408号

如实告知篇

根据《中华人民共和国保险法》第十六条，针对保险公司就保险标的或者被保险人的有关情况提出的询问，投保人应如实告知。这是投保人的一项重要义务。本章选取了关于投保人履行如实告知义务的认定标准和特定情况处理原则的诉讼案例。

如实告知纠纷中常见问题：

1. 投保人履行如实告知义务的认定
2. 投保人履行如实告知义务的认定
3. 被保险人体检与如实告知的关系
4. 保险从业人员如实告知标准更为严格
5. 互联网投保时投保人如实告知的认定
6. 保险合同复效时投保人应如实告知
7. 投保人未如实告知的举证责任
8. 投保人未如实告知需退还理赔款

1.

如何判定投保人履行了如实告知义务？

——投保人履行如实告知义务的认定

....

【案例 27：（2015）锡商终字第 0121 号】

□ 事情经过

2012年8月31日，史某在医院检查结果为：子宫占位（肌瘤可能）、宫颈囊肿；盆腔少量积液；双侧卵巢未见明显异常。2012年10月11日，史某在医院超声检查结果为：甲状腺弥漫性增大伴右侧叶结节。

2013年8月29日，史某向保险公司投保重大疾病保险。保险条款约定："保险公司就投保人和被保险人的有关情况提出询问，投保人应当如实告知。如果投保人故意或重大过失未履行前款规定的如实告知义务，足以影响保险公司是否同意承保或者提高保险费率的，保险公司有权解除合同；如果投保人因重大过失未履行如实告知义务，对保险事故的发生有严重影响的，对于本合同解除前发生的保险事故，保险公司不承担给付保险金的责任，但应当退还保险费"。投保单第二部分要求史某告知健康状况，包括："3. 是否曾或正在接受或准备接受药物治疗、外科手术或服用药物；4. 过去五年曾接受X光、CT、血液、超声波等检查或其他特殊检查；6. 是否曾有下列症状、曾被告知下列症状或因此接受治疗：

i. 糖尿病、痛风、肢端肥大症、垂体机能亢进或减退、甲状腺或甲状旁腺机能亢进或减退、肾上腺机能亢进或减退等内分泌系统病；j. 恶性肿瘤、或尚未证实为良性或恶性的肿瘤、息肉、囊肿、赘生物；o. 是否还有其他以上未提及的疾病及症候"。史某均在"否"处打勾，并在投保人签名处签名。

2014年6月24日，史某在医院检查为：1. 甲状腺弥漫XXX变，请结合临床实验室检查；2. 甲状腺右叶低回声结节，变性不排除，建议穿刺定性；3. 甲状腺右叶低回声结节，在彩超引导下行结节细针穿刺术，手术顺利。6月26日，医院出具细胞病理学检查报告：可疑甲状腺乳头状癌。2014年7月9日，史某被诊断为右侧甲腺微小乳头状癌Ⅰ期。

2014年8月7日，史某申请理赔。

2014年8月29日，保险公司向史某出具重核保不承保事项，表示：由于史某在投保时未告知有甲状腺弥漫性增大伴右侧叶结节病史，对从2013年8月30日起将甲状腺癌作为不承保事项。并要求史某在2014年9月28日前，签字同意接受不承保事项声明，否则解除保险合同。

2014年9月25日，保险公司向史某发出理赔结果通知书，表示：因史某不接受新的保险合同内容，自2013年8月30日起解除保险合同，并退还保险费。2014年9月28日，保险公司将保险费汇入史某银行卡账户。

□ 争议焦点

保险公司认为：史某在投保前诊断为甲状腺弥漫性增大伴右侧叶结节及宫颈囊肿，投保时未如实告知，故不承担保险责任。现已解除保险合同，并退还保险费。

史某认为：自己已就保险公司的询问内容进行了如实告知，且宫颈囊肿与所患的重大疾病甲状腺癌无关。因此，要求保险公司承担保险责任。

□ 法院判决

经过一审和二审，法院都判决：史某已履行如实告知义务，保险公司应给付保险金。

判决理由：

（一）虽然史某对保险公司询问的"过去五年有无进行超声波检查"及有无囊肿未如实告知，但保险公司在知道史某患宫颈囊肿及进行过超声波检查后，向史某发出重核保不承保事项中，并未对这两项情况做出新的承保决定。因此，史某患宫颈囊肿及进行过超声波检查并不影响保险公司决定是否同意承保或者提高保险费率。

（二）保险公司未提供证据证明史某在投保前"正在接受或准备接受药物治疗、外科手术或服用药物"，故不能认定史某对此未如实告知。

（三）保险公司询问的"是否还有其他以上未提及的疾病及症候"，是概括性询问，没有明确的内容指向，故不能认定史某对此未如实告知。

（四）虽然史某所患甲状腺增大是甲状腺功能亢进常见的、主要的表现。但该情况属于专业性、具体性事项，"甲状腺功能亢进"与"甲状腺弥漫性增大伴右侧叶结节"在字面上存在较大差异，是否属于同类症状对于非专业人员来讲难以作出判断，因此，投保人史某对于该告知事项作出否定的回答，并未违反如实告知义务。

因此，史某进行了如实告知，保险公司应承担保险责任。

案号：（2015）锡商终字第0121号，判决书详情请扫描文末二维码。

□ 适用法律法规

《中华人民共和国保险法》第十六条第一、第二款：订立保险合同，保险人就保险标的或者被保险人的有关情况提出询问的，投保人应当如实告知。

投保人故意或者因重大过失未履行前款规定的如实告知义务，足以影响保险人决定是否同意承保或者提高保险费率的，保险人有权解除合同。

《中华人民共和国民事诉讼法》第六十四条第一款：当事人对自己提

出的主张，有责任提供证据。

《最高人民法院关于适用〈中华人民共和国保险法〉若干问题的解释（二）》第六条：投保人的告知义务限于保险人询问的范围和内容。当事人对询问范围及内容有争议的，保险人负举证责任。

保险人以投保人违反了对投保单询问表中所列概括性条款的如实告知义务为由请求解除合同的，人民法院不予支持。但该概括性条款有具体内容的除外。

□ 案例评析

针对保险公司的询问，投保人应如实告知，这是各国保险行业的惯例要求，是投保人的重要义务。目前，保险公司对投保人的询问主要包括投保人的财务情况、健康情况、职业情况、生活习惯和已投保保险产品等方面。如果投保人未如实告知，根据不同的具体情况，可能会导致保险公司拒绝理赔、解除保险合同等后果。

本案例涉及的争议基本涵盖了投保人如实告知的主要方面。结合对相关案例的分析可知，判断投保人是否履行如实告知义务的有八个主要方面：

（一）如实告知仅限于保险公司的询问内容。目前对投保人告知有两种方式：1. 全面告知。如我国香港地区，就是投保人要主动全面陈述自身情况。2. 有限告知。我国内地采取的就是此种方式，投保人只需要针对保险公司询问的内容进行告知。比如，针对保险公司询问"半年内是否有过住院经历"，那么投保人在投保前7个月时住过院的情况就不用告知。从这点来说，内地保险在承保条件上对保险消费者还是非常友好的。

（二）概括性询问不用告知。这分为两种情况：1. 针对健康告知中的概括性询问，因为没有具体指向，投保人无从判断，可以不用告知。如本案中的"是否还有其他以上未提及的疾病及症候"。2. 如果由保险代理人协助填写健康告知，保险代理人没有按询问内容逐条询问，只是笼统地问"身体好不好"、"住过院吗"？投保人回答"身体没什么问题"。一般来说只要投保人没有在此时确诊严重的疾病（如恶性肿瘤或已因为恶性肿瘤住院手术），只是一般性的身体异常和日常小病（如患有结节囊肿等），是不能认定投保人没有如实告知的。

（三）未如实告知的事项要足以影响保险公司决定是否承保或增加保险费。即使投保人未如实告知事项，但保险公司对此未告知事项核保后，可以正常承保，那么，投保人对此项未如实告知事项也不用承担责任。本案中，史某对未如实告知"患宫颈囊肿及进行过超声波检查"的情况未承担责任，就是因为这个原因。

（四）投保人未如实告知事项与最终理赔的保险事故之间是否存在关系。有时，投保人未如实告知事项虽然影响保险公司承保决定，但与最终理赔的保险事故之间不存在关系。有的法院也会判定此投保人虽有未如实告知情况，但因与保险事故不存在因果关系，保险公司仍需承担保险责任。比如：投保人未如实告知甲状腺结节，但理赔的保险事故是因意外事故导致的双腿截肢，那么投保人虽有未如实告知的情况，保险公司仍要承担保险事故的保险责任。这里的难点是，有时很难证明一种健康异常情况必然会导致另一种疾病的产生，因此也比较容易产生争议。

（五）保险公司对询问内容要进行解释说明。因为很多健康告知的询问内容涉及专业医学术语和知识等，普通人很难理解。保险公司如果没有明确说明，导致投保人未如实告知，就难以认定投保人未如实告知。本案中，史某因不明白"甲状腺弥漫性增大伴右侧叶结节"属于"甲状腺功能亢进"的情况之一，而没有告知，就没有被认定为"未如实告知"。

（六）投保人的未如实告知是因为"故意或重大过失"导致的，才需要承担责任。因为这点的评判标准较为主观，法院会综合具体情况进行判断。

（七）保险公司与投保人就是否如实告知产生争议，保险公司要承担举证的责任。保险公司若不能拿出有力的证据，也很难认定投保人未如实告知。本案中，因为保险公司无法提供证据，而不能认定史某是否对"正在接受或准备接受药物治疗、外科手术或服用药物"未如实告知。

（八）保险产品中止后复效时，投保人仍要根据保险公司提出的询问事项进行如实告知，即使在最初投保时已进行过告知的事项，也需要再次告知，以免引起理赔争议。

投保时，保险公司没有义务去主动调查投保人的健康情况，主要是依赖于投保人的如实告知。在没有特别约定的情况下，投保人不能因保险公司有能力主动调查而要求免除自己的如实告知义务。

投保人是否履行了如实告知义务，是人身险理赔中产生争议的重要原因。通过判断投保人履行如实告知义务的主要标准来看，各种法律法规和管理制度还是非常保护消费者利益的。

投保人如实告知义务是维护保险行业健康发展的重要基石。并且随着信用体系和医疗管理系统的完善，保险公司也会更加容易地查询到个人的体检、就医、购药等信息，因此，消费者在购买保险时，一定不能心存侥幸和疏忽大意，要根据保险公司询问的内容，认真核实被保险人的相关情况，做好如实告知，从而确保获得良好的保险保障，避免不必要的理赔纠纷和损失。

（2015）锡商终字第0121号

2.

投保人将健康情况告知保险代理人是否为如实告知？

——投保人履行如实告知义务的认定

【案例 28：（2020）苏 02 民终 5498 号】

□ **事情经过**

韦某是全日制法律专业本科，在保险公司工作4年。

2018年2月初，韦某因"咽痒、咳痰带血丝2天"等症状去医院检查，诊断结果：肺部有毛玻璃结节。

2018年2月11日，韦某与保险代理人高某就投保事宜进行微信沟通，记录显示如下：

韦某："高女士，我刚刚问了点内行的人，他们说我这样的情况不用告知什么的，就小问题小毛病啊，跟没有一样，说以后查也查不出来的。"

高某："哎呀，你问的内行的人，那就是。部门不一样，渠道不一样，然后导致的结果不一样，你要拿这个结果去问，刘主管一定会告诉你，一定要如实告知啊，如果你不如实告知的时候发生了风险，不理赔。所以我也被他吓得一愣一愣的，但是正常情况下，你这个是肯定没有任何问题的，知道吗。"

高某："你要买的话我今天上来就来给你把单签了，年前把这事给办了。"

高某："我上次那个客户呢，他是毛玻璃结节，你看他就是延期，就是如果告知就是要延期，如果不告知也就过了，但是呢，就是保不准，保险公司你也懂的，真想不想赔的时候，就可以不赔的。"

高某："你的结节可以忽略。"

2018年2月12日，韦某向所工作的保险公司投保终身寿险、附加重大疾病保险和附加恶性肿瘤疾病保险。

2018年8月，韦某医保记录显示，其开始服用治疗甲状腺疾病类药物。

2019年5月9日，韦某被诊断为甲状腺乳头状癌。2019年10月14日，韦某住院，10月15日手术，10月17日出院。

韦某向保险公司申请理赔后，保险公司于2019年12月17日作出《理赔决定通知书》，表示：因韦某投保时未如实告知甲状腺疾患，此事项严重影响了本公司的承保决定，因此决定解除保险合同，退还所交保险费，不给付保险金。2019年12月31日，保险公司通过银行转账退还韦某支付的保险费。

□ **争议焦点**

保险公司认为：韦某作为一名保险从业者，不同于普通的保险消费者，投保时利用其对保险公司的业务流程和核保规则的了解，故意不告知既往病史，顺利承保。在如实告知一事上，韦某起主导作用，保险代理人是参谋者，不是决策者。投保人故意未履行如实告知义务，代理人未将客户的身体异常情况告知保险公司，投保人和保险公司均存在一定程度的过错，应分担保险责任。

韦某认为：自己已将身体相关情况如实告知了保险公司的代理人，不存在故意隐瞒的情形。自己在投保前所患疾病是肺部毛玻璃结节，现提出理赔的理由是甲状腺疾病，两者不存在因果关系。因此，保险公司应予理赔。

☐ **法院判决**

经过一审和二审，法院都判决：韦某不存在未如实告知情况，保险公司应给付保险金。

判决理由：从韦某与保险公司代理人的微信聊天记录可知，韦某在投保时已将身体状况告知保险代理人，代理人认为其肺部结节可以忽略，故韦某在填写电子投保单时未披露该既有病史，可见韦某是在保险代理人的指导下填写的电子投保单，其并非故意隐瞒病史。并且，保险代理人指导投保人填写投保单的行为是职务行为，韦某向保险代理人告知相关情况可视为向保险公司进行告知。因此，韦某不存在未如实告知情况，保险公司应承担保险责任。

案号：（2020）苏02民终5498号，判决书详情请扫描文末二维码。

☐ **适用法律法规**

《中华人民共和国保险法》第十六条第六款：保险人在合同订立时已经知道投保人未如实告知的情况的，保险人不得解除合同；发生保险事故的，保险人应当承担赔偿或者给付保险金的责任。

《中华人民共和国保险法》第一百一十六条第三款：保险公司及其工作人员在保险业务活动中不得有下列行为：……（三）阻碍投保人履行本法规定的如实告知义务，或者诱导其不履行本法规定的如实告知义务；……

《中华人民共和国保险法》第一百二十七条第一款：保险代理人根据保险人的授权代为办理保险业务的行为，由保险人承担责任。

☐ **案例评析**

保险代理人在代理范围内做出的行为和决定等，保险公司要承担相应责任。保险代理人关于投保人健康情况是否需要告知的判断，属于其代理行为，其后果需要由保险公司承担。

一般来说，投保人如实向保险代理人告知相关情况，会被视为已向保险公司告知，即履行了如实告知义务。在有的案例中，投保人说已按保险公司询问内容如实告知了保险代理人，是保险代理人在协助填写询问事项时并没有按其告知内容填写，但如果投保人在填写事项下签字确认，有的法院会认为投保人需要对自己签字确认的事项承担责任，因此判定投保人未履行如实告知义务。

保险公司、中介公司要加强对保险代理人、保险经纪人的管理培训。同时，保险代理人、保险经纪人为了更好地服务消费者，履行自身职责，也要加强学习核保知识，不能为了签单或因为自身能力不足，造成投保上的错误指导，引发理赔纠纷。

（2020）苏02民终5498号

3.

被保险人接受保险公司指定体检后还需如实告知吗?

——被保险人体检与如实告知的关系

....

【案例 29:（2020）黑 01 民终 508 号】

□ 事情经过

2012年3月23日，王某向保险公司投保终身寿险（分红型）和附加重大疾病保险。

2015年12月10日，王某在同一家保险公司投保两全保险和附加综合意外伤害保险时，按保险公司要求在指定医院体检，体检结果除超重、血糖高外，无任何其他病症。于是，保险公司给予王某加费承保，增加保险费177元。

2016年11月30日，王某在同一家保险公司投保另一种终身寿险（2016）和附加重大疾病保险，重大疾病包含"恶性肿瘤"。该保险合同的人身保险投保提示书询问事项第5项"您目前或过去是否患有疾病、外伤或不适，并因此进行门诊或住院的医师检查、诊断、药物治疗、手术治疗、康复治疗（疗养）或其他治疗？若是，请勾选是，并详细说明患病时间、原因、就诊医院、接受的检查和治疗、诊断结果、最近一次治疗时间及目前状况。"王某在此项询问的"否"处划"√"，并在投保提示书上签名。因王某已在2015年12月10日投保时体检，距2016年11月30日不满一年，不用再体检，保险公司在核保时写明既往体检超重、血糖高，核保时增加保险费308.50元承保。

2018年8月6日，王某因甲状腺恶性肿瘤住院治疗。

王某向保险公司申请理赔。保险公司查明：王某于2013年7月10日至2013年7月24日，入院治疗，诊断为脑血管供血不足，冠心病，心功2级，头CT显示为腔隙性脑梗塞，TCD：脑血管痉挛（多发）。但王某没有在2016年购买保险时如实告知此次疾病情况（此次疾病符合询问事项第5项）。因此，2018年10月8日，保险公司通知王某：因其健康事项未如实告知，且未告知事项影响合同承保，决定解除2016年投保的保险合同，不予赔付保险金。

□ 争议焦点

王某认为：其在投保时，明确告知保险公司代理人曾于2013年住院过，并按保险公司要求体检，同时增加了保险费，应视为保险公司接受王某身体状况，同意签订保险合同。其在为孩子、丈夫在同一家保险公司投保时，保险代理人均没有详细询问，并要求在保险合同第三部分告知事项中在否的位置全部划"√"，否则不予承保。并且，其在《个人人身保险电子投保书》以及《人身保险投保书》签字一个月后，才收到人身保险合同正本，保险公司没有尽到合理提示及说明义务。因此，王某不存在未如实告知情况，保险公司应承担保险责任。

保险公司认为：王某所说是按保险代理人要求在健康告知上划"否"，但未提供相应证据，缺乏事实依据。如实告知义务是投保人的法定义务，对该法定义务违反导致保险人解除保险合同的条款只需履行一般提示义务。根据《最高人民法院关于适用〈中华人民共和国保险法〉若干问题的解释（三）》第五条的规定，体检也不能免除投保人的如实告知义务，因此，王某不能以另外一份2015年12月2日签订的保险合同时所做的体检主张免除如实告知义务。因王某故意不履行如实告知义务，保险公司可以解除合同，并不承担保险责任，不退还保险费和现金价值。

□ 法院判决

经过一审和二审，法院都判决：王某故意未履行如实告知义务，保险公司有权解除保险合同，无须给付保险金并不退还保险费。

判决理由：王某不能因体检而免除告知义务。王某主张已将2013年住院的情况向保险代理人如实告知，是按保险代理人要求在告知事项中全部划"否"，但没有证据支持，不予采纳。因王某是电子投保，其签字确认的《个人人身险电子投保申请确认书》上已告知投保人不如实告知的后果，认定保险公司已尽到说明义务。

案号：（2020）黑01民终508号，判决书详情请扫描文末二维码。

□ 适用法律法规

《中华人民共和国保险法》第十六条第一、第二、第三、第四款：订立保险合同，保险人就保险标的或者被保险人的有关情况提出询问的，投保人应当如实告知。

投保人故意或者因重大过失未履行前款规定的如实告知义务，足以影响保险人决定是否同意承保或者提高保险费率的，保险人有权解除合同。

前款规定的合同解除权，自保险人知道有解除事由之日起，超过三十日不行使而消灭。自合同成立之日起超过二年的，保险人不得解除合同；发生保险事故的，保险人应当承担赔偿或者给付保险金的责任。

投保人故意不履行如实告知义务的，保险人对于合同解除前发生的保险事故，不承担赔偿或者给付保险金的责任，并不退还保险费。

《中华人民共和国民事诉讼法》第六十四条第一款：当事人对自己提出的主张，有责任提供证据。

《最高人民法院关于适用〈中华人民共和国保险法〉若干问题的解释

（三）》第五条第一款：保险人在合同订立时指定医疗机构对被保险人体检，当事人主张投保人如实告知义务免除的，人民法院不予支持。

□ **案例评析**

投保人填写健康告知的基本信息主要来源于日常的体检和医院诊断。由于体检不像在医院诊断那么权威，一般是作为参考。因此，保险消费者投保时，对于在健康告知中如何处理体检的信息存在疑惑。一般来说，可以从以下两个方面考量：

（一）保险公司的指定体检不能免除投保人的如实告知义务。这也是本案例主要适用的法律规定。保险公司在日常管理中，会根据自身的核保流程，要求符合一定条件的被保险人参加公司的指定体检，虽然这时保险公司掌握了被保险人一定的健康信息，但由于体检不可能得到一个人的全部健康信息，因此，投保人还是应根据被保险人的实际健康情况（而不是仅限于保险公司组织的体检）填写健康告知。但如果保险公司直接拿走被保险人的体检报告，未交付被保险人，那么投保人对于自己不知道的体检信息是不需要告知的，并且也会被视为已将此体检报告的信息向保险公司如实告知。

（二）个人体检信息的如实告知义务。随着科学技术和医疗管理水平的提升，个人的医疗和体检记录已经容易被查询到，因此在投保时不要心存侥幸，要根据以往体检结果，对询问内容，认真如实告知。如果投保人在填写健康告知时，已将体检报告完整提供给保险代理人和保险公司（要留存证据），会被认为已对体检报告中的信息已如实告知。另外，若被保险人虽然已做体检，但未拿到体检报告，那么保险消费者自然无法知晓体检报告的内容，对此报告里的内容也是不需要履行如实告知义务的。

本案中，人身保险投保提示书询问事项第5项在有的案件中会被认为是概括性询问事项。一般来说，因概括性询问事项指向不清，法院会认为此询问内容无效,投保人不需回答。但该案中,并未对此点进行阐述,可能的原因是被保险人所患的冠心病是一种严重疾病,按常理,投保人应知晓冠心病的严重程度,从而予以告知。如果只是偶尔的、轻微的不适,投保人没有告知,应不会被认定为未如实告知的。

总的来说,大家还是要在身体健康时,未雨绸缪,配置好个人保险产品。由于保险严格的核保程序,若在身体异常后才想起投保,这时可能就会无法购买到满意的保险产品了。在计划购买保险产品时或投保后的等待期内,非必要尽量不要去体检和就诊,以免查出健康异常情况,影响投保和理赔。

（2020）黑01民终508号

4.
保险从业人员的职业特点对如实告知要求有何影响？
——保险从业人员如实告知标准更为严格

【案例 30：（2019）苏 11 民终 3397 号、（2020）苏民申 6947 号】

□ 事情经过

2016年3月31日，徐某向保险公司投保人身保险和附加重疾险。保险合同约定"慢性肝功能衰竭失代偿期"属于保障范围。徐某为本保险合同的保险代理人。

2016年8月18日，徐某住院治疗，住院记录记载：既往有"乙肝小三阳"病史。2016年9月7日，徐某被医院确诊为肝硬化失代偿期。

2017年11月12日，徐某因慢性肝功能衰竭失代偿在医院实施异体肝移植术，手术顺利。2018年10月22日至2018年10月24日，徐某继续住院治疗，诊断为："1.肝移植术后，2.高血压病；3.肾功能不全"。

徐某在2018年住院治疗后，向保险公司申请理赔。保险公司也认可徐某所患疾病为保险合同的保障范围，但以徐某未如实告知为由，不予理赔。

□ 争议焦点

徐某认为：自身所患疾病属于保险合同约定的重大疾病种类，因此要求保险公司给付保险金。

保险公司认为：徐某是本公司业务员，并在本公司投保。根据医院记录，徐某在投保案前已患乙肝疾病十余年。但徐某在投保单中健康告知事项包括"是否曾患有乙肝、或者乙肝病毒携带、肝硬化"等详细的询问，都勾选了否，未履行如实告知义务。因此，保险公司不承担保险责任，不给付保险金。

□ 法院判决

（一）一审法院判决：保险公司需给付保险金。

判决理由：保险公司缺乏对徐某身体状况、既往病史进一步了解的积极意图，消极行使相应知情权利，也缺乏将徐某身体状况、既往病史作为其决定是否承保参考条件的主观意向。另外，徐某在投保时作为保险公司新近培训的业务员，不确定其对保险专业知识的了解程度，故也无法确定其故意带病投保的主观恶意。

（二）二审和再审法院改判：徐某未履行如实告知义务，保险公司无须给付保险金。

判决理由：徐某在多处医院均记载"乙肝小三阳"病史，并在二审庭审中也陈述投保前"最多只是乙肝病毒携带者"，法院认定其在投保前已经存在并知晓"乙肝小三阳"病情。徐某未如实告知，并在投保人及被保险人处签名确认。徐某作为保险公司业务员，更应当知道投保人的如实告知义务，其未如实填写健康告知，违反了如实告知义务。且其确诊的肝硬化失代偿期，与未如实告知的事项有一定程度的关联性。因此，保险公司无须承担保险责任。

案号：（2019）苏11民终3397号、（2020）苏民申6947号，判决书详情请扫描文末二维码。

□ **适用法律法规**

《中华人民共和国保险法》第十六条第一、第二、第三、第四款：订立保险合同，保险人就保险标的或者被保险人的有关情况提出询问的，投保人应当如实告知。

投保人故意或者因重大过失未履行前款规定的如实告知义务，足以影响保险人决定是否同意承保或者提高保险费率的，保险人有权解除合同。

前款规定的合同解除权，自保险人知道有解除事由之日起，超过三十日不行使而消灭。自合同成立之日起超过二年的，保险人不得解除合同；发生保险事故的，保险人应当承担赔偿或者给付保险金的责任。

投保人故意不履行如实告知义务的，保险人对于合同解除前发生的保险事故，不承担赔偿或者给付保险金的责任，并不退还保险费。

□ **案例评析**

此案例的特别之处在于其属于保险代理人自保件。法院在判定投保人是否知道应该如实告知、如何进行如实告知时，会因为保险从业人员比普通消费者对保险知识和保险产品更了解，而有更高的要求。在保险公司没有特别疏漏的情况下，法院更可能判定保险从业人员未进行如实告知，保险公司无须承担保险责任。

本案中，徐某未告知事项为"乙肝小三阳"，与其申请理赔的"肝硬化失代偿期"有一定的关联性，但并不具有必然的因果关系，也就是"乙肝小三阳"患者并不必然会罹患"肝硬化失代偿期"。这种情况，有的法院会判决保险公司承担保险责任。但从本案判决看，法院特别强调徐某作为保险公司业务员，更应当知道投保人的如实告知义务，从而判决保险公司不需要承担保险责任。

在现实生活中，保险从业人员以自己为投保人购买保险的情况十分常见，故特别选取本案例，以作提示。

（2019）苏11民终3397号　　（2020）苏民申6947号

5.

保险代理人代填健康告知能否认定投保人已如实告知？

——互联网投保时投保人如实告知的认定

· ·

【案例 31：（2021）渝 02 民终 159 号】

□ 事情经过

　　2018年11月3日，刘某之子以刘某为被保险人，通过保险公司APP购买了重疾险、意外险和医疗险，生效日为2018年11月3日。合同约定："如果您故意或者因重大过失未履行前款规定的如实告知义务，足以影响我们决定是否同意承保或者提高保险费的，我们有权解除本主险合同"。

　　人身保险投保书中健康告知栏内询问事项为："……04您目前或过去的一年内是否去医院进行过门诊的检查、服药、手术或其他治疗？05您过去三年内是否曾有医学检查（包括健康体检）结果异常？06您过去五年内是否曾住院检查或治疗（包括入住疗养院、康复医院等医疗机构）？07您是否目前或过去一年内曾有过下列症状？反复头痛或眩晕、呼吸困难、晕厥、咯血、呕血、胸痛……，原因不明的肌肉萎缩、原因不明的包块或肿物？……"。刘某在以上询问事项都勾画了否。刘某及其子在APP上完成了人脸识别，在投保人、被保险人栏内完成了电子签名。

2020年6月5日，刘某因咳嗽、咳痰四个多月，住院治疗，被诊断为右肺鳞癌。2020年8月16日，刘某死亡。医院诊断为肺出血、右肺鳞癌等。

刘某之子向保险公司提出理赔申请。保险公司经过调查，发现刘某曾于2018年3月30日、2018年9月23日在药店购药，2018年10月30日在医院初步诊断为肺部阴影，2019年8月22日在医院因肺恶性肿瘤住院4天。

2020年8月29日，保险公司以刘某未如实告知身体健康情况，决定不给付保险金，解除保险合同，并不退还保险费。

□ 争议焦点

保险公司认为：保险公司APP是为方便用户手机投保而设计的，客户需对电子投保书设定的选项勾画确认，才能进行到下一步。保险公司代理人江某称：在确认刘某要投保后，就投保书上列明事项向刘某一一进行了询问，后由刘某在自己手机上通过APP投保，根据系统提示，对包括询问事项在内的内容进行了操作。刘某及其子对询问事项内容再次确认后，才完成人脸识别和电子签名。保险公司同时提供了公司电脑后台采集的刘某及其子的人脸识别照片、保险合同回执作为证据。因此刘某及其子未履行如实告知义务，要求解除保险合同，不承担保险责任，不退还保险费。

刘某之子认为：保险公司所陈述的投保过程有误。其投保时，保险代理人未就投保书上的内容进行详细询问，投保全程均是由保险代理人操作，保险代理人是在自己手机APP上操作后，让刘某之子下载了APP，将收到的验证码告诉保险代理人后完成投保的。刘某及其子在合同尾页的签字仅是对投保行为的认可，不代表对询问内容的知晓。保险公司提供的人脸识别照片及保险合同回执都来源于保险公司，对其真实性和合法性不予认可。因此，刘某之子认为自己没有违反如实告知义务，保险公司应承担保险责任。

□ **法院判决**

（一）一审法院判决：刘某及其子未违反如实告知义务，保险公司应给付保险金。

判决理由：保险公司没有提交证据证明投保时曾就被保险人的有关情况（如病史、诊疗检查经历等）向刘某之子进行过询问，刘某及其子在电子版人身保险投保书签名，仅表示认可投保行为，而非认可人身保险投保书中询问内容。因此，刘某及其子未违反如实告知义务。

（二）二审法院改判：刘某及其子未履行如实告知义务，保险公司无须给付保险金，不用退还保险费。

判决理由：

1. 案件中的人身保险投保书（电子版）已存在于保险公司APP中，以数据电子文件形式呈现给刘某之子。投保时，刘某之子需在手机上对包括健康询问事项在内的人身保险投保书中的内容进行勾选确认，否则无法完成投保。现刘某之子已通过APP完成了整个投保活动，并依据该APP设定的人脸识别系统对其投保行为进行了确认。因此，保险公司已经通过数据电子文件形式和人机对话方式完成了对刘某及其子的询问。

2. 本案中，刘某及其子除在人身保险投保书上电子签名外，还通过人脸识别系统完成身份的验证。刘某之子未能证明保险人或保险代理人存在法律规定的禁止行为。且刘某之子作为心智成熟的完全民事行为能力人，对他人代为填录投保信息的后果应合理预见，由此造成法律上的不利后果也理应由其自身承担。

因此，法院判定刘某未履行如实告知义务。

案号：（2021）渝02民终159号，判决书详情请扫描文末二维码。

□ **适用法律法规**

《中华人民共和国保险法》第十六条第一、第二、第三、第四款：订立保险合同，保险人就保险标的或者被保险人的有关情况提出询问的，投保人应当如实告知。

投保人故意或者因重大过失未履行前款规定的如实告知义务，足以影响保险人决定是否同意承保或者提高保险费率的，保险人有权解除合同。

前款规定的合同解除权，自保险人知道有解除事由之日起，超过三十日不行使而消灭。自合同成立之日起超过二年的，保险人不得解除合同；发生保险事故的，保险人应当承担赔偿或者给付保险金的责任。

投保人故意不履行如实告知义务的，保险人对于合同解除前发生的保险事故，不承担赔偿或者给付保险金的责任，并不退还保险费。

《最高人民法院关于适用〈中华人民共和国保险法〉若干问题的解释（二）》第三条第二款：保险人或者保险人的代理人代为填写保险单证后经投保人签字或者盖章确认的，代为填写的内容视为投保人的真实意思表示。但有证据证明保险人或者保险人的代理人存在保险法第一百一十六条、第一百三十一条相关规定情形的除外。

《最高人民法院关于适用〈中华人民共和国保险法〉若干问题的解释（二）》第十二条：通过网络、电话等方式订立的保险合同，保险人以网页、音频、视频等形式对免除保险人责任条款予以提示和明确说明的，人民法院可以认定其履行了提示和明确说明义务。

□ 案例评析

随着互联网保险的认可度不断提高，很多人通过互联网购买保险。因为互联网投保的过程和特点都有别于传统的线下保险销售方式，法院也会据此对保险公司询问、投保人如实告知等情况进行综合考量。

本案中，刘某之子曾提出：保险公司与投保人就询问范围及内容有争议的，保险人负举证责任；刘某及其子在电子版人身保险投保书签名，仅表示认可投保行为，而非认可人身保险投保书中询问内容。仅从单个层面来说，也一定程度上符合部分法律法规的规定和法院的裁判观点。

一审法院主要根据线下投保的特点进行了分析，包括保险公司未能提交证据证明投保时进行过询问等，从而判定保险公司未尽到询问义务，应承担保险责任。

二审法院针对互联网投保的具体特点，从投保的流程上进行了分析，特别是认可了数据电子文件形式询问和人脸识别系统的证据效力，纠正了一审法院的判决，判定刘某及其子没有履行如实告知义务，保险公司不承担保险责任。

保险消费者在充分享受互联网投保的便捷时，要高度重视对电子文件的阅读，在收到保险合同后要进一步核实相关信息。在进行各类电子签名时，要清晰了解签名即意味着承担责任。

（2021）渝02民终159号

6.

保险合同复效时投保人需要如实告知吗？

——保险合同复效时投保人应如实告知

· ·

【案例 32：（2020）甘 02 民终 312 号】

□ 事情经过

2015年7月17日，姜某向保险公司投保重疾险和附加定期寿险。保险费年交，交费日期为每年的7月21日。

保险条款约定：1. "投保人未按上述规定日期交付保险费的，自次日起60日为宽限期间；在宽限期间内发生保险事故的，本公司仍承担保险责任；超过宽限期间仍未交付保险费的，本合同效力自宽限期间届满的次日起中止。在本合同效力中止期间，本公司不承担保险责任"；2. "在本合同效力中止之日起二年内，投保人可填写复效申请书，并提供被保险人的健康声明书或二级以上（含二级）医院出具的体检报告书，申请恢复合同效力"；3. "本公司可以就投保人、被保险人的有关情况提出询问，投保人应当如实告知。申请恢复本合同效力时，投保人应如实告知被保险人当时的健康状况。投保人故意不履行如实告知义务的，本公司对于合同解除前发生的保险事故，不承担给付保险金的责任，并不退还保险费"。同时，姜某签字确认的电子投保确认单上约定：因不可归责于转账银行、贵公司的事由，导致的不能及时划付应付保险费、划账错误等责任，由本人承担。

2015年、2016年，保险公司按照姜某预留的银行账户扣除了保险费。

2017年，因姜某账户余额不足，未能扣费成功。2017年7月6日、9月15日，保险公司两次短信通知姜某保险合同欠交费用，通知结果显示为成功。但姜某未完成交费。

2019年1月15日，姜某因甲状腺疾病住院治疗，1月20日出院。

2019年3月26日，姜某向保险公司申请复效，在保险公司书面询问"过去3个月内是否接受过医生的诊断、检查和治疗？"、"过去5年内是否因疾病或受伤住院或手术？"等询问项目后均勾选为"否"。并且，书面补充告知问卷载明：如投保人未如实履行告知义务，保险公司有权决定是否解除合同，并有权决定是否对保险合同解除前发生的保险事故承担保险责任。姜某在被保险人及投保人处签名。

2019年3月27日，姜某交纳了全部欠交保险费、复效利息。

2019年3月28日，保险公司向姜某出具拒绝给付保险金通知书，以被保险人合同失效期出险为由，退还保险费，终止合同。

□ **争议焦点**

姜某认为：1. 自己在保险合同中止期内，已依法补交相关费用，保险合同已复效，保险公司解除合同且不予理赔属于违约。2. 自己与保险公司签订合同时，并不知道患有重大疾病，故不存在未履行如实告知义务。3. 即使自己未履行如实告知义务，双方的合同成立已超过两年，保险公司也不得据此解除合同，更不得拒绝理赔。

保险公司认为：姜某未在其银行账户内预留足额保险费，致使保险公司无法正常收取保险费。保险公司在宽限期内先后两次短信通知姜某交费，姜某因自身原因未交费导致保险合同效力中止。投保后的电话回访中，姜某明确回复"知道"产品说明书和投保提示书的内容及责任免除和保险期间。姜某办理复效业务时故意隐瞒其已患重大疾病的事实，保险公司有权解除双方签订的保险合同，并不承担保险责任。

□ 法院判决

经过一审和二审，法院都判决：姜某未履行如实告知义务，保险公司有权解除保险合同，不给付保险金。

判决理由：因姜某未按照保险合同的约定按期交纳保险费，致使保险合同效力中止。姜某向保险公司申请复效时，在明知不履行如实告知义务后果的情况下，隐瞒住院治疗的事实，违背诚实信用原则。保险公司有权解除保险合同，并不承担保险责任。

（本案中还有关于保险合同中止期间责任义务的阐述，在此不作赘述）

案号：（2020）甘02民终312号，判决书详情请扫描文末二维码。

□ 适用法律法规

《中华人民共和国保险法》第十六条第一款、第五款：订立保险合同，保险人就保险标的或者被保险人的有关情况提出询问的，投保人应当如实告知。……投保人因重大过失未履行如实告知义务，对保险事故的发生有严重影响的，保险人对于合同解除前发生的保险事故，不承担赔偿或者给付保险金的责任，但应当退还保险费。

《中华人民共和国保险法》第三十六条第一款：合同约定分期支付保险费，投保人支付首期保险费后，除合同另有约定外，投保人自保险人催告之日起超过三十日未支付当期保险费，或者超过约定的期限六十日未支付当期保险费的，合同效力中止，或者由保险人按照合同约定的条件减少保险金额。

《最高人民法院关于适用〈中华人民共和国保险法〉若干问题的解释（三）》第八条第一款：保险合同效力依照保险法第三十六条规定中止，投保人提出恢复效力申请并同意补交保险费的，除被保险人的危险程度在中止期间显著增加外，保险人拒绝恢复效力的，人民法院不予支持。

□ **案例评析**

最大诚信原则是保险合同的重要基本原则，不仅保险公司要诚信，投保人也要诚信。保险消费者不仅在购买保险时要如实告知，在保险合同复效时，也要针对保险公司的询问内容如实告知。如果不如实告知的事项足以导致保险公司决定不接受投保人的复效申请，那么保险公司有权解除保险合同，不承担保险责任，甚至不退还保险费。

本案中，姜某对于刚发生不久的甲状腺疾病住院情况没有如实告知，在没有合理理由的情况下，也容易被认定为"故意"未如实告知，那么，保险公司不仅可以解除保险合同、不给付保险金，也是可以不退还保险费的。客观地说，保险公司退还姜某的保险费，在处理上还是比较人性化的。

保险合同复效时的如实告知义务还要特别注意一种情况：就是购买保险时已经告知的事项，在复效时，如果保险公司再次询问，也要再次告知，否则要承担未履行如实告知义务的后果。

（2020）甘02民终312号

7.

保险代理人与投保人陈述不一致
时应如何处理？

——投保人未如实告知的举证责任

【案例 33：（2020）吉 01 民终 2063 号】

□ **事情经过**

2018年1月22日，蔡某向保险公司投保终身寿险和附加重疾险，投保流程通过手机操作。保险合同约定"恶性肿瘤"为重疾险保障范围。

2018年12月27日，蔡某被诊断为双侧甲状腺癌。2019年1月16日住院手术，1月23日出院，诊断为右侧甲状腺癌（pT1aNOM0 I 期），左侧结节性甲状腺肿伴腺瘤形成，Ⅱ型糖尿病。

蔡某提出理赔后，保险公司在调查过程中发现：蔡某曾于2011年1月24日至29日在医院因高血压病、妊娠期糖尿病住院治疗；2015年7月在医院检查时，发现"游离三碘甲状腺原氨酸"、"游离甲状腺素"、"超敏促甲状腺素"三项甲状腺指标全部偏离正常值范围，甲状腺功能异常。蔡某在投保书中没有告知这两项内容。

保险公司决定：因蔡某未如实告知，不承担保险责任，解除保险合同。

□ 争议焦点

保险公司认为：此保险合同的业务员张某出庭作证，虽然与蔡某在用谁的手机进行健康告知操作产生分歧，但都认可进行了健康询问。同时，作为保险合同的重要组成部分，蔡某投保成功后，可以通过纸质保险单和手机APP查阅投保书，可以知晓健康告知事项。由此可见，蔡某未如实告知甲状腺疾病，保险公司有权拒绝理赔，解除保险合同，不退还保险费。

蔡某认为：保险公司未对其进行任何询问，且保险公司业务员张某因与保险公司存在利害关系，证据无效。因保险公司没有询问，其也不存在履行告知义务的问题，因此保险公司应承担保险责任。

□ 法院判决

经过一审和二审，法院都判决：保险公司不能证明蔡某未履行如实告知义务，故需给付保险金，继续履行保险合同。

判决理由：由于蔡某与张某陈述不一致，保险公司应提供证据，证明其进行了询问。因保险公司未能提供相应证据，且保险公司电话回访中也未对蔡某健康问题进行复核，应承担举证不能的法律后果，故无法认定蔡某故意隐瞒自身健康状况。因此保险公司应承担保险责任。

案号：（2020）吉01民终2063号，判决书详情请扫描文末二维码。

□ 适用法律法规

《最高人民法院关于适用〈中华人民共和国保险法〉若干问题的解释（二）》第六条第一款：投保人的告知义务限于保险人询问的范围和内容。当事人对询问范围及内容有争议的，保险人负举证责任。

□ 案例评析

为了更好地保护保险消费者的利益，《最高人民法院关于适用〈中华人民共和国保险法〉若干问题的解释（二）》规定，保险公司对有争议的询问范围及内容负有举证责任。

本案就是保险公司对询问范围及内容承担举证责任的具体适用。在实际情况中，如果保险公司提出了证据，且被法院认可，投保人就需要拿出证据反驳，否则可能将导致自己的观点不被法院采信而败诉。

因为有时投保人未如实告知情况较为复杂，该举证责任只是法院在审判过程中的参考之一。

若有举证义务的一方拿不出相应的证据，则很可能导致自己败诉，所以由谁承担举证责任很重要。在保险案件中，保险公司的举证责任比保险消费者大，例如：证明询问问题范围和内容等；证明自身已对免责条款进行了提示及明确说明；理赔时反驳索赔方初步证据的进一步证明。

（2020）吉01民终2063号

8.

保险理赔后发现投保人未如实告知如何处理？

——投保人未如实告知需退还理赔款

....

【案例 34：（2019）豫 09 民终 2911 号】

□ 事情经过

2017年12月13日，于某向保险公司投保恶性肿瘤疾病保险，保险金额50万元，保险期间为1年，保险费450元。电子投保单就"是否患有恶性肿瘤、体表或体内肿块、息肉、结节"进行询问，于某勾选"否"。

2018年7月27日，于某因患有甲状腺乳头状癌住院进行治疗。

治疗后，于某向保险公司申请理赔。2018年9月12日，保险公司赔付于某保险金50万元。

赔付后，保险公司又委托保险公估公司对于某住院治疗一事进行调查。保险公司调查后认为：据2017年11月10日和13日的两张报告单显示，于某分别在两家医院检查，均被诊断出患有甲状腺左叶低回声结节并钙化（TI-RADS分级Ⅳa级）、甲状腺右叶囊肿或甲状腺双侧叶囊性结节。因此，于某在投保前已经患有甲状腺结节类疾病，且未向保险公司如实告知，本次事故不属于保险责任，应当作出拒赔处理。

此后，保险公司向法院起诉，要求于某返还保险金。

□ 争议焦点

于某认为：保险合同成立，其所患癌症疾病在合同约定的等待期后发生。其在签订合同时并未患癌症，虽检查出来结节，但因结节较小，无须治疗，故此后查出患癌症与此结节无关。保险公司应承担保险责任。

保险公司认为：于某投保时隐瞒患甲状腺结节的事实，未履行如实告知义务，导致保险公司错误给付保险金。其在合同等待期前已有甲状腺结节，合同等待期后患甲状腺癌症，不符合合同要求的"等待期后"、"初次发生"的给付条件。于某应退还保险公司保险金50万元。

□ 法院判决

经过一审和二审，法院都判决：于某未履行如实告知义务，应全额退还保险金。

判决理由：于某在投保前即被查明患有甲状腺结节并伴钙化，疾病等级属于高危级别，在投保时并未如实告知上述情形。结合于某所患甲状腺疾病的级别、被诊断患上述疾病的次月即投保涉案险种等情况，法院认定于某在明知患有上述甲状腺疾病的情况下，未向保险公司履行如实告知义务，足以影响保险公司决定是否同意承保或者提高保险费率，保险公司对于合同解除前发生的保险事故，不承担赔偿或者给付保险金的责任。

（本案中还有关于不当得利、互联网投保如实告知认定等问题的阐述，在此不作赘述）

案号：（2019）豫09民终2911号，判决书详情请扫描文末二维码。

□ 适用法律法规

《中华人民共和国保险法》第十六条：订立保险合同，保险人就保险标的或者被保险人的有关情况提出询问的，投保人应当如实告知。

投保人故意或者因重大过失未履行前款规定的如实告知义务，足以影响保险人决定是否同意承保或者提高保险费率的，保险人有权解除合同。

前款规定的合同解除权，自保险人知道有解除事由之日起，超过三十日不行使而消灭。自合同成立之日起超过二年的，保险人不得解除合同；发生保险事故的，保险人应当承担赔偿或者给付保险金的责任。

投保人故意不履行如实告知义务的，保险人对于合同解除前发生的保险事故，不承担赔偿或者给付保险金的责任，并不退还保险费。

投保人因重大过失未履行如实告知义务，对保险事故的发生有严重影响的，保险人对于合同解除前发生的保险事故，不承担赔偿或者给付保险金的责任，但应当退还保险费。

保险人在合同订立时已经知道投保人未如实告知的情况的，保险人不得解除合同；发生保险事故的，保险人应当承担赔偿或者给付保险金的责任。

保险事故是指保险合同约定的保险责任范围内的事故。

□ 案例评析

对询问事项如实告知、按时交纳保险费是投保人最基本和最核心的两大义务，如果违反则会导致保险合同被解除、无法得到预期的保险金，甚至还要损失已交纳的保险费。

投保人未进行如实告知成功投保后出险的，即使保险公司已经对保险事故进行理赔，给付了保险金，只要其后有证据证明投保人未履行如实告知义务，保险公司仍可以起诉追讨回已给付的保险金。届时，投保人不仅要退还保险金还要承担诉讼费，得不偿失。

本案中，保险公司认为投保人于某未如实告知，根据保险合同无法获得保险金，因此以于某所获保险金为不当得利为由起诉。在有的案例中，投保人获得重大疾病保险金后，保险公司发现投保人投保前已患有理赔范围内的疾病，以对该疾病的理赔违反了保险合同关于重大疾病需"初次发生"的理赔条件为由进行诉讼，要求返还保险金，也获得了法院的支持。

投保人因未如实告知而退还已领取的保险金后，保险合同的处理方式分为两种情况：1. 如果保险合同在成立两年内，保险公司可以选择解除保险合同，并根据未如实告知的情况，决定是否退还投保人已交纳保险费；也可以与投保人协商一致后，采取责任除外、加费等附加条件承保；2. 如果保险合同已成立两年以上，保险公司一般不能直接解除保险合同，可以根据未如实告知的情况，向投保人提出责任除外、加费等附加条件承保，如投保人同意此条件，则继续承保；否则，应由投保人提出解除保险合同，保险公司退还现金价值。

（2019）豫09民终2911号

保险条款解释篇

保险消费者购买的保险产品，本质上就是一份合同。保险合同中各项条款、名词术语的具体解释对实现投保目的具有重要的意义。根据《中华人民共和国保险法》第三十条，对保险合同的格式条款要采用通常理解，但对于具有两种以上合理解释的情况，就需要采用对被保险人和受益人有利的解释。这也充分体现了对保险消费者的保护。本章选取了对保险合同内容适用不同解释原则的一些常见诉讼案例。

保险条款解释纠纷中常见问题:

1. 通常解释原则的适用

2. 通常解释原则的适用

3. 文义解释原则的适用

4. 文义解释原则的适用

5. 专业解释原则的适用

6. 专业解释原则的适用

7. 不利解释原则的适用

8. 不利解释原则的适用

9. 不利解释原则的适用

10. 不利解释原则的适用

11. 不利解释原则的适用

12. 不利解释原则的适用

13. 多种解释原则的综合应用

14. 多种解释原则的综合应用

1.

保险合同文本错误的效力如何判定？

——通常解释原则的适用

....

【案例 35：（2020）粤 01 民终 11231 号】

□ 事情经过

2009年11月20日，保险公司向中国保监会提交"两全保险（2009版）"和"附加长期重大疾病保险（2009版）"的保险条款、产品费率表、现金价值表等材料进行备案。备案材料中"附加长期重大疾病保险（2009版）现金价值表（示例）"详表注明男性42岁时投保，第1至第9年保险单年度末现金价值分别为1.0、4.26、9.51、14.91、20.48、26.24、32.37、38.93、46.03，单位均为"元/保险金额1000元"。

2012年4月29日，黄某42岁时，向保险公司投保该款保险产品，基本保险金额150000元。2012年5月2日，保险公司将保险单送达黄某，"附加长期重大疾病保险（2009版）现金价值表"载明第1至第9年保险年度年末现金价值分别为"150.00、639.00、1426.50、2236.50、3072.00、3936.00、4855.50、5839.50、6904.50"，注明"（以1000元保险金额为单位）、（币种：人民币　单位：元）"。

2019年7月，黄某提出解除保险合同，并要求保险公司按上述合同载明的现金价值表支付保险单的现金价值。保险公司不同意黄某的要求。

□ 争议焦点

黄某认为：《中华人民共和国保险法》并没有规定一个险种的现金价值必须低于交纳的保险费。其与保险公司均认可保险合同与附加长期重大疾病保险（2009）现金价值表的记载是一致的。保险公司在向中国保监会提交的备案材料中附加长期重大疾病保险的现金价值"元/保险金额1000元"与案涉保险合同记载的（以1000元保险金额为单位）不一致，应优先适用《中华人民共和国保险法》第三十条，对格式条款的接受方黄某做出有利的解释，即保险公司应按照保险单中记载的现金价值予以退还。

保险公司认为：根据保险精算原理，附加长期重大疾病保险（2009版）属于保障型人身保险，现金价值不可能高于已交保险费。寄给黄某保险合同右上角页眉已明确标注"××××××保险有限公司险种备案材料"，载明的附加险现金价值表中的"（以1000元保险金额为单位）"系打印错误，与在中国保监会备案的附加险现金价值全表不符，应删除"（以1000元保险金额为单位）"。如按寄给黄某的保险合同计算，黄某将获得巨大超额的收益。因此，保险公司应依据向保监会备案的"附加险现金价值全表"退还黄某现金价值。

□ 法院判决

经过一审和二审，法院都判决：保险公司提供的合同系文字误载，应按删去"以1000元保险金额为单位"字样后的现金价值表给付黄某。

判决理由：

（一）保障型重疾险保险单现金价值不可能高于已交纳保险费。若按"以1000元保险金额为单位"字样的现金价值表计算，保险单现金价值为93万余元，与黄某实际交纳的保险费相差巨大。即投保人如发生保险事故，以提前解除合同的方式获得的现金价值，要远高于通过理赔获得的保险金，明显不具有合理性。

（二）保险公司备案的保险条款与黄某的保险合同完全一致，但并不含有"以1000元保险金额为单位"，保险公司关于"以1000元保险金额为单位"是打印错误的解释具有合理性。

（三）案涉《投保须知》《人身保险投保提示书》《附加长期重大疾病保险（2009版）》均有明确提示，解除保险合同后将遭受经济损失，因此，黄某对于解除案涉保险合同将受到损失而非获得巨大利益也是有充分预期的。

因此，如果严格按照"以1000元保险金额为单位"的文义计算保险单现金价值，明显不合常理，是保险公司文字错误所致。《中华人民共和国保险法》第三十条明确规定，合同的解释应当首先基于通常理解。故保险公司应按删去"以1000元保险金额为单位"字样后的现金价值表给付黄某。

案号：（2020）粤01民终11231号，判决书详情请扫描文末二维码。

□ 适用法律法规

《中华人民共和国保险法》第三十条：采用保险人提供的格式条款订立的保险合同，保险人与投保人、被保险人或者受益人对合同条款有争议的，应当按照通常理解予以解释。对合同条款有两种以上解释的，人民法院或者仲裁机构应当作出有利于被保险人和受益人的解释。

□ 案例评析

法律倾向于保护保险消费者，对于有争议的合同条款，保险消费者往往关注和运用的是"不利解释原则"，而忽视了在适用"不利解释原则"之前，应先按通常理解来解释合同条款，当有两种以上通常理解时才使用"不利解释原则"。

本案中，对于保险合同出现文本错误，法院并没有机械地适用"不利解释原则", 而是客观分析保险产品的实际情况, 并结合其他相关情况, 对错误的合同文本采取符合常理的通常解释, 既是公平原则的体现, 也符合保险合同的本意。

(2020) 粤01民终11231号

2.

保险条款中"日常意外"如何解释？

——通常解释原则的适用

【案例 36：（2020）闽 01 民终 3553 号】

□ 事情经过

2015年5月5日，拖轮公司向保险公司投保团体人身保险，约定意外身故保障、意外残疾保障的保险责任为：仅承担日常生活意外事故，工作原因导致的意外事故为除外责任。

2019年5月8日，拖轮公司向保险公司投保团体人身保险，保险期一年，为2019年5月6日至2020年5月5日。刘某是被保险人之一。保险合同约定："意外身故、残疾及意外医疗险种仅承担日常意外事故所导致的责任"。

2019年7月30日，派出所出具《死亡证明》，内容为：2019年5月20日19时许，我所接报警人曾某称：2019年5月15日18时许，刘某在拖轮作业时不慎跌入海里，后于2019年5月20日19时许，将刘某打捞上来时，其已经无生命体征。

2019年7月30日，刘某继承人将刘某在团体意外险中的全部保险权益，转让给拖轮公司。

2019年9月6日，《认定工伤决定书》认定：刘某是拖轮公司员工，2019年5月15日18时35分左右，不慎跌落海中死亡。

理赔过程中，拖轮公司与保险公司就保险合同中"日常意外事故"一词的解释产生争议。

□ 争议焦点

保险公司认为：2019年保险合同中"日常意外事故"的解释，应沿用2015年首次投保时双方以书面协议形式明确约定的"仅承担日常生活意外事故，工作原因导致的意外事故为除外责任"。因此，刘某在工作中发生意外事故，不属于保险责任范围，保险公司不需理赔。

拖轮公司认为：2019年的保险合同不是2015年保险合同的延续。根据文义解释和通常理解，"日常意外事故"显然是包括"日常生活意外"和"日常工作意外"。且刘某意外身亡的事故也不存在保险条款规定的"故意伤害、自杀"等责任免除情形。因此，刘某意外身亡属于保险责任范围，保险公司需理赔。

□ 法院判决

经过一审和二审，法院都判决：刘某意外身亡属于合同约定的"日常意外事故"，保险公司需给付保险金。

判决理由：保险合同并未对"日常意外事故"的定义做特别解释，因此，拖轮公司认为案涉保险特别约定的日常意外事故应包含生活意外和工作意外，符合通常理解。同时，2015—2019年，拖轮公司一直投保团体意外险，2017年后将"日常生活意外"改为"日常意外"，在投保险种和约定均有变化的情况下，也可推断"日常意外事故"应当涵盖因工作原因发生的意外事故。因此，刘某的意外事故属于保险合同约定的"日常意外事故"责任范围。

（本案还有关于保险金请求权转让的阐述，在此不作赘述）

案号：（2020）闽01民终3553号，判决书详情请扫描文末二维码。

□ 适用法律法规

《中华人民共和国民法典》第一百四十二条：有相对人的意思表示的解释，应当按照所使用的词句，结合相关条款、行为的性质和目的、习惯以及诚信原则，确定意思表示的含义。

无相对人的意思表示的解释，不能完全拘泥于所使用的词句，而应当结合相关条款、行为的性质和目的、习惯以及诚信原则，确定行为人的真实意思。

《中华人民共和国保险法》第三十条：采用保险人提供的格式条款订立的保险合同，保险人与投保人、被保险人或者受益人对合同条款有争议的，应当按照通常理解予以解释。对合同条款有两种以上解释的，人民法院或者仲裁机构应当作出有利于被保险人和受益人的解释。

□ 案例评析

"日常"的通常解释就是"平时的，经常的"，指"每日经常要做的事"。本案中，保险条款没有对"日常意外"的具体含义进行约定。根据一般大众通常的理解，"日常意外"就是"日常会遇到的意外"或者"每日都要经常做的事件里发生的意外"，而"生活"和"工作"就是我们正常人经常要做的、要经历的事。因此，法院认定"日常意外"应该包含"生活意外"和"工作意外"。

本案中，刘某是在其日常工作发生的意外，且意外事件也属于其工作中可能会发生的情况，因此，法院判决保险公司应承担保险责任。

（2020）闽01民终3553号

3.

保险条款中"导致"如何解释？

——文义解释原则的适用

· ·

【案例 37：（2021）陕 09 民终 247 号】

□ 事情经过

2015年5月，姚某向保险公司投保两全险。保险条款责任免除"因下列情形**导致**被保险人身故或全残的，我们不承担本保险条款保险责任中约定的身故保险金和全残保险金的给付责任：……（5）被保险人酒后驾驶、无合法有效驾驶证驾驶，或驾驶无有效行驶证的车辆……"。

2019年4月，姚某又向保险公司投保团体人身保险，含意外残疾保险责任，保险公司向姚某签发了保险单电子凭证。保险条款责任免除"因下列情形**导致**被保险人身故或伤残的，本公司不承担给付保险金的责任：……被保险人酒后驾驶、无合法有效驾驶证驾驶，或驾驶无有效行驶证的车辆……"。

2019年10月，姚某驾驶二轮摩托车与胡某驾驶的小型轿车发生碰撞，造成姚某受伤，被诊断为脊髓损伤等。交警部门认定姚某"不负此次事故责任"，经鉴定，依据《人身保险伤残评定标准及代码》（JR/T083—2013），姚某构成一级伤残。姚某持有机动车驾驶证E证，准驾车型为普通二轮摩托车和轻便摩托车，该证因未进行换证而处于注销可恢复状态。

事故发生后，姚某向保险公司申请给付交通工具意外全残保险金和意外残疾保险金。保险公司认为姚某所持有的摩托车驾驶证处于注销状态，为无证驾驶，依据两全保险、团体人身保险的条款，无证驾驶属于免责范畴，不同意给付保险金。

在姚某发生事故后，保险公司于2020年7月通过银行自动扣费，从姚某的银行账户中扣划2020年5月4日起下一年度的保险费。

□ 争议焦点

保险公司认为：公司已经对免责条款进行了提示告知，免责条款已发生法律效力。姚某无证驾驶属于严重违法情形，根据保险合同约定无须给付保险金。姚某不符合支付全残保险金条件，未达到约定的合同终止条件；且姚某也没有要求终止保险合同，在保险合同无约定、法定终止事由，继续有效情况下，一审判决保险公司向姚某返还收取的保险费无事实及法律依据。

姚某认为：驾驶证是"注销可恢复状态"，不属于法律规定的无证驾驶，无证驾驶是指驾驶人未取得过驾驶资格或取得后被彻底注销。即使自己属于无证驾驶，也需要与保险事故的发生具有因果关系，在本次事故中自己的驾驶证状态与事故的发生没有因果关系。保险公司对免责条款没有进行提示说明，且团体人身险仅向姚某签发了保险单电子凭证，未附格式条款，免责条款没有生效。在发生合同约定的终止条件时合同即终止，不需要再以诉讼请求方式提出终止合同。

□ 法院判决

经过一审和二审，法院都判决：保险公司需给付保险金，并退还2020年7月扣划的保险费。

判决理由：《现代汉语词典》对"导致"的解释为"造成、引起（不好的结果）"。根据该解释，"导致"的含义"引起、造成"包含了因果关系的意思，该理解与社会大众的通常理解一致。通过对保险合同免责条款中"导致"一词的文义理解，无有效驾驶证驾驶车辆应当与保险事故的发生具有因果关系，保险公司才可免除其责任。交警部门已经认定姚某在交通事故中无责任，即表示无论姚某是否具有合法有效的驾驶证，与事故的发生都无因果关系，因此，保险公司应承担保险责任。

（本案中还有关于保险公司履行提示说明义务、无证驾驶、合同终止的阐述，在此不作赘述）

案号：（2021）陕09民终247号，判决书详情请扫描文末二维码。

□ 适用法律法规

《中华人民共和国保险法》第三十条：采用保险人提供的格式条款订立的保险合同，保险人与投保人、被保险人或者受益人对合同条款有争议的，应当按照通常理解予以解释。对合同条款有两种以上解释的，人民法院或者仲裁机构应当作出有利于被保险人和受益人的解释。

□ 案例评析

本案中，法院支持姚某诉讼请求的理由，主要是通过对免责条款中"导致"一词的文义解释，认定免责条款的含义是：无证驾驶要与事故原因存在因果关系时，保险公司才能免责。因此，当姚某是否无证驾驶并非此次事故的原因时，此次保险事故都不属于保险合同的免责事项，保险公司应给付保险金。

（2021）陕09民终247号

4.

保险条款中"驾驶"与"牵引"
如何解释？

——文义解释原则的适用

∴∴∴

【案例 38：（2019）京 02 民终 6042 号】

□ 事情经过

2018年5月30日，邱某向保险公司投保综合意外险，包含意外导致的身故、残疾责任。保险条款免除责任约定：被保险人酒后**驾驶**、无有效驾驶证**驾驶**或**驾驶**无有效行驶证的机动交通工具期间，保险人不承担给付保险金责任。其中：1. "意外伤害"指以外来的、突发的、非本意的、非疾病的客观事件为直接且单独的原因致使身体受到的伤害。2. "无有效驾驶证"包括无驾驶证或驾驶证有效期已届满等情形。3. "无有效行驶证"指发生保险事故时被保险人驾驶的机动车无公安机关交通管理部门、农机部门等政府管理部门核发的行驶证或号牌，或行驶证不在有效期内，或该机动车未按规定检验或检验不合格。

2018年7月29日，梁某驾驶小型轿车牵引由邱某驾驶的福田牌三轮车，当行驶至下坡路时，邱某驾驶的三轮摩托车向左侧发生侧翻，致邱某受伤，经抢救无效于当日死亡。道路交通事故认定书中认定事故原因为：邱某未取得机动车驾驶证、驾驶安全设施不全的三轮摩托车被其他车辆牵引、机动车载物超过核定的装载质量、未佩戴安全头盔驾驶三轮摩托车发生道路交通事故，其过错行为是导致此事故发生的一方面原因；梁某未取得机动车驾驶证驾驶机动车、牵引制动失效机动车时未使用硬核连接牵引装置牵引，其过错行为是导致事故发生的另一方面原因。

2019年9月18日，保险公司出具拒赔通知书：根据意外伤害保险免责条款中关于"被保险人酒后**驾驶**、无有效驾驶证**驾驶**或**驾驶**无有效行驶证的机动交通工具期间"这一规定，不予理赔。

□ 争议焦点

邱某继承人认为：邱某驾驶的三轮摩托车上路行驶坏在途中，提供动力的半轴已经拆下，导致三轮摩托车失去动力和发动阻力，能踩刹车，不能控制速度，只能简单控制方向，因此当时处于被牵引状态，不是驾驶状态。事故原因是梁某在牵引事故车辆时未使用硬核牵引装置，导致意外发生，事故发生与邱某是否有驾驶证以及车辆是否有行驶证并无因果关系。保险公司只在电子平台上提供了电子版保险条款，未提供纸质版保险条款，手机上阅读免责条款难以引起一般人的特别注意。免责条款释义部分在保险条款的末尾，没有加粗加黑，未尽到提示说明义务。因此，保险公司应承担保险责任。

保险公司认为：发生事故时，邱某需要操作方向盘控制方向、操作刹车以控制速度。道路交通事故认定书中认定邱某驾驶三轮摩托车发生事故，说明邱某当时处于驾驶状态。此免责条款涉及交通法律法规中的禁止性规定，保险公司对免责条款用加粗加黑字体特别标示进行了加黑提示，履行了提示和说明义务。此免责条款为期间除外，非原因除外。因此，保险公司不承担保险责任。

□ 法院判决

经过一审和二审，法院都判决：邱某发生事故时，不是"驾驶"行为，保险公司应给付保险金。

判决理由："驾驶"含义为操纵车辆、船舶、飞机等使其行驶。本案事故发生时，邱某虽然坐在三轮摩托车上，但是仅能调整方向和踩刹车，故障车辆已经不能正常行驶，其方向和速度主要由牵引车控制，因此，邱某的行为不是"驾驶"。虽然保险公司履行了提示说明义务，免责条款有效，但因为邱某的行为不属于"驾驶"，故不适用免责条款，保险公司应承担保险责任。

（本案中还有关于保险公司履行提示及明确说明义务的阐述，在此不作赘述）

案号：（2019）京02民终6042号，判决书详情请扫描文末二维码。

□ 适用法律法规

《中华人民共和国民法典》第一百四十二条：有相对人的意思表示的解释，应当按照所使用的词句，结合相关条款、行为的性质和目的、习惯以及诚信原则，确定意思表示的含义。

无相对人的意思表示的解释，不能完全拘泥于所使用的词句，而应当结合相关条款、行为的性质和目的、习惯以及诚信原则，确定行为人的真实意思。

《中华人民共和国保险法》第三十条：采用保险人提供的格式条款订立的保险合同，保险人与投保人、被保险人或者受益人对合同条款有争议的，应当按照通常理解予以解释。对合同条款有两种以上解释的，人民法院或者仲裁机构应当作出有利于被保险人和受益人的解释。

□ 案例评析

本案中，法院根据"驾驶"一词的文义解释，认为邱某虽然坐在三轮摩托车上，但由于三轮摩托车故障，邱某已不能正常操控三轮摩托车行驶，因此，邱某当时的行为不属于"驾驶"行为，从而不属于免责条款的约定范围。

交通事故认定书中表述邱某在事故发生时在"驾驶三轮摩托车"，

认定邱某当时属于"驾驶"行为，但法院最终并没有认可该项认定。可见交通事故认定书在此类案件的责任认定上虽有重要作用，但法院并非绝对要全部采纳认定书的内容。法院如此认定的法律依据是《最高人民法院关于审理道路交通事故损害赔偿案件适用法律若干问题的解释》第二十四条："公安机关交通管理部门制作的交通事故认定书，人民法院应依法审查并确认其相应的证明力，但有相反证据推翻的除外。"

（2019）京02民终6042号

5.

如何认定保险事故是否属于
"急性坏死性胰腺炎开腹手术"
的责任范围?

——专业解释原则的适用

· ·

【案例 39:(2020)粤 03 民终 1581 号】

□ 事情经过

2017年5月30日,史某经互联网向保险公司网络投保,并签订《人身保险(个险渠道)投保提示书》。保险合同中的重大疾病保险责任范围包括"急性坏死性胰腺炎开腹手术",定义为:专科医生确诊为急性坏死性胰腺炎,并已经接受了开腹手术进行坏死组织清除、病灶切除或胰腺部分切除的治疗。同时,保险公司已向投保人进行必要的提示说明。

2019年3月1日,史某住院治疗,出院诊断为急性重症胰腺炎(脂源性)、胰腺坏死。住院期间因急性胰腺炎,进行了CT引导下腹腔穿刺置管引流术。

2019年4月25日,史某向保险公司申请疾病医疗和重大疾病理赔。2019年5月27日,保险公司以史某本次事故不符合《附加提前给付重大疾病保险(2017)》、《附加豁免保险费重大疾病保险(C,2016)》条款约定的重大疾病标准为由，通知史某不能给付保险金及豁免保险费。

□ 争议焦点

史某认为：急性胰腺炎根据病理分型为间质水肿型胰腺炎和坏死性胰腺炎。根据严重程度分级为轻症急性胰腺炎、中重症急性胰腺炎和重症急性胰腺炎。重症急性胰腺炎的临床表现为胰腺坏死、假性囊肿、胰腺脓肿。重症一词只是对于重症病分级的表示，以上主要症状和保险公司所称急性坏死性胰腺炎完全相同，且保险公司也未能提供有利证据说明两者分属不同的疾病类别。保险公司不能仅凭医院诊断书上按照医生个人表述习惯产生的医学名词排列先后的不同就否认两者是同一种疾病。因该疾病条款有两种以上解释的，应适用不利解释原则。并且，经皮穿刺置管引流微创手术已经广泛应用于重症急诊性胰腺炎病人的治疗过程中，被保险人有权根据自身身体状况，选择具有创伤小、死亡率低、并发症发生率低的治疗方式使所患急性胰腺炎得到有效治疗。因此，保险公司应承担保险责任。

保险公司认为：经皮穿刺置管引流微创手术与开腹手术是同时存在的治疗方式，在涉案保险合同签订之前已经存在而且广泛应用，不是新的治疗方式。史某经皮穿刺置管引流微创手术是针对腹腔积水所做的手术，不是保险合同约定的对坏死的胰脏组织或者病灶进行切除的手术。史某的病例始终没体现出切除坏死胰脏组织或者病灶的记录，也未在医嘱中建议后续通过微创或者开腹手术进行切除，保险合同有关重疾的定义属于非保险专业术语，符合医学专业术语的客观情况。由此可知，史某的胰腺炎远没有达到保险合同约定的严重程度，保险公司不应承担保险责任。

□ 法院判决

经过一审和二审，法院都判决：史某所患急性重症胰腺炎（脂源性）不符合合同约定责任范围，保险公司不承担保险责任。

判决理由：保险合同中约定的急性坏死性胰腺炎开腹手术，是指专科医生确诊为急性坏死性胰腺炎，并已经接受了开腹手术进行坏死组织清除、病灶切除或胰腺部分切除的治疗。史某虽被诊断为急性重症胰腺炎（脂源性）、胰腺坏死，但只是进行了CT引导下腹腔穿刺置管引流术，并未接受开腹手术进行坏死组织清除、病灶切除或胰腺部分切除的治疗。因此，史某所患疾病并不符合合同约定内容。

（本案中还有关于保险公司履行提示及明确说明义务的阐述，在此不作赘述）

案号：（2020）粤03民终1581号，判决书详情请扫描文末二维码。

□ 适用法律法规

《中华人民共和国民事诉讼法》第六十四条：当事人对自己提出的主张，有责任提供证据。

当事人及其诉讼代理人因客观原因不能自行收集的证据，或者人民法院认为审理案件需要的证据，人民法院应当调查收集。

人民法院应当按照法定程序，全面地、客观地审查核实证据。

□ 案例评析

重大疾病保险是近年来备受消费者青睐的保险产品。但保险条款中关于重大疾病都约定了具体的赔付标准，与我们日常的理解可能并不一样，引起了很多争议。

在审判案例中，对于保险条款中重大疾病定义的解释，一般有两种情况：

（一）有的法院认为要按专业的含义进行判定，本案即属于此类情况。本案中，保险合同对"急性坏死性胰腺炎开腹手术"的定义，法院认为属于专业术语解释，对该定义不存在两种以上解释，也不存在限制被保险人合法权益的情况。在此前提下，法院将投保人史某的医疗过程与保险合同中"急性坏死性胰腺炎开腹手术"的定义进行对照，认定史某所患疾病不符合保险合同的理赔条件。

（二）有的法院认为不能用专业人士的水平来要求普通人群，在保险公司不能证明已向投保人明确解释说明疾病定义时，会倾向于按普通人通常的理解。比如有的案例中，被保险人所患疾病为"心肌梗死"，但没有达到合同约定重大疾病的具体条件，法院就没有严格按照保险合同中对"心肌梗死"的定义进行对照，而是认为被保险人实际已遭受较大伤害，符合一般人所理解的重大疾病，判决保险公司要承担保险责任。但随着保险知识和理念的普及，笔者认为在没有其他因素的情况下，这种判例会越来越少。

（2020）粤03民终1581号

6.

保险条款中"交通事故"如何解释？

——专业解释原则的适用

∴∴∴∴∴∴∴∴∴∴∴∴∴∴∴∴∴∴∴∴∴∴∴∴∴∴∴∴∴∴∴∴∴∴∴∴∴∴

【案例 40：（2021）津 01 民终 1465 号】

□ **事情经过**

2016年5月4日，党某向保险公司投保两全保险，保险期限20年。合同约定：被保险人驾驶或乘坐私家车、单位公务或商务用车期间，在私家车、单位公务或商务用车内因**交通事故**遭受意外伤害导致身故或身体全残的，给付驾乘车意外伤害身故或身体全残保险金。其中："交通事故"的释义为"指公安机关交通管理部门认定的交通意外伤害事故"。

2018年12月3日10时许，派出所接报警，发现党某与其车辆共同坠入河中。经民警现场勘验及调取周边监控录像，发现2018年12月2日3时许，党某驾驶私家车在水渠附近驶出道路。对党某的死因排除他杀的可能。公安部门鉴定为溺水死亡。

理赔过程中，党某继承人与保险公司就保险条款中"交通事故"一词的解释产生争议。

□ 争议焦点

保险公司认为：党某是溺水死亡，不是"交通事故"，不应按驾乘车意外伤害身故或身体全残保险金理赔，应按一般意外伤害身故或身体全残保险金赔付。

党某的继承人认为：虽然公安交通管理部门没有认定本次事故为意外交通事故，但根据实际情况应认定为交通事故，应按驾乘车意外伤害身故或身体全残保险金理赔。

□ 法院判决

经过一审和二审，法院都判决：党某发生的事故不属于交通事故，保险公司按一般意外伤害身故或身体全残保险金赔付。

判决理由：关于"交通事故"，保险合同解释为"指公安机关交通管理部门认定的交通意外伤害事故"。结合《中华人民共和国道路交通安全法》第七十三条规定"公安机关交通管理部门应当根据交通事故现场勘验、检查、调查情况和有关的检验、鉴定结论，及时制作交通事故认定书，作为处理交通事故的证据"中关于对认定及处理交通事故的主体、依据及流程的规定，保险合同对"交通事故"的解释符合专业意义。党某继承人未能提交证据证明公安机关交通管理部门认定案涉事故为交通事故，其虽提交派出所出具的证明、现场照片，但派出所并非公安机关交通管理部门，不符合保险合同对认定"交通事故"主体的约定。且上述证据亦非形成于事故当日，难以全面、准确体现事故发生时的具体情况，不足以作为认定"交通事故"的事实依据。因此，党某发生的事故不能被认定为"交通事故"。

案号：（2021）津01民终1465号，判决书详情请扫描文末二维码。

□ 适用法律法规

《最高人民法院关于适用〈中华人民共和国保险法〉的解释（二）》第十七条：保险人在其提供的保险合同格式条款中对非保险术语所作的解

释符合专业意义，或者虽不符合专业意义，但有利于投保人、被保险人
或者受益人的，人民法院应予认可。

□ 案例评析

本案中，保险合同对"交通事故"有着明确的解释，约定为要经"公安机关交通管理部门认定"，并且在《中华人民共和国道路交通安全法》中也有着对"交通事故"明确的处理认定程序，因此，该保险合同中的"交通事故"与《中华人民共和国道路交通安全法》的相关规定存在着对应关系，应按照专业解释进行判定。

本案中，如果保险合同对"交通事故"没有解释，或者解释内容不明确，那么当保险消费者提出符合通常理解的解释，并与保险公司的解释不一致时，就要适用不利解释原则，做出对保险消费者的有利解释。

与"交通事故"类似的如"火灾"、"暴雨"、"机动车"等名词，它们在各自的领域有着专业的定义，但这些定义与一般大众的通常认识存在差别，如：中国气象规定24小时降水量为50毫米以上的强降雨称为"暴雨"，而普通人感觉雨很大很急就会认为是"暴雨"。如果在保险合同条款未作明确的解释和界定，将很容易引起多种合理解释，从而导致出现适用不利解释原则的情况。

（2021）津01民终1465号

7.

保险条款中 "65 周岁以下" 如何解释？

——不利解释原则的适用

....

【案例 41：（2020）陕 10 民终 424 号】

□ 事情经过

2018年11月16日，肖某（出生于1953年10月18日）向保险公司投保年金保险。保险条款约定的被保险人年龄范围为"出生28日以上、**65周岁以下**"。合同成立日期为2018年12月31日，此时，肖某年龄是65周岁零2个月。

肖某在年金保险到第二年交费期后，其不愿继续交纳保险费，并以投保时年龄不符合保险要求为由，要求保险公司退还已交保险费。保险公司认为依据保险合同约定，应退还现金价值。

□ 争议焦点

肖某认为：自己投保时已超过65周岁，不符合保险条款约定被保险人范围，要求保险公司退还保险费。

保险公司认为：依据原《中华人民共和国民法通则》第一百五十五条规定，"以下"包括本数，即65周岁以下包括65周岁。保险条款约定：

已过65周岁生日未过66周岁生日前就是指65周岁。因此，保险合同约定的"65周岁以下"包含65周岁零2个月。同时，即使被保险人投保时已超过65周岁，仍有权领取保险金。因此，投保人如退保，保险公司不应全额退还保险费，而应返还现金价值。

□ 法院判决

经过一审和二审，法院都判决：根据不利解释原则，本合同中的"65周岁以下"不包含65周岁零2个月，保险公司需退还保险费及利息。

判决理由：我国民法中所称的"以下"，包括本数。但对于保险格式条款中法律术语的解释，如果确实存在合理分歧，而且保险条款又未对法律术语作出确定性的解释，则应采用不利于保险人的解释。肖某年龄确已超出65周岁，但保险格式条款中就何为"65周岁以下"并未作出明确约定，应采用有利于投保人的解释。故认定肖某不符合投保范围，且因为保险公司未尽到审核义务，需承担过错责任，退还肖某保险费及利息。

（本案中还有关于保险产品实际利益与投保人年龄之间关系的阐述，在此不作赘述）

案号：（2020）陕10民终424号，判决书详情请扫描文末二维码。

□ 适用法律法规

《中华人民共和国保险法》第十五条：除本法另有规定或者保险合同另有约定外，保险合同成立后，投保人可以解除合同，保险人不得解除合同。

《中华人民共和国保险法》第三十条：采用保险人提供的格式条款订立的保险合同，保险人与投保人、被保险人或者受益人对合同条款有争议的，应当按照通常理解予以解释。对合同条款有两种以上解释的，人民法院或者仲裁机构应当作出有利于被保险人和受益人的解释。

□ 案例评析

《中华人民共和国保险法》第三十条中"不利解释"的适用有两个条件：

（一）应是格式条款中的内容。如果是投保人和保险公司采取协商方式确定的条款（涉及个人消费者比较常见的是在格式条款中增加双方协商的特别约定，如手写条款等），则视为双方都已了解了条款的含义，不适用"不利解释原则"。

（二）应先采用通常理解。对保险合同的内容要先采用普通人常识上的理解。如果通常理解，仍有多种合理的解释，因为保险公司是提供格式条款的一方，那就要采用有利于被保险人和受益人的解释。

本案中，保险公司未在保险合同中对"65周岁以下"作出明确约定，导致肖某产生与原《中华人民共和国民法通则》规定不一样的理解，并且也符合通常意义的理解，因此适用不利解释原则，应做出对肖某有利的解释。

同时，本案中，肖某在投保时已明确填写出生日期，保险公司可以在审核时很容易发现其不符合投保条件，因此，法院也特别强调保险公司没有尽到审核的义务。

（2020）陕10民终424号

8.

保险条款中"驾驶期间"如何解释?

——不利解释原则的适用

【案例 42:（2020）湘 01 民终 7171 号】

□ 事情经过

2015年8月28日,王某向保险公司投保两全保险,保险期间为20年。保险合同约定:意外身故保险金为基本保险金额,自驾车意外身故保险金为10倍基本保险金额。其中,自驾车意外身故保险金,指被保险人以驾驶员身份**驾驶**或者以乘客身份乘坐个人非营业车辆**期间**遭受意外伤害。

2017年9月24日,王某驾车至地下车库。谭某趁王某停车后打开车门时,将王某挟持至车内驾驶位上,迫使其将车开至僻静地段。到达后,因王某认出了谭某,谭某遂将王某拖至车后座杀害。

理赔过程中,王某继承人与保险公司就保险条款中"驾驶期间"一词的解释产生争议。

□ 争议焦点

保险公司认为:自驾车意外身故保险金条款是针对驾驶员或乘客在作为主动行为人正常驾驶或乘坐车辆期间遭受意外伤害的赔偿。法院

《刑事裁定书》上认定了王某是在车上被杀害，并未认定王某是驾驶车辆过程中被杀害，车辆只是罪犯实施犯罪的犯罪现场。王某在被杀害之前的驾驶行为是被胁迫，并非正常的驾驶行为，其正常的驾驶行为在到达地下车库时已经完成。王某死亡时并未驾驶车辆，死亡与其是否驾驶车辆并无关联，不符合合同约定的自驾车意外事故保险金的赔付条件，应按意外保险责任赔付。

王某继承人认为：谭某在对王某实施犯罪行为时，王某尚坐在驾驶位上，直至加害人一边行凶一边将其拖入车后座后，王某始终没有离开驾驶的车辆，未脱离驾驶状态，符合保险合同约定的"自驾车意外全残或身故保险金"支付条件。并且王某发生的保险事故也不属于任何免责情形。因此，保险公司应按自驾车意外身故责任赔付。

□ **法院判决**

经过一审和二审，法院都判决：王某是在驾驶过程中发生的保险事故，保险公司应按自驾车意外身故保险给付保险金。

判决理由：根据2019湘刑终22号刑事裁定书，谭某要求王某将车辆开往指定地点后，将王某杀害。整个过程在较短时间内连续发生，王某始终没有离开驾驶车辆，即使停车，持续时间也较短，是驾驶状态下遭受的意外伤害。根据不利解释原则，保险公司应按自驾车意外身故责任赔付。

案号：（2020）湘01民终7171号，判决书详情请扫描文末二维码。

□ **适用法律法规**

《中华人民共和国保险法》第三十条：采用保险人提供的格式条款订立的保险合同，保险人与投保人、被保险人或者受益人对合同条款有争议的，应当按照通常理解予以解释。对合同条款有两种以上解释的，人民法院或者仲裁机构应当作出有利于被保险人和受益人的解释。

□ 案例评析

本案中，因保险公司在保险合同中未对"驾驶期间"作出明确约定，法院通过对王某遇害过程的客观分析，认为王某被害时处于驾驶汽车的过程中，因此适用不利解释原则，对"驾驶期间"做出对被保险人继承人有利的解释，认定王某在被害时处于保险合同约定的"驾驶期间"，判定保险公司应承担保险责任。

（2020）湘01民终7171号

9.

保险条款中"发生"如何解释？

——不利解释原则的适用

∙∙

【案例 43：（2020）苏 05 民终 8949 号】

□ **事情经过**

2019年12月30日，梁某向保险公司投保重大疾病保险、附加意外伤害和附加豁免保险费等险种。

重大疾病保险合同约定：（1）关于"等待期"。"本合同的保险责任有以下两种等待期：1. 本合同生效日起或最后一次效力恢复之日起的九十日内（含第九十日）为本合同第一类重大疾病保险金、第二类重大疾病保险金的等待期。若在等待期内被确诊……，或在等待期内因……相关的疾病或症状就诊的，则保险公司不承担给付相应的……保险责任。2. 本合同生效日起或最后一次效力恢复之日起的一百八十日内……（略）。被保险人因意外事故（释义四）**发生**上述两项情形的，无等待期。"（2）关于疾病。"若被保险人因意外事故或于等待期后因意外事故以外的原因就诊并被专科医生首次确诊患有合同约定的第二类重大疾病"，则给付基本保险金额。

2020年2月18日，梁某因意外造成手指骨折住院治疗。在住院治疗期间，因胸部CT检查发现："右肺中叶外带磨玻璃结节"。2020年3月5日，梁某进行了右中肺癌根治术等手术治疗。

理赔过程中，梁某与保险公司就保险条款中"发生"一词的解释产生争议。

□ 争议焦点

梁某认为：重大疾病保险中"被保险人因意外事故（释义四）**发生**上述两项情形的，无等待期"的约定，文义上并未明确意外伤害与被确诊重大疾病之间需要有因果关系，应理解为因意外伤害造成被保险人本身所隐藏的重大疾病被提早发现并确诊。同时，"本合同有效期内，若被保险人因意外事故或于等待期后因意外事故以外的原因就诊并被专科医生首次确诊患有本合同约定的第二类重大疾病"的约定也说明了这一点。即使保险条款文字存在歧义，也应当依照保险法的规定，作出有利于被保险人的解释。

保险公司认为：保险条款并无歧义，梁某曲解了保险条款。"被保险人因意外事故**发生**上述两项情形的，无等待期"从字面通常理解，当且仅当意外事故直接导致重大疾病发生的，才符合无等待期的约定。该条款字面是"发生"而不是"发现"，梁某手指受伤确为意外事故，但该手指受伤只是导致梁某发现身患合同约定第二类重疾的原因，并非导致梁某身患合同约定第二类重疾的原因，故不适用无等待期的约定。因此，保险公司于2020年3月27日作出理赔结果通知书，认为梁某在合同等待期患有恶性肿瘤，依据合同约定不予赔付保险金。

□ 法院判决

经过一审和二审，法院都判决：保险公司需给付保险金。

判决理由：

（一）根据"被保险人因意外事故**发生**上述两项情形的，无等待期"的文义，被保险人因意外事故发生上述情形，是指被保险人因意外事故发生在等待期内被确诊患有第一类重大疾病、第二类重大疾病的情形，而非保险公司所理解的被保险人因意外事故导致重大疾病。上述文义从"本合同有效期内，若被保险人因意外事故或于等待期后因意外事故以外的原因就诊并被专科医生首次确诊患有本合同约定的第二类重大疾病"的约定中亦可得到印证。

（二）"被保险人因意外事故就诊并被确诊患有合同约定的重大疾病"，未对意外事故与最终确诊的重大疾病之间应有因果关系进行明确说明。梁某因意外事故就诊，后被确诊患有合同约定的重大疾病，符合上述条文表述。

因此，在条文约定不明的情况下，应作出有利于被保险人的解释。

案号：（2020）苏05民终8949号，判决书详情请扫描文末二维码。

□ **适用法律法规**

《中华人民共和国保险法》第三十条：采用保险人提供的格式条款订立的保险合同，保险人与投保人、被保险人或者受益人对合同条款有争议的，应当按照通常理解予以解释。对合同条款有两种以上解释的，人民法院或者仲裁机构应当作出有利于被保险人和受益人的解释。

□ **案例评析**

客观地说，笔者认为本案中保险公司的辩解理由应该是保险公司对这个条款规定的本来意思。但由于保险公司在拟定条款时不够严谨，导致保险公司与被保险人对保险条款产生不同理解，因为保险合同是保险公司提供的格式条款，根据保险条款的不利解释原则，则要采用有利于被保险人的解释。

从这个案例可以看出，保险法律法规是倾向于保护保险消费者利益的。

这个案例给我们两个启示：1. 保险公司要认真完善保险条款。2. 保险消费者可以在适当情况下，合理运用多种理由尽力维护自己的权益。

（2020）苏05民终8949号

10.

保险条款中"直接"、"单独"、"酒精影响"如何解释？

——不利解释原则的适用

【案例44：（2020）沪74民终151号】

□ 事情经过

2018年11月23日，刘某通过互联网向保险公司投保旅行保险，保险期间自2018年11月24日至2018年12月26日，含意外事故身故保险金。

保险合同约定：在合同有效期内，被保险人因"意外事故为**直接单独**原因身故"的，给付意外事故身故保险金。同时，免责条款约定："被保险人因酗酒或受**酒精**、毒品、管制药物的**影响**期间。被保险人因精神错乱或失常而导致的意外"，保险公司不负赔偿责任。

2018年12月7日，刘某的尸体被泰国当地居民发现于泰国芭提亚海滩地区。12月10日，经泰国当地法医检测，发现刘某尸体血液内酒精含量为28毫克/百毫升，推测死亡原因为溺水加上心血管窄小。

2019年3月8日，国内派出所出具死亡证明，确认刘某于2018年12月7日死亡。

理赔过程中，刘某继承人与保险公司就保险条款的解释产生争议。

□ 争议焦点

保险公司认为：刘某心血管窄小，其死亡有自身疾病的因素，溺水不是其死亡的直接、单独原因，不属于意外伤害保险的理赔范围。同时，尸检报告显示刘某血液中酒精含量达28毫升/100毫升，参照酒驾标准，应认定事故发生是受酒精影响，属于免责条款约定范围。因此，保险公司不承担保险责任。

刘某继承人认为：刘某死亡属于保险约定的意外事故，保险公司应承担保险责任。

□ 法院判决

经过一审和二审，法院都判决：保险公司未对相关合同条款进行明确说明，应对保险公司做出不利解释，保险公司需给付保险金。

判决理由：

（一）保险合同未对"直接、单独"的含义作出具体明确的说明。在正常情况下，即便个体有诸如心血管窄小等特征或疾病，也不会导致死亡。心血管窄小本身并不会直接导致刘某死亡，溺水才是刘某死亡的直接、单独原因。

（二）免责条款未对"何为受酒精影响"、"酒精含量的程度"、"判定方式"等问题明确解释说明，应作出对保险公司不利的解释。保险公司主张参照酒驾标准，但没有合同依据，且刘某不是在驾驶过程中发生事故，在死亡后多日才尸检，尸体已经腐烂，不能反映真实的酒精含量，故无法判定刘某是受酒精影响死亡。

因此，保险公司应承担保险责任。

（本案中还有关于保险金继承权、尸检结果效力、保险欺诈方面的阐述，在此不作赘述）

案号：（2020）沪74民终151号，判决书详情请扫描文末二维码。

□ 适用法律法规

《中华人民共和国保险法》第三十条：采用保险人提供的格式条款订立的保险合同，保险人与投保人、被保险人或者受益人对合同条款有争议的，应当按照通常理解予以解释。对合同条款有两种以上解释的，人民法院或者仲裁机构应当作出有利于被保险人和受益人的解释。

□ 案例评析

"直接"、"单独"、"受酒精影响"都不是保险专业术语，其具体含义在保险合同没有明确说明。根据《中华人民共和国民法典》、《中华人民共和国保险法》等的规定，保险公司是格式条款的提供者，在对以上名词发生多种理解、标准不明确时，应适用不利解释原则，作出对保险消费者有利的解释，从而更好地保护保险消费者的利益。

（2020）沪74民终151号

11.

被保险人"自杀"的赔付责任未在保险合同明确约定时能否理赔？

——不利解释原则的适用

....

【案例 45：（2019）粤 03 民终 4994 号】

□ 事情经过

2016年1月30日，曾某向保险公司投保两全保险。保险责任范围为：自驾意外身故或全残保险金、公共交通意外身故或全残保险金、航空意外身故或全残保险金、意外身故或全残保险金、满期生存保险金、疾病身故保险金。

保险条款约定：意外身故保险金是指被保险人因遭受意外伤害，并自该意外伤害发生之日起180日内身故的，按基本保险金额给付意外身故保险金，主险合同终止。其中对于意外伤害的释义是指遭受外来的、突发的、非本意的、非疾病的使身体受到伤害的客观事件。

保险免责条款约定："责任免除：（3）被保险人自本主险合同成立或者合同效力恢复之日起2年内自杀，但被保险人自杀时为无民事行为能力人的除外。"

2018年3月19日，曾某被刑警中队发现自缢死亡在家中。

2018年4月9日，曾某母亲向保险公司提出理赔申请。

理赔过程中，曾某母亲与保险公司就保险条款的解释产生争议。

□ 争议焦点

曾某母亲认为：保险合同只约定被保险人自保险合同成立或合同效力恢复之日起两年内自杀的，免除保险人给付意外全残及意外身故保险金的责任，而对于保险合同成立满两年后自杀的，未约定在保险责任免除的范围内。由于保险合同属于格式合同，对于格式条款有两种解释的，应按照有利于投保人解释，故应理解为保险合同成立满两年后自杀的情形属于保险人给付意外身故保险金范围。

保险公司认为：保险责任约定清晰明确，不存在争议。该保险是意外伤害险种，曾某自杀身亡，不属于理赔范围。

□ 法院判决

经过一审和二审，法院都判决：保险公司应给付保险金。

判决理由：保险条款未能明确约定被保险人在保险合同成立之日起两年后自杀身故的保险金给付条件，导致合同条款存在争议。基于格式条款设计的疏漏而导致赔付标准不明，应当适用不利解释原则。保险公司应承担保险责任。

案号：（2019）粤03民终4994号，判决书详情请扫描文末二维码。

□ 适用法律法规

《中华人民共和国保险法》第三十条：采用保险人提供的格式条款订立的保险合同，保险人与投保人、被保险人或者受益人对合同条款有争议的，应当按照通常理解予以解释。对合同条款有两种以上解释的，人民法院或者仲裁机构应当作出有利于被保险人和受益人的解释。

《中华人民共和国保险法》第四十四条第一款：以被保险人死亡为给付保险金条件的合同，自合同成立或者合同效力恢复之日起二年内，被保险人自杀的，保险人不承担给付保险金的责任，但被保险人自杀时为无民事行为能力人的除外。

□ 案例评析

客观地说，笔者认为本案中保险公司设计该保险产品的本意是对意外伤害进行承保，自杀本不属于保障责任范围。

本案中，由于保险公司在条款表述上的不严谨，曾某的母亲通过对保险合同免责条款中"自杀条款"的推导，认为被保险人投保两年后自杀应属于保险责任范围。

因此，当保险公司提供的格式条款造成了保险消费者的理解歧义时，法院适用不利解释原则，作出有利于保险消费者的解释，使保险消费者获得了相应的赔付，保障了保险消费者的利益。

（2019）粤03民终4994号

12.

保险条款中"主动脉手术"如何认定？

——不利解释原则的适用

. . . .

【案例 46：（2018）浙 11 民终 1857 号、（2019）浙民再 568 号】

□ 事情经过

2001年2月23日，金某向保险公司投保终身保险。保险合同保障范围含重大疾病（重大疾病保险金2万元），其中主动脉手术属于重大疾病之一。合同约定：主动脉手术指接受胸、腹主动脉手术，分割或切除主动脉瘤，但胸或腹主动脉的分支除外。

2018年3月6日，金某住院治疗，诊断为风湿性心脏病联合瓣膜病变。2018年3月16日，金某进行手术治疗，手术名称为（1）[心脏] 二尖瓣机械瓣膜置换术；（2）[心脏] 主动脉瓣机械瓣膜置换术；（3）[心脏] 三尖瓣成形术（直视）；（4）[心脏] 心脏直视手术同期心房颤动射频消融术；（5）[心脏] 左心耳缝闭，左房折叠（备注：主动脉瓣置换术+二尖瓣置换术+三尖瓣成形术）。

理赔过程中，金某与保险公司就保险条款中"主动脉手术"定义的解释产生争议。

□ 争议焦点

金某认为:"主动脉手术"的注释是:接受胸、腹主动脉手术,分割或切除主动脉瘤。这是并列复句,不能确认是主动脉病变手术。主动脉手术既包含有病变的主动脉手术,也包含无病变的主动脉手术。依据手术记录单和手术命名法则,推出此次心脏手术过程中伴有主动脉手术。也就是说对保险合同中"主动脉手术"存在两种以上解释。对格式条款有两种以上解释的,应作出不利于提供格式条款一方的解释。因此,保险公司应承担重大疾病理赔责任。

保险公司认为:金某所患的疾病为风湿性心脏病联合瓣膜病变,虽因实施手术的需要,伴有主动脉切开,但并非针对主动脉所实施的手术治疗,而是为针对实施"主动脉瓣置换术、二尖瓣置换术及三尖瓣成形术"所做的一个措施,该手术为心脏手术,并不是"主动脉手术"。所以金某的手术不应该属于保险合同条款约定的"主动脉手术"。保险合同相关条款中并没有不同的理解。本案不适用不利解释原则。因此,保险公司不应承担保险责任。

□ 法院判决

(一)一审和二审法院判决:金某所做手术不属于主动脉手术,保险公司无须给付重大疾病保险金。

判决理由:保险合同约定的主动脉手术是指接受胸、腹主动脉手术,分割或切除主动脉瘤,但胸或者腹主动脉的分支除外。金某主张切开主动脉并缝合主动脉切口属于主动脉手术,与定义不符。其提供的证据未能证明该手术属于主动脉手术,且手术切开主动脉不是为治疗主动脉病变。因此,保险公司不承担重大疾病保险责任。

案号:(2018)浙11民终1857号,判决书详情请扫描文末二维码。

(二)再审中,浙江省高级人民法院改判:根据不利解释原则,保险公司需给付重大疾病保险金。

判决理由:

1. 保险合同中"主动脉手术"的注释为:"主动脉手术是指接受胸、腹主动脉手术,分割或切除主动脉瘤。但胸、腹主动脉的分支除外"。"主动脉手术"涉及医学术语,专业性强,应根据通常人们对"主动脉手术"的认识进行理解,而不能按照医学专家认知水平来理解。

2. 金某实施的"主动脉瓣置换术"有涉及主动脉内容,保险合同中关于"主动脉手术"的注释仅是将"胸、腹主动脉的分支"作了除外的约定,但没有将其他与主动脉有关的胸、腹手术予以排除,也没有明确主动脉手术指的是治疗主动脉疾病。根据不利解释原则,保险公司应承担保险责任。

案号:(2019)浙民再568号,判决书详情请扫描文末二维码。

□ 适用法律法规

《中华人民共和国保险法》第三十条:采用保险人提供的格式条款订立的保险合同,保险人与投保人、被保险人或者受益人对合同条款有争议的,应当按照通常理解予以解释。对合同条款有两种以上解释的,人民法院或者仲裁机构应当作出有利于被保险人和受益人的解释。

□ 案例评析

在健康险合同中不可避免地会使用到大量医学术语,其具有很强的专业性,往往与普通民众的认知和理解存在差异,加之部分条款表述也存在不严谨之处,发生纠纷时保险公司会按医学术语进行解释,而消费者则会按字面或惯常的认知来理解,从而导致双方对应否理赔、理赔金额产生分歧。

本案中,保险公司和金某对"主动脉手术"这一名词就各有不同理解,最终法院依据不利解释结合文义解释的原则作出了判决。从文字表述来看,金某的手术的确涉及了主动脉,也不属于胸、腹主动脉的分支，这完全符合保险条款中"主动脉手术"的注释。同时根据《中华人民共和国保险法》第三十条规定，采用金某的解释也是有利于被保险人的，所以法院判决保险公司需承担保险责任。

（2018）浙11民终1857号　　　（2019）浙民再568号

13.

保险条款中"深度昏迷"如何认定？

——多种解释原则的综合应用

· ·

【案例 47：（2019）粤 03 民终 10077 号】

□ 事情经过

2016年4月12日，潘某向保险公司投保10份重大疾病保险。保险合同约定："深度昏迷"是"指疾病或意外伤害导致意识丧失，对外界刺激和体内需求均无反应，昏迷程度按照格拉斯哥昏迷分级（GCS）结果为5分或5分以下，且已经持续使用呼吸机及其他生命维持系统96小时以上"。潘某在个人人身保险投保单、风险提示书投保人栏签名。

2018年5月28日，潘某因"反复喘息1年余，再发加重20天，不省人事2小时"住院治疗，入院诊断为：Ⅱ型呼吸衰竭、肺性脑病等。5月28日9时31分，潘某转入该院重症医学科，6月2日16时59分转至该院呼吸内科治疗，6月11日出院。该院重症医学科评分表显示潘某GCS评分为3分。

潘某诊疗期间的长期医嘱单显示，其于2018年5月28日9时45分使用呼吸机辅助呼吸，直至5月31日9时05分停止，随即于5月31日9时43分使用中流量给氧，直至6月2日17时26分使用低流量吸氧。其危重症监护记录单显示，潘某曾接受气管插管、鼻胃管、单鼻导管气道内给氧等治疗。

理赔过程中，潘某与保险公司就保险条款中"深度昏迷"定义的解释产生争议。

□ 争议焦点

潘某认为：一审法院错误认定"鼻导管气道内给氧"不属于保险合同约定的"其他生命维持系统"范畴。自己入院时已处于严重深度昏迷状态，多次下达病危通知书、GCS最低评分3分、持续使用呼吸机及气道内给氧辅助呼吸近144个小时，属于深度昏迷。保险公司在保险合同中未就"其他生命维持系统"概念做出明确合理的解释及范围界定，对于自己提出的"鼻导管气道内给氧"属于"其他生命维持系统"亦未予以否认。按照一般人的通常理解，使用呼吸机辅助吸氧、鼻导管气道内给氧、入重症监护室治疗等行为均可以认定为是维持生命的一种方式，均属于保险合同约定的"其他生命维持系统"。根据法律规定，对格式条款的理解发生争议的，应当按照通常理解予以解释，对格式条款有两种以上解释的，应当作出不利于提供格式条款一方的解释。因此，应认定在重症监护室治疗并使用鼻导管气道内给氧的行为属于保险合同约定的"其他生命维持系统"，按此计算，持续使用呼吸机及其他生命维持系统达96小时以上。保险公司应承担"深度昏迷"重大疾病赔付责任。

保险公司认为：保险合同约定的"使用呼吸机"与"使用其他生命维持系统"并非相互替代关系，而是并列的两个条件，两个条件需要同时满足，被保险人持续使用呼吸机时间未达到96小时以上的，即不构成保险合同约定的"深度昏迷"。同时，潘某治疗期间昏迷时间不足96小时，呼吸机多次暂停，持续使用时间以及累计使用时间均未达到96小时，同时也不存在使用"其他生命维持系统"96小时以上的情况，不符合保险合同条款约定的"持续使用呼吸机及其他生命维持系统96小时以上"的条件。潘某GCS结果评分为3分的主张与《危重症监护记录单》等其他证据相矛盾，评分应为12分。因此，潘某没有达到重大疾病"深度昏迷"的条件，保险公司不承担赔偿责任。

□ 法院判决

（一）一审法院判决：潘某的疾病情况不符合"深度昏迷"条件，保险公司无须给付保险金。

判决理由：潘某在重症医学科期间并未持续使用呼吸机，未达到保险合同约定的"持续使用呼吸机及其他生命维持系统96小时以上"。根据潘某诊疗情况，其从必须使用呼吸机辅助呼吸到拔出插管使用"中流量给氧"再到"低流量吸氧"，最后几乎痊愈出院，潘某的身体状况在持续好转，中流量给氧的诊疗行为所针对的病症需求显然更轻于使用呼吸机辅助给氧，因此，"中流量给氧"不属于"维持生命系统"范畴。

（本案中还有关于保险公司对疾病定义提示及明确说明义务的阐述，在此不作赘述）

（二）二审法院改判：潘某的疾病情况符合"深度昏迷"条件，保险公司应给付保险金。

判决理由：

1. 保险公司关于"深度昏迷"需具备两个条件：一是昏迷程度按照格拉斯哥昏迷分级结果为5分或5分以下；二是已经持续使用呼吸机及其他生命维持系统96小时以上。

2. 医院重症医学科对潘某的GCS评分为昏迷程度3分，符合条款要求的"5分或5分以下"。

3. "使用呼吸机及其他生命维持系统96小时以上"中的"及"，应当认为"呼吸机"和"其他生命维持系统"是并列关系，只要采用了二者中的一种就可以，并非要求二者要同时使用。

4. 根据潘某治疗过程来看，其入院时已经处于昏迷状态，随即被送往重症监护室，先后采用了呼吸机辅助呼吸、中流量给氧、低流量吸氧等多种治疗措施，在保险公司不能就合同中的"其他生命维持系统"做出合理说明的情况下，应当认为中流量给氧、低流量吸氧亦属于"其他生命维持系统"的组成部分。按此计算，持续使用呼吸机及其他生命维

189

持系统达96小时以上。

因此，潘某的病情符合"深度昏迷"条件，保险公司应承担保险责任。

案号：（2019）粤03民终10077号，判决书详情请扫描文末二维码。

☐ 适用法律法规

《中华人民共和国保险法》第三十条：采用保险人提供的格式条款订立的保险合同，保险人与投保人、被保险人或者受益人对合同条款有争议的，应当按照通常理解予以解释。对合同条款有两种以上解释的，人民法院或者仲裁机构应当作出有利于被保险人和受益人的解释。

☐ 案例评析

保险合同中一些词汇、语句比较复杂，要使用多种解释原则。

本案中，保险公司和保险消费者就"深度昏迷"的定义理解产生分歧，二审法院首先适用文义解释的原则，认定根据"及"的含义，"呼吸机"和"其他生命维持系统"是并列关系，二者中采用一种就可以；然后适用不利解释的原则，认定中流量给氧、低流量吸氧亦属于"其他生命维持系统"的组成部分，从而判定潘某所患的疾病符合保险合同中"深度昏迷"的定义，保险公司应承担保险责任。

保险产品本质就是一种合同。对于保险事故是否符合保险合同的理赔范围，保险消费者可以运用合理的逻辑对合同文本进行解释，保障自身的权益。

（2019）粤03民终10077号

14.

保险条款中"污染"如何解释？

——多种解释原则的综合应用

....

【案例 48：（2021）鄂 08 民终 367 号】

□ 事情经过

2020年5月2日，刘某驾驶钟某名下的重型半挂牵引车与高速公路中央隔离带护栏发生刮撞，又与其他车辆发生碰撞，致使其他车辆所载的工业白油泄漏，造成高速公路外土壤及水体污染。经交警部门认定，刘某承担事故全部责任。公路路政执法部门对刘某作出《公路赔（补）偿通知书》，确认对事故现场泄漏的油污进行回收和运输。车主钟某最终支付了公路路面清运费60000元、公路路产损害赔偿费29770元、施救费15500元。

钟某名下的重型半挂牵引车（刘某驾驶）向保险公司投保交强险和限额为1000000元的不计免赔商业三者险。《机动车综合商业保险条款》（即商业三者险）免责事项约定：1."下列原因导致的人身伤亡、财产损失和费用，保险人不负责赔偿：（一）地震及其次生灾害、战争、军事冲突、恐怖活动、暴乱、**污染**（含放射性污染）、核反应、核辐射"；2."下列人身伤亡、财产损失和费用，保险人不负责赔偿：（一）被保险人机动车发生意外事故，致使任何单位或个人停业、停驶、停电、停水、停气、停产、通讯或网络中断、电压变化、数据丢失造成的损失以及其他各种间接损失"。

理赔过程中，钟某与保险公司就保险条款中"污染"一词的解释产生争议。

□ **争议焦点**

保险公司认为：公路路面油污清运费系因污染产生的费用，属于免责事项范围。同时，公路路面本身并未发生损毁，而是被泄漏的油污污染，所产生的公路路面油污清运费属于间接损失也属于免责事项。因此，保险公司不应承担公路路面油污清运费的赔偿责任。

钟某认为：保险合同免责事项中的"污染"，属于不可抗力因素，本案中，车辆因交通事故发生碰撞，导致油罐受损并泄漏，造成的污染属于意外事故，非不可抗力，不属于免责范围。并且，污染是由两车碰撞导致油罐泄漏，属于直接损失。因此，保险公司应承担公路路面油污清运费的赔偿责任。

□ **法院判决**

经过一审和二审，法院都判决：公路路面油污清运费不属于合同约定免责事项，保险公司应给付保险金。

判决理由：保险合同免责条款与"污染"同列的"地震及其次生灾害、战争、军事冲突、恐怖活动、暴乱、核反应、核辐射"，均属不可抗力因素，而该条款中各免责事由之间是并列关系，结合上下文语义，该"污染"是指不可抗力所造成的污染。并且，保险合同未对"污染"作出明确说明，产生理解分歧时，应适用不利解释原则。公路路面清运费是因本次交通事故直接导致，保险公司应承担公路路面油污清运费的赔偿责任。

（本案中还有涉及直接损失和间接损失认定的阐述，在此不作赘述）

案号：（2021）鄂08民终367号，判决书详情请扫描文末二维码。

□ 适用法律法规

《中华人民共和国保险法》第三十条：采用保险人提供的格式条款订立的保险合同，保险人与投保人、被保险人或者受益人对合同条款有争议的，应当按照通常理解予以解释。对合同条款有两种以上解释的，人民法院或者仲裁机构应当作出有利于被保险人和受益人的解释。

□ 案例评析

本案中，保险公司和保险消费者就"污染"一词的理解产生分歧。法院首先采用文义解释的方法，结合"污染"一词所在句子里的其他专有名词的性质，认为该保险合同中的"污染"一词是指不可抗力所造成的污染。当"污染"一词有两种合理的解释时，法院根据不利解释的原则，作出对保险消费者有利的解释。

（2021）鄂08民终367号

保险欺诈篇

保险欺诈可以分为两种情况：一是保险公司欺诈保险消费者。认定保险公司欺诈的标准较为严格，很多时候更容易被认定为销售误导、重大误解、虚假宣传等。如果能认定保险公司存在欺诈行为，则有可能援引《中华人民共和国消费者权益保护法》，要求保险公司支付惩罚性的赔偿。二是保险消费者或其他人员采取虚构、夸大保险事故等方式，骗取保险金，根据具体情节，严重的可能导致刑事犯罪。本章选取了以上两种情况下的常见诉讼案例。

保险欺诈纠纷中常见问题：

1. 保险欺诈的认定及赔偿

2. 保险欺诈的认定

3. 保险欺诈的认定

4. 保险欺诈的认定

5. 销售误导的认定

6. 宣传资料效力的认定

7. 故意制造保险事故的举证责任

8. 保险诈骗罪的认定

9. 保险诈骗罪的认定

10. 保险公司过错程度的认定

1.

保险公司销售欺诈如何赔偿？

——保险欺诈的认定及赔偿

:::

【案例 49：（2020）京 02 民终 10173 号】

□ **事情经过**

2009年6月，王某向保险公司投保两份两全保险（分红型），其中一份被保险人是王某，另一份被保险人是其女儿。初始基本保额550800元，保险费10万元，保险期限为2009年6月21日至2019年6月20日，交费期限为2009年6月21日至2014年6月20日，受益人都是法定。合同中确定的保险单持有人享有的利益保障包括：满期生存保险金、疾病身故保险金、意外伤害身故保险金、参与年度分红和终了分红的红利分配。保险金额由基本保险金额和累积红利保险金额两部分组成。合同签订后，王某交费5年，每份保险交纳500000元，共计1000000元。

2016年4月，王某女儿缢死，保险公司按疾病死亡赔付王某594431.23元。

2016年5月，王某向中国保监会北京监管局投诉，提出：投保时，保险公司业务员承诺发生事故两倍赔偿、保险到期收益不低于银行5年定期存款利息，故要求监管机构督促保险公司履行义务。

2016年7月15日，中国保监会北京监管局告知王某：保险公司等相关人员存在欺骗投保人的问题。

2016年8月15日，中国保监会北京监管局向保险公司发出监管函，称：2010年6月，保险公司服务人员向王某承诺该保险单收益比银行5年定期存款高，并称一旦有事保险单有两倍保障，与条款约定的保险责任不符，欺骗了投保人。

2017年，王某就其女儿为被保险人的保险合同向保险公司主张两倍赔偿金未果，向法院提起诉讼。法院认为：保险公司工作人员不仅没有向王某明确两倍赔付的具体适用情况，还承诺一旦有事有两倍保障，欺骗了投保人，故应当按照有利于王某的理解进行两倍赔偿。

2019年6月21日，保险合同期限届满，保险公司向王某支付了保险金646433.95元。王某以保险公司违背承诺、存在欺诈行为为由，向法院起诉，要求保险公司支付续保时承诺的保险金额925000元与实际给付金额646433.95元之间的差额278566.05元，并按照已交保险费三倍标准赔偿1500000元。

□ 争议焦点

保险公司认为：在保险合同订立的过程中，王某签署确认了《产品说明书》，对于预期利益的不确定性有充分了解，并且明确知晓保险利益的测算情况。即使王某因误认而订立了保险合同，在2016年其向监管局投诉时，就已经知道保险合同约定的利益情况与其理解的不一致但其并未选择撤销合同，而是实际继续持有合同，现在应当按合同约定办理。其次，王某知道欺诈后可以在2016年终止合同，避免后续损失，对于此后扩大的损失应当自行承担。因此在计算利息损失时，应当只计算到2016年。

王某认为：保险公司存在欺诈行为，应该承担赔偿责任。

□ 法院判决

经过一审和二审，法院都判决：保险公司存在欺诈行为，赔偿王某损失529800元。

判决理由：

（一）监管部门已经认定保险公司存在欺骗投保人的行为，因该行为足以促使王某作出错误决定，故保险公司构成民法上的欺诈。

（二）《中华人民共和国消费者权益保护法》中三倍赔偿的条款虽然晚于双方合同签订的2009年，但处于双方合同的履行期限内。为了更好地保护公民权利和利益，法律在特殊情况下可以适用于其生效前的行为。

（三）《中华人民共和国消费者权益保护法》规定，经营者有欺诈行为的，消费者可以要求增加赔偿其受到的损失，增加赔偿的金额为消费者购买商品的价款或者接受服务的费用的三倍。本保险合同兼具投资属性和生活消费属性，且保险公司的行为不会导致王某交纳的50万元的保险费发生损失的后果。故王某依据保险费标准要求三倍赔偿，显然超出了法律设立该惩罚性条款的立法目的，故酌情按照已支付保险费的五年期同期存款利息标准的三倍计算。

（四）遭遇欺诈的投保人不要求撤销保险合同时，保险合同继续有效，但投保人仍可要求保险公司赔偿损失。

案号：（2020）京02民终10173号，判决书详情请扫描文末二维码。

□ 适用法律法规

《中华人民共和国消费者权益保护法》第二条：消费者为生活消费需要购买、使用商品或者接受服务，其权益受本法保护；本法未作规定的，受其他有关法律、法规保护。

《中华人民共和国消费者权益保护法》第五十五条第一款：经营者提供商品或者服务有欺诈行为的，应当按照消费者的要求增加赔偿其受到的损失，增加赔偿的金额为消费者购买商品的价款或者接受服务的费用的三倍；增加赔偿的金额不足五百元的，为五百元。法律另有规定的，依照其规定。

《中华人民共和国保险法》第一百一十六条第一项：保险公司及其工

作人员在保险业务活动中不得有下列行为:

(一)欺骗投保人、被保险人或者受益人;……

□ 案例评析

保险监管机构若认定营销人员在销售过程中存在欺诈行为,法院会据此判定保险公司存在欺诈。保险公司销售欺诈的常见后果是投保人撤销保险合同、保险公司退还保险费、保险公司赔偿损失(保险消费者可要求保险公司按《中华人民共和国消费者权益保护法》的规定三倍赔偿损失)。投保人可根据自身需求和保险合同履行状况,选择对自己最有利的一种方式。

本案中,王某2016年发现保险公司涉嫌欺诈并向原中国保监会北京监管局投诉时,当时其已支付完全部保险费,若解除合同不但享受不到剩下三年保险责任的保障,也无法继续参加分红;但若选择适用《中华人民共和国消费者权益保护法》的规定,不仅能享受完整的保险责任期间、取得合同约定的红利,还能要求三倍的惩罚性赔偿。可见,选择解除合同、返还500000元保险费和赔偿损失并不是最优方案(分红型保险保险费不会有损失,此情况下损失很难被认定。即使认定为有损失,也通常是比照同期存款或贷款利息)。

本案中,三倍赔偿的"三倍"该如何确定呢?若按《中华人民共和国消费者权益保护法》的规定,"增加赔偿的金额为消费者购买商品的价款或者接受服务的费用的三倍",计算基数应该是王某所交的保险费。但法院考虑到王某所买保险除了生活消费外还具有理财性质,王某的身份并不完全符合《中华人民共和国消费者权益保护法》中所指的"消费者",而且分红型保险不会导致王某保险费有损失,便运用自由裁量权将"三倍"的计算基数酌定为王某支付保险费五年间同期存款利息,即赔偿金额是三倍的五年期存款利息。

本案中,王某起诉是否已过诉讼时效?诉讼时效是从王某知道自己权利受到损害之日起计算。其保险合同到期日是2019年6月20日，只有到此时才能最终确定自己的权利是否受到损害，所以诉讼时效计算的起始日应是2019年6月20日，而不是保险公司认为的王某知道欺诈行为之日。

本案是2020年11月北京市第二中级人民法院审结的案件。该市还有其他两件类似的案件：

（一）2020年5月，北京市第一中级人民法院审结的一起保险公司代理人欺诈销售案件。该案中，投保人要求撤销合同、返还保险费、赔偿利息损失。【案号：（2020）京01民终425号】

保险公司代理人承诺投保两年后交100元可在保险公司开立万能账户，且年利率为5%（复利），投保人因此购买了保险，但投保人后来得知不能开设此账户。同时，按照保险公司内部规定，该代理人在向投保人销售保险时并没有开立此账户的资格，但公司培训宣导老师告诉保险代理人，账户是在客户投保两年后开通，其完全可以在两年时间内取得分红证，到时就有资格开账户。虽然没有监管机构认定保险公司存在欺诈，但法院基于上述事实认为保险代理人实施了欺诈行为，致使投保人签订保险合同，投保人有权要求撤销保险合同并返还已支付的保险费。但对于投保人要求保险公司支付利息损失，法院认为缺乏事实和法律依据而没有支持。

（二）2019年12月，北京市第一中级人民法院审结的马某（投保人妻子）诉保险公司的人身保险合同案中，马某以保险公司欺诈为由，要求退还保险费，并三倍罚款。【案号：（2019）京01民终11025号】

马某丈夫生前在保险公司投保两全保险（分红型），被保险人为其子。监管局调查发现，保险公司未按规定进行回访，投保档案非投保人、被保险人本人填写、抄写或签字，未按规定寄送红利通知书。但未发现销售人员在销售过程中存在混淆保险与银行存款、夸大保险产品收益。

　　法院认为投保档案签字虽非投保人本人所签，但投保人主动交纳了保险费，并长期持有保险单，结合监管局未发现销售人员在销售过程中存在混淆保险与银行存款的、夸大保险产品收益的事实，认定投保人对代签字行为进行了追认，保险公司不构成欺诈，所以马某不能依照《中华人民共和国消费者权益保护法》要求"三倍罚款"的惩罚性赔偿。

　　同时，法院认为保险合同的责任条款包含多项以死亡为给付条件的内容，但在订立过程中没有经被保险人同意，认定保险合同无效，所以判决保险公司返还保险费。保险公司员工在投保过程中不仅代写代签，还未经被保险人同意而签订以死亡为给付保险金条件的合同，导致合同无效，对合同的无效存在主要过错，应当赔偿投保人所受的损失，即投保人一方的利息损失（按中国人民银行同期贷款利率计算）。

　　通过北京市的法院审理的这三起与保险欺诈有关的案件可知：

　　（一）若认定保险公司存在欺诈，则保险消费者可以要求撤销合同、保险公司返还保险费、保险公司赔偿损失，也可以不撤销合同只要求保险公司依照《中华人民共和国消费者权益保护法》进行三倍赔偿。不过这"三倍"不一定是"三倍保险费"，"三倍"的计算基数要根据具体案情具体对待。

　　（二）若保险公司没被认定存在欺诈，则不能依照《中华人民共和国消费者权益保护法》要求三倍罚款。如存在其他导致保险合同无效的事由，则合同无效后返还已支付的保险费；如不存在导致保险合同无效的事由则合同有效，各方仍要按合同约定的内容继续履行。

　　（三）对于损失的认定并不统一。有的认为分红型保险保险费不会损失，则没有损失需要赔偿；有的认为损失的是存款利息；有的认为损失的是贷款利息。

　　现实案例中，保险欺诈、销售误导、重大误解、虚假宣传之间的认定标准比较模糊。但一般来说，保险公司或其工作人员在工作过程中，主动向保险消费者陈述的内容要与实际情况完全相反，并有明确的证据，才容易被认定为欺诈。保险公司或其工作人员在陈述中只是对保障程度、收益率稍微夸大，就比较难被认定为欺诈，更容易被认定为销售误导、虚假宣传、重大误解。

（2020）京02民终10173号

2.
保险公司因自身原因单方解除保险合同有何责任?

——保险欺诈的认定

【案例50:（2018）京03民终12206号】

□ 事情经过

2017年1月18日,李某向保险公司投保终身寿险和附加提前给付重大疾病保险,交费期间10年。

健康告知事项中,李某在"C.哮喘、肺结核、肺气肿、支气管扩张、尘肺、矽肺、肺源性心脏病"项勾选"是",在"E.尿路结石或畸形、肾炎、肾病、肾功能不全、多囊肾、肾盂积水、前列腺疾病"项勾选"是",其他部分均勾选"否"。备注中注明:"7.C被保人于1995年确诊肺结核,已痊愈,无病例;7.E被保人有多囊肾,不服药"。

2017年1月19日,保险公司向李某签发保险单,合同成立日期为2017年1月18日,生效日期为2017年1月19日,交费日期为每年的1月19日。

李某投保后,保险公司称李某既往病史中注明的"多囊肾"不符合保险公司承保范围,由于保险公司柜面人员疏忽,未将李某告知的病史情况录入审核系统,导致保险公司审核通过。2017年11月,李某到保险公司填写健康情况的补充告知，保险公司根据补充告知进行重新核保，确认不属于承保范围，故决定解除合同并电话通知李某。

2018年1月19日，保险公司未从李某转账授权账户中收取相应保险费。对于李某的损失，保险公司同意按照中国人民银行同期存款利率予以支付。李某认为保险公司存在欺诈行为，要求三倍赔偿。

□ 争议焦点

李某认为：其在投保时如实告知保险公司既往病史的情况，保险公司同意承保并收取第一年的保险费。后保险公司以相同的理由拒绝收取保险费，并拒绝承保，构成欺诈。故要求保险公司退还保险费、支付利息，并要求保险公司按照《中华人民共和国消费者权益保护法》的规定予以三倍赔偿。

保险公司认为："欺诈行为"的构成要件之一是需有欺诈的故意，也就是说，只有故意才构成欺诈，过失即便是重大过失也不构成欺诈行为。本案中，保险公司没有故意欺诈，只是因为柜面人员疏忽，未将李某告知的病史情况录入审核系统，导致保险公司审核通过。保险公司发现这个问题后，主动向李某告知其不符合承保范围，并没有再向李某收取相应保险费，因此，不是欺诈行为，只是过失行为。保险公司并未诱使李某投保，不存在诱使李某作出错误意思表示的行为。保险公司在发现李某有关病史不符合承保范围后，即向李某提出解除合同，李某虽未明确表示同意解除合同，但其起诉主张退还保险费的行为可视为默认同意解除合同，所以涉案保险合同自李某起诉之时解除。保险公司同意退还已收取的保险费，并按同期存款利率支付李某的损失，符合原《中华人民共和国合同法》第九十七条的规定。

□ 法院判决

经过一审和二审，法院都判决：保险公司存在欺诈行为，解除保险合同，退还保险费，并处三倍保险费赔偿。

判决理由：

（一）李某为个人身体健康需要购买保险公司的保险服务，属于使用保险服务的消费者，适用《中华人民共和国消费者权益保护法》。

（二）保险公司认可李某的健康情况，李某才订立保险合同，并交纳保险费。如保险公司不认可李某健康情况，并在订立合同前告知，则保险合同不会建立。因此，保险公司的行为一定程度上导致李某产生了错误的理解并作出了错误的意思表示。

（三）保险公司作为专业的保险机构，因工作失误导致不能承保的合同生效，在未出现合法解除条件的情况下，应自身承担该责任，不能单方解除合同。保险公司单方停止扣划保险费，甚至在不通知李某的情况下单方终止保险合同，有违保险合同的最大诚信原则。

因此，保险公司存在欺诈行为。

案号：（2018）京03民终12206号，判决书详情请扫描文末二维码。

□ 适用法律法规

《中华人民共和国消费者权益保护法》第五十五条第一款：经营者提供商品或者服务有欺诈行为的，应当按照消费者的要求增加赔偿其受到的损失，增加赔偿的金额为消费者购买商品的价款或者接受服务的费用的三倍；增加赔偿的金额不足五百元的，为五百元。法律另有规定的，依照其规定。

□ 案例评析

本案的关键在于对保险公司行为是否属于欺诈的认定。因为在投保人如实告知，无过错的情况下，保险公司首先同意承保，收取保险费，然后又单方终止保险合同，有违诚实信用原则，是其被判定为欺诈的重要原因。当保险公司被认定为欺诈，投保人就可依据《中华人民共和国消费者权益保护法》获得赔偿。本案中的赔偿基数为保险费，赔偿倍数按照三倍计算，是保险欺诈中保险消费者能获得的较好赔偿结果。

（2018）京03民终12206号

3.

保险公司销售欺诈如何处理？

——保险欺诈的认定

· ·

【案例 51：（2021）皖 13 民终 1096 号】

□ 事情经过

2019年12月31日，经保险公司业务员张某推荐，揣某购买了三份年金保险和终身寿险（万能型），保险费共计300150元。张某在向揣某推销年金保险时，称购买该保险可以建立一个个人万能账户，此账户可以追加十倍保险费，享受不低于5.1%的年利率，存取方便。

揣某购买保险后发现个人万能账户与张某宣传的不符，不能追加十倍保险费，每次只能存入1000元，便将情况反映给张某，张某让揣某等等看。

2020年1月18日，揣某为证实该保险万能个人账户的情况，跟随张某参加了该保险的产品推介会。授课专家也作出与张某同样的宣传。会议结束后，揣某及张某将万能个人账户只能存入1000元的事实告诉授课专家。授课专家告知因数额较大需要在柜台开通后才能存入。

2020年1月19日，揣某又购买了一份年金保险和终身寿险（万能型），保险费为128050元。揣某在开通个人万能账户时，业务员告知其没有办理过该项业务。此后，揣某多次找到保险公司，公司均告知正在协调。

2020年11月19日，张某才告知揣某，该保险已于2019年10月22日变更政策，万能个人账户不能再存入十倍的保险费，追加限额是年交保险费的1%。揣某遂向法院起诉，要求撤销双方签订的四份保险合同，并退还保险费428200元及利息，利息按照一年期贷款市场报价利率（LPR）的四倍支付。

□ 争议焦点

保险公司认为：双方签订的保险合同约定，保险公司有权调整交纳追加保险费的规定，揣某清楚该约定。既然双方约定保险公司有权调整追加保险费，那么追加保险费时应该按照合同约定，向保险公司申请等候批准，而不能是听取某个人意见，个人意见并不代表公司。投保人若对保险合同不满意，在犹豫期内可以解除合同，但事实上揣某在知道真相后，并没有在犹豫期内解除合同。事后，业务员张某带领揣某到公司协调，公司也愿意和其协商解决，并不存在隐瞒真相虚假宣传的行为。

揣某认为：自己购买三份保险后发现不能存入十倍保险费，随即告知保险公司，保险公司应核实情况，告知真实情况，但保险公司代理人依然告知可以办理，并带自己参加保险推介会。在推介会上，授课专家仍作出上述宣传，并告知大额的要在柜台办理，揣某才又购买了一份保险。作为保险公司的授课专家，对政策的变化、办理流程应了然于心，但其宣传与事实不符，存在隐瞒真相、虚假宣传的行为。保险公司一直在欺诈，不告知真相，否则自己完全可以在犹豫期内解除合同，正是保险公司故意隐瞒真相才导致自己作出错误判断，购买保险。

□ 法院判决

（一）一审法院判决：保险公司不存在欺诈行为，揣某不能撤销保险合同。

判决理由：无论是签订前三份合同时，还是签订第四份合同时，业务员张某对该险种的政策变化均不知晓，其推销该保险时不存在告知对方虚假情况或隐瞒真实情况的故意，故欺诈不能成立。

（二）二审法院改判：保险公司构成欺诈，退还保险费428000元并支付利息（其中300150元自2021年1月1日起，128050元自2021年1月20日起，计息至保险费实际退还之日止）。

判决理由：保险公司代理人在推销保险时，将早已过期的保险政策作为主要内容对外宣传，且在保险公司组织的产品推介会上，授课教授也作相同宣传，致使揣某基于虚假宣传而签订四份保险合同，并交纳高额保险费。同时，在揣某反映万能个人账户不能存入十倍保险费时，保险公司在签订合同后近一年时间才向其告知政策变更事实，导致揣某无法在合同约定的犹豫期内解除合同。保险公司虚假宣传行为构成欺诈。保险合同因保险公司一方原因被撤销，保险公司理应退还保险费，并支付资金占用期间的利息。

案号：（2021）皖13民终1096号，判决书详情请扫描文末二维码。

□ 适用法律法规

《中华人民共和国民法典》第一百四十八条：一方以欺诈手段，使对方在违背真实意思的情况下实施的民事法律行为，受欺诈方有权请求人民法院或者仲裁机构予以撤销。

《中华人民共和国民法典》第一百五十七条：民事法律行为无效、被撤销或者确定不发生效力后，行为人因该行为取得的财产，应当予以返还；不能返还或者没有必要返还的，应当折价补偿。有过错的一方应当赔偿对方由此所受到的损失；各方都有过错的，应当各自承担相应的责任。法律另有规定的，依照其规定。

□ 案例评析

本案中，二审法院以保险公司欺诈为由，改判保险公司退还保险费、赔偿损失（即保险费占用期间的LPR）。该案的投保人依据《中华人民共和国民法典》要求返还保险费、赔偿损失，但其要求以4倍LPR为标准计算损失，这是按照民间借贷关系的利率上限计算损失。保险和民间借贷是两件不同的事情，相应的法律规定也不同，所以揣某要求的损失计算方法并没有得到法院支持。

2019年12月，吉林省四平市中级人民法院在审理一起保险案件中，认定保险公司虚假宣传、夸大收益，误导投保人签订合同的行为属于投保人重大误解【案号：（2019）吉03民终1769号】。而本案中的安徽省宿州市中级人民法院认定保险公司虚假宣传、隐瞒真相，构成的是欺诈。

对于保险公司销售中的不实宣传、销售误导，属于重大误解还是欺诈，不同的法院、不同的法官可能会有不同的理解。

（2021）皖13民终1096号

4.

产品说明会上宣传收益不真实时保险公司必然是欺诈吗？

——保险欺诈的认定

∙∙

【案例 52：（2020）苏 04 民终 1750 号】

□ 事情经过

2015年1月和2016年2月，巢某向保险公司投保两份年金保险（分红型），被保险人都是巢某之女李某。投保书中巢某都亲笔签名予以确认，且书写"本人已阅读保险条款、产品说明书和投保提示书，了解本产品的特点和保险单利益的不确定性"。两份保险合同中都附有该保险的现金价值表。巢某签收了该两份保险合同对应的保险单年度报告。

2018年6月，中国保监会江苏监管局的《投诉处理决定告知书》指出：保险公司在2015年12月产品说明会上介绍年金保险（分红型）分红收益时宣传为"保险单收益在第13年翻一番"，与实际情况不一致。

为此，巢某向法院起诉，要求撤销双方签订的保险合同，返还巢某已支付的保险费及利息。

□ 争议焦点

保险公司认为：巢某已确认"本人已阅读保险条款，产品说明书和投保提示书，了解本产品的特点和保险单利益的不确定性"，公司不存在欺诈行为。保险公司不仅通过产品说明会的形式进行宣传，还通过风险提示书、投保书、产品说明书、保险合同年度报告、犹豫期电话回访等多种形式、多时间段、多角度的风险提示和告知来提醒投保人谨慎购买此保险，在电话回访中更是对分红类保险产品收益不确定、附加险最低保证利率以上收益的不确定性等进行了明确的询问，公司不存在虚假宣传的行为。

巢某认为：保险公司在产品说明会上承诺自己保险单的收益会在第十三年翻一番，经保监局调查核实后认定宣传的翻番与实际情况不一致，自己受欺诈所买的保险应该被撤销。

□ 法院判决

经过一审和二审，法院都判决：保险合同不能撤销。

判决理由：

（一）保险公司在保险合同中已向巢某说明了保险合同中的特别注意事项，巢某对合同中"本人已阅读保险条款、产品说明书和投保提示书，了解本产品的特点和保险单利益的不确定性"抄写并签名确认。同时，保险公司也通过电话回访的方式确认巢某对所签订保险合同的认知程度。故巢某与保险公司之间签订的两份保险合同的意思表示真实，合法有效。

（二）巢某已交纳了两个年度的保险费。保险公司也向巢某送达红利年度报告。巢某在收到年度报告的时候也明确知晓保险单利益存在不确定性。巢某在2019年4月才起诉请求撤销两份保险合同，已超过法律规定的1年除斥期间。

案号：（2020）苏04民终1750号，判决书详情请扫描文末二维码。

□ 适用法律法规

《中华人民共和国民法典》第一百五十二条：有下列情形之一的，撤

销权消灭:

（一）当事人自知道或者应当知道撤销事由之日起一年内、重大误解的当事人自知道或者应当知道撤销事由之日起九十日内没有行使撤销权;

（二）当事人受胁迫，自胁迫行为终止之日起一年内没有行使撤销权;

（三）当事人知道撤销事由后明确表示或者以自己的行为表明放弃撤销权。

当事人自民事法律行为发生之日起五年内没有行使撤销权的，撤销权消灭。

□ 案例评析

投保人是否受欺诈不是仅凭一件事就能判断的。投保人在购买保险时，不能仅听保险公司的宣传，要特别注意投保时业务员的解释说明、投保后的电话回访，要认真审阅保险合同的具体条款。仅产品说明会上的不实宣传不足以导致投保人受骗投保时，当然也就不能仅仅因此而认定保险公司欺诈。

本案中，投保人巢某因自己购买的分红型年金险被监管部门认定在产品说明会上宣传的收益与事实不符，便以受欺诈为由要求撤销保险合同。实际上，投保人在投保时亲笔抄写确认，自己了解保险单收益不确定;在保险公司进行回访时，也表示知道该保险产品的情况，而且保险公司还向其寄送了保险单年度报告。不论是投保流程中的明确说明，还是投保后的报告送达，都能体现出投保人已知晓产品的真实收益情况，不是被产品说明会上的不实宣传误导而投保，更何况其第一份保险的购买时间早于产品说明会的时间。基于以上事实分析，如果巢某不愿意继续持有该保险产品，只能采取退保的形式，保险公司将按合同约定返还巢某保险合同的现金价值（通常会产生一定的损失）。

假设投保人巢某真的是被宣传的高收益误导而投保，其在收到保险单年度报告时也应该发现收益宣传不实。按照《中华人民共和国民法典》的规定，投保人巢某应在知道收益宣传不实之日起一年内起诉要求撤销，过了这个期限就丧失了撤销合同的权利。

（2020）苏04民终1750号

5.

产品说明会上保险公司虚假宣传有何责任?

——销售误导的认定

【案例 53:(2019)吉 03 民终 1769 号】

□ 事情经过

2016年5月,胡某在保险公司投保了两份年金保险(分红型)和附加财富账户年金保险(万能型)。保险合同约定,在保险期间内,投保人每年交纳保险费5万元,交费期间为10年,每年可以获得权益如下:2855元的生存年金、保险单红利、年满70周岁时的500000元祝寿保险金、年度分红(保险单红利是不确定,最低保证利率为年利率2.5%)。

胡某已经按照合同约定交纳了三年的保险费,每份保险交纳保险费150000元,其每个保险单账户已获得三年的生存保险金及红利12658.43元。

此后,胡某以保险公司存在虚假宣传为由,向法院起诉,要求退还保险费,并赔偿相关损失。

□ 争议焦点

保险公司认为:无法证实胡某是否参加过产品说明会,不能确定胡某是通过公司产品说明会了解、签单本产品。胡某所购保险产品保险期间至105周岁，保险合同最终收益能达到多少还未知，目前尚不能判定产品实际收益，不存在欺诈。

胡某认为：保险公司的讲师在产品说明会上说70岁会获取1500000元收益，自己因听信这样的宣传而投保，所以要求撤销保险合同、退还保险费，支付占用资金期间的利息8733元，赔偿经济损失、精神损失5000元。

□ 法院判决

经过一审和二审，法院都判决：保险公司存在虚假宣传，使胡某产生重大误解，撤销保险合同，保险公司返还胡某保险费300000元，并给付利息。

判决理由：虽然保险合同及保险公司电话回访中对保险单红利的不确定性向投保人进行了告知。但根据各证人证言，通过相互印证，可认定保险公司明知保险单分红利益具有不确定性，却向消费者宣称70岁时可以获得150万元的收益，存在虚假宣传、夸大收益、误导消费者的情形，足以使消费者对保险产品的收益风险性产生重大误解，从而在违背真实意思的情况下订立合同。故胡某可以撤销保险合同，保险公司返还其交纳的保险费，并从交纳保险费之日起至本判决生效之日止，按中国人民银行同期同类贷款利率给付交纳保险费的利息。胡某要求赔偿经济损失、精神损失5000元，没有事实和法律依据，不予支持。

案号：（2019）吉03民终1769号，判决书详情请扫描文末二维码。

□ 适用法律法规

《中华人民共和国民法典》第一百四十七条：基于重大误解实施的民事法律行为，行为人有权请求人民法院或者仲裁机构予以撤销。

《中华人民共和国民法典》第一百五十七条：民事法律行为无效、被撤销或者确定不发生效力后，行为人因该行为取得的财产，应当予以返还；不能返还或者没有必要返还的，应当折价补偿。有过错的一方应当赔偿对方由此所受到的损失；各方都有过错的，应当各自承担相应的责任。法律另有规定的，依照其规定。

□ 案例评析

本案中，法院以保险公司存在虚假宣传、夸大收益、误导消费者等行为，导致消费者产生重大误解为由撤销保险合同。因重大误解撤销合同后，保险公司需要返还保险费、赔偿损失。

需要说明的是，保险公司在产品说明会上对收益进行了不实宣传，但在保险合同及电话回访中就保险单红利的不确定性向投保人进行了告知，这两点与江苏省常州市中级人民法院审结的一起保险纠纷案【案号：（2020）苏04民终1750号】情况一样，但常州市中院在该案中认定保险合同是双方真实意思的表示，不能撤销。由此可见，类似的情况在不同的法院可能会有不同的结果。

消费者在投保时一定要慎重，了解清楚保险产品的承保范围、真实收益，仔细阅读保险条款，不要轻信营销人员或产品说明会上的宣传介绍，不要相信没有写入保险文件的口头承诺。

（2019）吉03民终1769号

6.

保险公司宣传资料与实际不符是不是欺诈投保人？

——宣传资料效力的认定

· ·

【案例 54：（2020）黔 03 民终 4000 号】

□ 事情经过

2016年12月，李某向保险公司投保年金险（分红型）。

李某在保险公司提供的投保提示书下方签名。该提示书第六条载明："请您充分认识分红保险、投资连结保险、万能保险等人身保险新型产品的风险和特点：（1）如果您选择购买分红保险产品，请你注意以下事项：分红水平主要取决于保险公司的实际经营成果。如果实际经营成果优于定价假设，保险公司会将部分盈余分配给您。如果实际经营成果差于定价假设，保险公司可能不会派发红利。产品说明书或保险利益测算书中关于未来保险合同利益的预测是基于公司精算假设，不能理解为对未来的预期，红利分配是不确定的。"

李某在投保单上签字确认。投保单第七部分"声明与授权"载明："本人已阅读保险条款、产品说明书和投保提示书，了解本产品的特点和保险单利益的不确定性"。

2017年1月4日，李某在保险公司《客户权益保障确认书暨保险合同回执》下方签字确认。该回执最后一段内容为"本人于今日收到贵公司送达的保险合同，经核对，保险合同各项内容无误。你司保险代理人已就保险条款及各项权益作了认真翔实的说明，本人已详细阅读保险条款，并充分了解以上事项，愿意享有保险合同规定的各项权利同时履行合同规定的义务。投保单上所有内容属实，并经本人亲笔签名同意。"

年金保险（分红型）条款内容：第七条"现金价值指保险单所具有的价值，通常体现为解除合同时，根据精算原理计算的，由我们退还的那部分金额。本合同保险单的现金价值见本合同相应栏目。"第九条"合同解除"载明"自我们收到解除合同申请书时起，本合同终止。我们自收到解除合同申请书之日起30日内向您退还本合同保险单的现金价值"。

李某提供的年金保险（分红型）投保示例台历中的示例下方黑体字注明"利益演示是基于本公司的精算及其他假设，不代表本公司的历史经营业绩，也不代表对本公司未来经营业绩的预期，分红险的红利分配是不确定的；万能险的最低保证利率之上的投资收益是不确定的，实际保险单账户利益可能低于中、高档利益演示水平"。

李某保险单账户对账单记载：2017年1月1日至2020年1月1日已收入16360.67元，2020年1月6日提取16303.62元，截至2020年4月1日账户余额69.51元。

2019年12月，李某以产品与宣传不符为由向银保监局投诉。

经协商，李某与保险公司同意解除保险合同。保险公司同意退还保险费，但要扣除李某已领取的收益金16303元。李某要求保险公司退还保险费，其不退还已领取的收益金16303元，并要求保险公司赔偿12827元（生效退还7054元，实付3527元，差3527元；宣传的5岁到期金21603元，实际支付16303元，欠5300元；被豁免合同每年多交1000元，4年4000元）。

□ 争议焦点

保险公司认为：李某在投保过程中已对相关情况进行了详细了解，

投保前、投保中、投保后，其多次在相关的权益确认的提示中签名，公司没有欺诈行为。合同收益是在合同有效且双方未解除的情况下产生的收益，李某一方面认为公司存在欺诈要求退保，另一方面又领取了收益，其行为自相矛盾。

李某认为：保险公司宣传、推销保险内容与合同内容不一致，存在虚假宣传，应承担赔偿责任。

□ 法院判决

经过一审和二审，法院都判决：保险公司不存在欺诈，双方解除保险合同，保险公司不退还李某已领取的收益金16303元，不承担其他赔偿责任。

判决理由：

（一）李某已领取合同收益金16303元，保险公司并未收取其收益金16303元，故不存在返还的情形。

（二）李某已领取收益金16303元，其要求的余下部分收益金，是依据保险公司宣传时的数据演示及保险公司宣传台历载明的相关数据计算所得的金额。宣传台历已载明：利益演示是基于精算及其他假设，不代表历史经营业绩及对未来经营业绩的预期，分红险的红利分配是不确定的；万能险的最低保证利率之上的投资收益是不确定的，实际保险单账户利益可能低于中、高档利益演示水平。

（三）李某也签字确认"本人已阅读保险条款、产品说明书和投保提示书，了解本产品的特点和保险单利益的不确定性"，并在投保单尾部签字确认。

因此，保险公司不存在欺诈情形，不应赔偿其收益。

案号：（2020）黔03民终4000号，判决书详情请扫描文末二维码。

□ 适用法律法规

《中华人民共和国保险法》第十条第一款：保险合同是投保人与保险

人约定保险权利义务关系的协议。

《中华人民共和国保险法》第十一条：订立保险合同，应当协商一致，遵循公平原则确定各方的权利和义务。

除法律、行政法规规定必须保险的外，保险合同自愿订立。

□ 案例评析

收益率对于理财性质的保险很重要。保险公司在宣传理财保险产品时都会有收益演示，但演示的收益并不是实际收益。所以，投保人在签订合同前一定要看清保险合同中写明的保证收益率，高于此收益率的演示收益均是不确定的，切忌因为相信演示收益而投保。

本案中，保险公司在投保文件中多次说明分红具有不确定性，李某也进行签字确认。宣传台历也标明了利益演示的由来，红利的不确定性。在保险公司明确说明的情况下，李某以演示收益与真实收益不符为由，主张保险公司存在欺诈行为，是无法得到支持的。

保险公司的宣传资料受篇幅、形式的限制，且要突出宣传重点，有些表述可能并不完备，因此不能将宣传资料当作保险公司的承诺。在购买保险产品时，一定要认真查阅保险合同的内容。

（2020）黔03民终4000号

7.

保险公司怀疑被保险人故意制造保险事故时怎么办？

——故意制造保险事故的举证责任

· ·

【案例 55：（2020）豫 14 民终 4196 号】

□ 事情经过

2019年5月29日，崔某通过互联网向保险公司投保旅行保险产品，保险责任包括：意外事故及伤残、猝死、公共交通意外身故及伤残、意外医疗、意外每日住院津贴，保险期间2019年5月30日至2019年6月2日。

2019年5月31日，崔某在旅行时意外摔倒致伤。经医院诊断为：胸壁挫伤、软组织疾患。后住院治疗19天，出院诊断为：颈椎过伸伤、左踝关节损伤、左侧肩袖损伤、全身多处皮肤软组织挫伤。

2019年9月，崔某又在其他三家医院进行检查，诊断为：肩袖肌腱损伤、左臂丛神经损伤。

为确定崔某伤残等级，2019年9月27日，受保险公司委托，司法鉴定所作出鉴定意见：崔某目前构成八级伤残，与本次外伤存在因果关系。

保险公司认为崔某存在故意制造保险事故的行为，未予理赔。

□ **争议焦点**

保险公司认为：崔某行程不符合常理，就诊过程可疑，密集投保，存在故意制造保险事故，伪造保险事故现场，实施骗保的行为，因此，保险公司不承担责任。

崔某认为：保险事故真实发生，并有相关诊断和费用票据，因此，保险公司应承担责任。

□ **法院判决**

经过一审和二审，法院都判决：保险公司提交的证据不能否认崔某所发生保险事故的真实性，应当给付保险金。

判决理由：崔某已提供了其客观上能够提供的证明材料，完成了力所能及的初步证明义务，崔某即完成了证明保险事故的证明责任。保险公司认为崔某有骗保嫌疑，可向公安刑事侦查机关报案，但仅作怀疑，未能提供证据证明。因此，保险公司应当承担保险责任。

（本案中还有关于审理程序、具体赔偿项目的阐述，在此不作赘述）

案号：（2020）豫14民终4196号，判决书详情请扫描文末二维码。

□ **适用法律法规**

《中华人民共和国保险法》第二十二条：保险事故发生后，按照保险合同请求保险人赔偿或者给付保险金时，投保人、被保险人或者受益人应当向保险人提供其所能提供的与确认保险事故的性质、原因、损失程度等有关的证明和资料。

保险人按照合同的约定，认为有关的证明和资料不完整的，应当及时一次性通知投保人、被保险人或者受益人补充提供。

《中华人民共和国民事诉讼法》第六十四条第一款：当事人对自己提出的主张，有责任提供证据。

□ **案例评析**

保险给社会带来了保障。但与此同时，各类保险欺诈事件也层出不穷。2018年的泰国杀妻骗保案、2021年判决的辽宁制造车祸杀妻骗保案更是在全社会造成极其恶劣的影响。反保险欺诈一直是保险行业的难点问题。

保险公司对有疑点的保险事故会特别重视,其可以自行调查或委托第三方机构调查,甚至也可以向警方报案,通过警方对保险事故的情况进行调查。如果被保险人或者受益人谎报保险事故,投保人、被保险人故意制造保险事故,保险公司有权解除保险合同,并且不退还保险费,情节严重的会构成保险诈骗罪、诈骗罪等。

根据《中华人民共和国保险法》,保险理赔过程中,在被保险人、保险受益人提供了所能提供的与确认保险事故的性质、原因、损失程度等有关的证明和资料后,如果保险公司认为被保险人存在故意制造保险事故、谎报事故等情况,则保险公司负有举证责任。若保险公司不能提供充分证据证明被保险人、保险受益人骗保的,就需要承担保险责任。

(2020)豫14民终4196号

8.

车险理赔中酒驾顶包是犯罪吗？

——保险诈骗罪的认定

∙∙

【案例 56：（2019）沪 02 刑终 1728 号】

□ 事情经过

2018年10月13日，于某驾驶轿车发生交通事故，造成车辆及道路隔离墩等交通设施毁损。于某为避免自己酒后驾车的行为被发现，打电话让吴某赶到事故现场，授意其假冒肇事司机接受交警处理。吴某遂向公安机关谎称是自己驾驶肇事车辆，因操作不当而发生事故。

2018年10月14日，交警支队作出《道路交通事故认定书（简易程序）》，认定吴某负事故全部责任。事后，于某提供肇事车辆车主杨某（也是该车险的被保险人，与于某是夫妻关系）的身份证、银行卡等材料向保险公司申请理赔，并继续指使吴某假冒肇事司机，接受保险公司的调查询问，故意隐瞒车辆实际驾驶人是于某及其酒后驾车的问题。

2018年11月22日，保险公司将保险金17.95万元划转至杨某的银行账户。

后保险公司认为事故存在疑点，遂向公安机关报案。公安机关经侦查，于2019年3月13日将于某、吴某抓获归案。2019年5月9日，于某的家属向保险公司退赔了17.95万元保险金，取得了保险公司的谅解。

□ 法院判决

经过一审和二审，法院以诈骗罪分别判处于某有期徒刑三年六个月，并处罚金人民币五万元；吴某有期徒刑一年，缓刑一年，并处罚金人民币一万元。

判决理由：

（一）于某、吴某以非法占有为目的，采用虚构事实、隐瞒真相的方法骗取保险公司财物，数额巨大，其行为已构成诈骗罪，且是共同犯罪，依法应予处罚。但刑法对保险诈骗罪的主体明确规定为保险合同的投保人、被保险人、受益人，而涉案机动车损失保险的投保人和被保险人都是杨某，即使被告与投保人、被保险人、受益人是夫妻关系，也不能因夫妻对财产的共有关系而将夫妻另一方扩大为共有财产保险合同的"共同投保人""共同被保险人"或"隐名投保人""隐名被保险人"。因此，本案是以诈骗罪，而非保险诈骗罪追究于某、吴某的刑事责任。

（二）在共同犯罪中，于某起主要作用，是主犯，鉴于其到案后能如实供述罪行并自愿认罪，在家属帮助下全数退赔了违法所得，可以依法或酌情从轻处罚。吴某是共同犯罪中的从犯，依法应当从轻、减轻或者免除处罚，其到案后能如实供述罪行，可从轻处罚，根据其犯罪的具体事实、情节和认罪悔罪表现，可给予减轻处罚并宣告缓刑。

案号：（2019）沪02刑终1728号，判决书详情请扫描文末二维码。

□ 适用法律法规

《中华人民共和国刑法》第二百六十六条：诈骗公私财物，数额较大的，处三年以下有期徒刑、拘役或者管制，并处或者单处罚金；数额巨大或者有其他严重情节的，处三年以上十年以下有期徒刑，并处罚金；数额特别巨大或者有其他特别严重情节的，处十年以上有期徒刑或者无期徒刑，并处罚金或者没收财产。本法另有规定的，依照规定。

《中华人民共和国刑法》第一百九十八条第一款：有下列情形之一，

进行保险诈骗活动，数额较大的，处五年以下有期徒刑或者拘役，并处一万元以上十万元以下罚金；数额巨大或者有其他严重情节的，处五年以上十年以下有期徒刑，并处二万元以上二十万元以下罚金;数额特别巨大或者有其他特别严重情节的，处十年以上有期徒刑，并处二万元以上二十万元以下罚金或者没收财产：

（一）投保人故意虚构保险标的，骗取保险金的；

（二）投保人、被保险人或者受益人对发生的保险事故编造虚假的原因或者夸大损失的程度，骗取保险金的；

（三）投保人、被保险人或者受益人编造未曾发生的保险事故，骗取保险金的；

（四）投保人、被保险人故意造成财产损失的保险事故，骗取保险金的；

（五）投保人、受益人故意造成被保险人死亡、伤残或者疾病，骗取保险金的。

□ 案例评析

车险事故中的顶包事件往往发生在亲友、熟人之间。顶包人很可能碍于情面，加之缺乏法律知识，认为自己没有拿保险金，只是帮忙，没有意识到这是犯罪行为。本案中，于某酒后驾车，发生车祸后为了逃避责任、获得保险理赔，让吴某谎称是驾驶人而骗取了保险金。

本案中，从于某、吴某的行为上来看完全符合保险诈骗中"对发生的保险事故编造虚假的原因"这一情况。但刑法规定保险诈骗罪的主体需是"投保人、被保险人或者受益人"，于某和吴某并非这三种人之一，因此，法院最终判决两人犯的是诈骗罪。

在司法实务中，此种情况下判诈骗罪还是保险诈骗罪存在着争议。本案的审理法院是上海的法院，其认定保险诈骗罪的主体只能是保险单中显示的"投保人、被保险人或者受益人"，不能做扩大理解和认定，北京的法院也持相同观点。

　　需要说明的是，被顶包人或顶包人只要有一人属于"投保人、被保险人或者受益人"之一，则按保险诈骗罪定罪。不论是诈骗罪还是保险诈骗罪都是刑事犯罪，都会受到法律严厉的制裁。诈骗罪和保险诈骗罪都是行为犯，只要实施了诈骗行为，即构成犯罪，不论涉案人员是否领取了保险金或获得其他金钱利益，都不会影响其罪名的成立。

　　希望通过本案能让大家警觉，勿因"好心"而让自己成为罪犯，影响自己和家人的前途和生活。

（2019）沪02刑终1728号

9.

保险理赔中虚高伤残等级是犯罪吗？

——保险诈骗罪的认定

∙∙

【案例 57：（2020）沪 01 刑终 1528 号】

☐ **事情经过**

自2016年起，李某自行或安排江某、许某等人找到交通事故的伤者，向伤者宣称能够通过操作，做出伤残等级更高的鉴定结论，使伤者获得保险公司更多理赔款，诱使伤者与其签订委托协议，委托其代为处理交通事故理赔案件。李某等人则按鉴定等级的不同来收取代理费用。

李某安排伤者至东方医院鉴定所进行鉴定，由王某及盛某作为鉴定人，违反鉴定规定为伤者出具虚高伤残等级的司法鉴定意见书。再以伤者名义委托陈某（律师）作为诉讼代理人向法院提起民事诉讼，骗取保险理赔金。

☐ **法院判决**

经过一审和二审，法院都判决：李某犯保险诈骗罪，判处有期徒刑十一年，并处罚金人民币十一万元；王某犯保险诈骗罪，判处有期徒刑六年九个月，并处罚金人民币六万五千元；陈某犯保险诈骗罪，判处有期徒刑六年三个月，并处罚金人民币六万元；江某犯保险诈骗罪，判处有期徒刑三年六个月，并处罚金人民币三万五千元；许某犯保险诈骗罪，判处有期徒刑三年，缓刑五年，并处罚金人民币三万五千元；追缴各被告人的违法所得连同退缴的赃款发还保险公司，不足部分责令继续退赔。

判决理由：

（一）李某纠集王某、陈某、江某、许某，为谋取非法利益，通过虚高伤残等级的方式夸大交通事故损失程度，骗取保险理赔金，其中李某、王某、陈某犯罪数额特别巨大，江某、许某犯罪数额巨大，其行为都已构成保险诈骗罪。在共同犯罪中，李某起主要作用，是主犯；王某、陈某、江某、许某起次要作用，是从犯，应当从轻或者减轻处罚。江某、许某到案后如实供述自己的罪行，可以从轻处罚；江某、许某有退赃表现，可酌情从轻处罚。

（二）陈某在明知李某等人通过虚高伤残鉴定骗取保险理赔款后，仍积极配合进行诉讼，不属于正常履行职务的行为，构成保险诈骗的共犯。伤者在被李某等人告知通过其代理可做高伤残等级，获得更多理赔情况下，由王某、盛某在李某办公室等处对伤者进行鉴定，并按李某授意作出虚高伤残等级的鉴定意见，故陈某、王某的行为构成保险诈骗罪。

（三）陈某、王某为谋取非法利益，通过虚高伤残等级的方式夸大交通事故损失程度，骗取保险理赔金，犯罪数额特别巨大，依照法律规定应处十年以上有期徒刑或无期徒刑，一审法院根据其犯罪事实、情节，考虑到二人在共同犯罪中都是从犯，对该二人已分别予以减轻处罚。

案号：（2020）沪01刑终1528号，判决书详情请扫描文末二维码。

□ 适用法律法规

《中华人民共和国刑法》第一百九十八条：有下列情形之一，进行保险诈骗活动，数额较大的，处五年以下有期徒刑或者拘役，并处一万元以上十万元以下罚金;数额巨大或者有其他严重情节的，处五年以上十年以下有期徒刑，并处二万元以上二十万元以下罚金;数额特别巨大或者有其他特别严重情节的，处十年以上有期徒刑，并处二万元以上二十万元以下罚金或者没收财产:

（一）投保人故意虚构保险标的，骗取保险金的;

（二）投保人、被保险人或者受益人对发生的保险事故编造虚假的原因或者夸大损失的程度，骗取保险金的;

（三）投保人、被保险人或者受益人编造未曾发生的保险事故，骗取保险金的;

（四）投保人、被保险人故意造成财产损失的保险事故，骗取保险金的;

（五）投保人、受益人故意造成被保险人死亡、伤残或者疾病，骗取保险金的。

有前款第四项、第五项所列行为，同时构成其他犯罪的，依照数罪并罚的规定处罚。

单位犯第一款罪的，对单位判处罚金，并对其直接负责的主管人员和其他直接责任人员，处五年以下有期徒刑或者拘役;数额巨大或者有其他严重情节的，处五年以上十年以下有期徒刑;数额特别巨大或者有其他特别严重情节的，处十年以上有期徒刑。

保险事故的鉴定人、证明人、财产评估人故意提供虚假的证明文件，为他人诈骗提供条件的，以保险诈骗的共犯论处。

□ 案例评析

保险诈骗的表现形式不仅是无中生有的虚构保险标的和没有真实发生的保险事故，还包括虽然发生了保险事故但编造虚假的事故原因或夸大损失的程度，以及故意导致保险事故发生。采取上述行为目的都是为了骗取本不该获取的保险金，损害了保险公司的利益，破坏了国家的市场经济秩序。只要进入理赔环节，不管是否领取保险金，都构成保险诈骗罪，并根据涉案金额、认罪态度等情况确定具体的量刑。

需要特别说明的是：犯罪作为一种严重危害社会的行为，构成犯罪其危害性需要达到一定程度。如保险诈骗罪在数额上就有标准，1996年最高人民法院发布的《关于审理诈骗案件具体应用法律的若干问题的解释》中规定，个人进行保险诈骗数额在1万元、单位进行保险诈骗数额在5万元的，即达到该项犯罪对于金额的要求。该司法解释虽然在2013年被废止，对于保险诈骗罪数额不在全国规定统一标准，由各地结合本地区经济社会发展状况确定执行的具体数额标准。例如，浙江、上海的标准仍是个人进行保险诈骗数额在1万元、单位进行保险诈骗数额在5万元，天津不区分个人和单位都是1万元。就全国范围而言，数额在3千~1万元间。

本案中，被告通过联系在保险事故中真实存在受伤的人，以夸大伤者的受伤程度、提高伤残等级的方法来骗取保险理赔金。在这起诈骗案中，每个人分工配合，李某组织策划整个诈骗活动，江某、许某负责寻找交通事故的伤者，王某作为鉴定人出具虚高伤残等级的司法鉴定意见书，陈某作为律师代伤者向法院起诉索赔，所有参与者都明知是在采用伤残等级被虚高的方式骗取保险金，属于共同犯罪，但因各人在诈骗中的作用不同相应所承担的刑事责任也不同。虽然每个人的具体刑期有所不同，但这终究是成为了罪犯，有了犯罪前科这一大污点，对自己未来的人生，甚至子女前途都会造成很大的不良影响。

（2020）沪01刑终1528号

10.

保险公司对于保险代理人非法集资诈骗有何责任?

——保险公司过错程度的认定

....

【案例58:(2014)宁商终字第646号、(2016)苏民再18号】

□ 事情经过

张某从2004年开始成为保险公司保险代理人。

2004年,费某与张某偶然认识。2006年9月14日,费某通过张某投保理财型保险,投保须知中载明"分红型人身保险产品中红利的多少要根据当年度本公司分红保险的经营业绩确定"、"投资收益具有不确定性"。2006年9月26日,费某退保。

2007年起,张某要求费某帮其完成保险公司任务,购买理财产品,并答应给费某月息3%的利息。自2007年1月9日起至8月7日,费某及其家人共交给张某150000元用于在保险公司购买六份保险单。该六份保险合同都已经解除,其中三份解除申请书中显示为费某家人委托张某办理,退保费用由张某领取;另三份解除申请书为费某本人办理,退保费用由费某领取。此外,自2007年7月至2010年12月,费某另行向张某个人交付1365600元,从张某处收取利息1254623元,费某没有收到保险公司关于此笔款项的保险单。

2010年12月21日，张某因涉嫌合同诈骗罪被刑事拘留，2011年1月20日被逮捕，2011年12月23日因集资诈骗罪、诈骗罪被判无期徒刑，剥夺政治权利终身，没收个人全部财产，以及继续追缴赃款，发还各被害人。后因追赃一直没有进展，费某没有得到赔偿，因此向法院起诉，要求保险公司承担赔偿责任。

□ **争议焦点**

费某认为：张某是保险公司业务人员，并被公司评为"业务明星"，自己因此相信张某代理的产品是保险产品。张某在未经其同意的情况下私自退保其和家人相关保险产品，并用于非法集资事项。由于保险公司在日常管理中的疏漏，造成自己损失，应予赔偿。

保险公司认为：张某与保险公司不存在劳动合同关系，只是保险代理人。张某已被判决为集资诈骗罪，其销售的产品并不是保险公司的产品。费某本人购买过理财保险，应该了解理财保险的相关特点，但因其轻信张某承诺的高额回报，而将资金交给张某使用，没有认真审核，存在过错。因此，保险公司不应承担赔偿责任。

□ **法院判决**

经过一审、二审和再审，法院最终判决：保险公司存在过错，赔偿费某损失的30%。

判决理由：

（一）费某办理过正规保险，了解保险产品相关流程，但因轻信张某承诺的年息达36%的理财产品，未认真核实产品信息，就将大量资金交给张某使用，可以认定其因主观上贪图张某支付的高利息，对本人产生的损失存在较大过错，应承担较大责任。

（二）保险公司在印章管理、收费管理上存在混乱，对张某业务量突增、大量退保的异常情况，未及时采取预防和管控措施，存在一定过错。

因此，保险公司应对费某的损失承担一定的赔偿责任。

（本案再审对于案件的性质和基本责任与一审、二审认定相同，但一审、二审判决保险公司赔偿费某损失的5%，再审判决保险公司赔偿费某损失的30%。）

案号：（2014）宁商终字第646号、（2016）苏民再18号，判决书详情请扫描文末二维码。

□ 适用法律法规

《中华人民共和国民法典》第一千一百七十三条：被侵权人对同一损害的发生或者扩大有过错的，可以减轻侵权人的责任。

《中华人民共和国保险法》第一百二十七条：保险代理人根据保险人的授权代为办理保险业务的行为，由保险人承担责任。

保险代理人没有代理权、超越代理权或者代理权终止后以保险人名义订立合同，使投保人有理由相信其有代理权的，该代理行为有效。保险人可以依法追究越权的保险代理人的责任。

□ 案例评析

保险代理人业务资源较多，并且因为长期的联系，致使很多保险消费者对其比较信任。因此，一些不法的保险代理人利用自身联系广泛的优势、消费者信任和本身身份的特殊性，从事非法集资诈骗。一些消费者因个人轻信或被高息承诺引诱，而被诈骗，造成个人财产的严重损失。

在保险代理人从事非法集资诈骗的行为中，都不会有合法的保险单、保险费发票，承诺的收益远远高于正常保险产品，资金的支取也与正常的保险费交纳、保险金收取的流程、渠道有明显差别。有的保险代理人还会出具一些类似"所交款项为保险费"之类的收据（但里面注明了较高的利息）、一些假的发票（如发票的出具单位为"××保险公司×××分公司"之类看似属于保险公司，但是实际上并不存在的单位），这些都明显区别于正常保险产品销售过程中的相关情况，只要认真核实，会很容易发现其中的破绽。因此，在此类案件中，从事非法集资诈骗的保险代理人承担主要责任。被诈骗者则往往被认定为存在重大过失，仅能通过证明保险公司在日常管理可能存在的瑕疵，获取少量的赔偿，甚至不能获得赔偿。

总而言之，大家对承诺高额回报的金融产品一定要提高警惕，千万不要因为贪图高收益而造成重大损失。真正的保险理财产品，都是追求合理水平的稳定收益，从而给保险消费者带来可靠的保障。

（2014）宁商终字第646号

（2016）苏民再18号

保险理赔篇

保险理赔是被保险人发生保险事故后，保险公司按照对保险事故调查核实的情况，依据保险合同约定进行处理的行为。保险理赔是保险消费者获得保障、体现保险价值最直接、最关键的形式。本章选取的诉讼案例主要涉及保险理赔时的常见问题，如出险后的及时通知、保险金请求权转让、受益人的认定、保险金性质、举证责任、诉讼时效等。

保险理赔纠纷中常见问题：

1. 投保人履行及时通知义务的认定

2. 未及时报案与理赔的关系

3. 受益人指定为"法定"时的保险金性质

4. 明确受益人的保险金在遗产继承中的处理

5. 保险诉讼时效的适用

6. 受益人约定身份关系时的保险金给付

7. 投保人失踪后的保险责任

8. 撤销理赔协议的条件

9. 保险金请求权可转让

10. 保险理赔中尸检责任的确定

11. 团体保险中的劳动合同有效性认定

12. 投保公司涉嫌犯罪与理赔的关系

1.

保险公司理赔时提出概括性要求如何认定责任？

——投保人履行及时通知义务的认定

【案例 59：（2020）辽 04 民终 1277 号】

□ 事情经过

2019年1月1日和4月26日，A镇民政办公室两次与保险公司签订团体保险投保单，投保团体意外伤害保险和附加意外费用补偿团体医疗保险，保险时间一年。王某为被保险人之一。

2019年7月7日，王某侄儿到派出所报案，称王某于2019年7月6日晚骑电动车摔倒后死亡。派出所民警当日即进行了调查，对发现现场人员、王某的妻子和儿子作了询问笔录，被调查人员都表明王某是2019年7月6日晚骑电动车摔倒后死亡的，王某家属未要求尸检。派出所于当日为王某家属出具了死亡证明，内容为：王某于2019年7月6日20时40分，因骑电动车摔倒在路边，造成非正常死亡。

2019年7月7日，王某之子向保险公司报案。同日，保险公司向王某之子回复了一条信息，内容为："尊敬的客户，您于2019年7月7日提交的报案已受理，服务号201921000090010867。请携带下列资料办理理赔：

一、合同原件；二、所有受益人或被保险人继承人：1. 身份证原件；2. 与被保险人关系证明；3. 银行卡；三、出险人的身故、户籍注销和火化等证明；四、意外事故证明；五、其他可确认事故性质／原因、申请人与出险人亲属／监护关系的资料。感谢支持。"

此后，保险公司以王某死因不明为由，未予理赔。

□ 争议焦点

保险公司认为：目击者口述和派出所出具的证明有很强的主观性，没有任何科学根据，不能证实王某是因意外事故导致死亡。保险公司要求王某之子准备的意外事故证明和其他可确认事故性质/原因的资料，是指能够确认被保险人王某确因意外事故死亡，包括尸检证明、医疗机构出具的死亡原因证明等。但王某亲属没有将王某送到医院，而是自行判断是意外摔倒导致死亡，未进行尸检，并已火化，直接导致王某的死亡原因无法查明。在保险公司明确要求后，王某的继承人不能提供有效证据证明，故保险公司不承担保险责任。

王某继承人认为：目击者口述和派出所出具的证明，都能证明王某死亡是因骑电动车摔倒在路边，造成的非正常死亡。因此，保险公司应承担保险责任。

□ 法院判决

经过一审和二审，法院都判决：保险公司未第一时间至现场核实，也未明确告知王某之子需要提供尸检报告，因此，应给付保险金。

判决理由：

（一）王某的继承人及时向公安机关和保险公司进行了报案。派出所在调查后出具了死亡证明，证明王某非正常死亡。王某的继承人已完成了报案和提供证明材料的义务。

（二）保险公司接到报案后，没有第一时间到现场核实王某的死亡原因，未告知需要提供尸检报告。现王某已火化，无法实现尸检。保险公司无证据证明自己的主张。因此，保险公司应承担保险责任。

案号：（2020）辽04民终1277号，判决书详情请扫描文末二维码。

□ 适用法律法规

《中华人民共和国保险法》第二十一条：投保人、被保险人或者受益人知道保险事故发生后，应当及时通知保险人。故意或者因重大过失未及时通知，致使保险事故的性质、原因、损失程度等难以确定的，保险人对无法确定的部分，不承担赔偿或者给付保险金的责任，但保险人通过其他途径已经及时知道或者应当及时知道保险事故发生的除外。

《中华人民共和国保险法》第二十二条：保险事故发生后，按照保险合同请求保险人赔偿或者给付保险金时，投保人、被保险人或者受益人应当向保险人提供其所能提供的与确认保险事故的性质、原因、损失程度等有关的证明和资料。

保险人按照合同的约定，认为有关的证明和资料不完整的，应当及时一次性通知投保人、被保险人或者受益人补充提供。

□ 案例评析

保险是一个专业性很强的行业。普通人日常理解的事实证明材料与理赔中需要的证明材料可能存在很大差距，比如证明材料出具机构的资质、证明材料的内容和效力等。所以保险公司应指导理赔申请人如何申请理赔，对需要提交的材料应明确说明，而不能只是如本案中概括性的要求理赔申请人提供"其他可确认事故性质／原因"的材料。

本案中，保险事故发生后，被保险人继承人已经第一时间通知了保险公司，并按保险公司的要求提供了相关理赔材料，就完成了通知及提供证据的法律义务。保险公司接到报案后，要求被保险人继承人提供的资料中没有明确说明包括尸检报告，也没有派人到现场核查，应承担由于自身不作为，导致死亡原因无法查明的责任，因此应承担保险责任。

另外，保险公司不能无限或任意加大消费者的举证责任，要求其提供力所不能及或不应、不该由其保管的证据，也不能要求其提供与理赔无关的证明材料。保险公司收到理赔申请材料后，要及时审核，若要求补充理赔材料的，应该认真审核资料后，一次性要求补充完整。

（2020）辽04民终1277号

2.

受益人未及时报案能否获赔？

——未及时报案与理赔的关系

....

【案例 60：（2021）川 15 民终 866 号】

☐ 事情经过

2020年3月14日，何某向保险公司投保意外伤害保险，保险期间一年。

2020年7月4日，何某在酒店洗菜过程中突发身体不适，经抢救无效，于次日死亡，诊断为：脑出血。医院病历记载："主诉于：昏迷伴口鼻出血2小时；现病史：患者家属诉4小时前患者摔倒感头昏头痛，未就诊，2小时前症状加重到当地医院就诊后不久出现肢体活动障碍伴眼部充血，出现昏迷，呼我院接诊来我院；既往史：高血压，脑梗塞；体格检查：昏迷，瞳孔不等大，对光反射消失，面部，口唇发绀，口鼻血性分泌物流出，腹软，肝脾未扪及肿大"。

2020年7月28日，何某居住地村委会出具证明，证明"何某于2020年7月4日意外身故，2020年7月6日土葬在石城村马安组"。何某被安葬后，其配偶李某向保险公司报案，申请理赔被拒。

2020年7月29日，何某工作地社区居委会出具一份证明，证明"何某于2020年7月4日在酒店意外摔倒，经送医院抢救无效死亡"。

此后，保险公司以何某因病死亡不属于意外伤害为由，未予理赔。

□ 争议焦点

李某认为：何某是因意外摔倒导致脑出血死亡，并非疾病导致死亡，居民死亡医学证明（推断）书、急诊病历能够形成完整的证据锁链。保险公司未告知保险事故发生后24小时内需报案，未尽到合理提示义务。何某意外摔倒后至死亡仅几个小时，李某遭受精神打击且需安慰、照顾家人，未及时向保险公司报案符合情理。因此，保险公司应承担保险责任。

保险公司认为：李某并未完成何某是意外事故摔倒死亡的举证责任。何某的死亡是由于其自身疾病所致的"脑出血"死亡，不属于保险合同约定意外伤害保险范围。因此，保险公司不承担保险责任。

□ 法院判决

经过一审和二审，法院都判决：李某未能及时报案，导致不能查明何某死因，保险公司无须给付保险金。

判决理由：医院病历记载何某死因为"脑出血"，未记载其他外伤，"摔倒"是其患者家属口述，并无其他证据予以佐证。因此，何某死因不能排除疾病导致，而疾病不属于保险合同约定的"意外事故"。李某对何某死因负有举证责任，其虽已提交了村委会、社区和派出所出具的相关证明材料，但在明知有保险合同的情况下，先对何某进行安葬，未及时向保险公司报案，导致保险公司无法查证保险事故的性质和原因。法院不支持李某认为的保险公司对保险事故发生后24小时内报案需尽到合理提示义务的主张。在无充分证据排除何某的死亡是自身原因所致、无充分证据证明何某的死亡是外因所致的情况下，李某应当承担举证不能的不利后果，因此，保险公司不需承担保险责任。

案号：（2021）川15民终866号，判决书详情请扫描文末二维码。

□ 适用法律法规

《中华人民共和国保险法》第二十一条：投保人、被保险人或者受益人知道保险事故发生后，应当及时通知保险人。故意或者因重大过失未及时通知，致使保险事故的性质、原因、损失程度等难以确定的，保险人对无法确定的部分，不承担赔偿或者给付保险金的责任，但保险人通过其他途径已经及时知道或者应当及时知道保险事故发生的除外。

《中华人民共和国民事诉讼法》第六十四条第一款：当事人对自己提出的主张，有责任提供证据。

□ 案例评析

保险事故发生后，被保险人、受益人有义务按保险合同约定的时间要求及时报案。如果因被保险人、受益人的故意或过失未及时报案，导致保险事故无法查明，保险公司将不承担保险责任。本案即是属于此种情况。

同时，保险合同中关于"保险事故的通知"条款（含报案时限要求），只是一般的合同约定，不属于免责条款，保险公司不需要提示说明。

因此，投保人、被保险人、受益人一定要认真阅读保险条款，发生保险事故后，第一时间通知保险公司，按要求提供相关材料，以便理赔。

（2021）川15民终866号

3.

受益人指定为"法定"时的保险金需偿还被保险人债务吗?

——受益人指定为"法定"时的保险金性质

....

【案例 61:(2018)黔 23 民终 997 号】

□ 事情经过

2014年8月23日,罗某向周某借款本金10000元,2015年5月中旬再次向周某借款本金8000元,两次借款共计18000元,至今未偿还借款本金。

2014年10月1日,罗某向保险公司投保两全保险,保障期限20年。投保人和被保险人均为罗某,保险合同约定的身故受益人及分配方式为"法定"。

2015年5月21日,罗某因交通事故受伤,经抢救无效死亡。陈某是罗某的女儿,唯一的遗产继承人。罗某死亡后,陈某向保险公司理赔。经保险公司理算,陈某可获得罗某身故保险金共计1108073元,其中陈某已领取158073元,余下保险金因财产保全未领取。

2018年7月10日,就陈某是以受益人身份还是继承人身份领取保险金的问题,法院向保险公司进行调查取证,保险公司出具《关于被告陈某以何种身份领取并获取因其母罗某死亡所赔的保险金》回复函,明确罗某投保的保险均未指定受益人,约定的受益人为"法定",保险金应作为遗产处理。

此后，周某向法院起诉，要求以罗某的保险金偿还其借款。

□ 争议焦点

周某认为：罗某的保险单上注明身故受益人及分配方式为"法定"。身故受益人一栏中，受益人的姓名、性别、联系电话、证件类型、证件号码、出生年月、收益比例等项均为空白。因此，罗某的保险单未指定受益人，保险金为罗某的遗产，应先偿还罗某所欠的债务。

陈某认为：罗某在保险合同中约定的身故受益人及分配方式为"法定"。根据《最高人民法院关于适用〈中华人民共和国保险法〉若干问题的解释（三）》第九条第二款第（一）项规定"受益人约定为'法定'或者'法定继承人'的，以继承法规定的法定继承人为受益人"。继承法在此处的作用是用于确定受益人名单，因而受益人约定为"法定"或"法定继承人"的保险合同只有受益人，没有继承人，保险金不属于被保险人的遗产，不应偿还罗某的债务。

□ 法院判决

经过一审和二审，法院都判决：陈某是以受益人身份获得的保险金，不作为遗产，无须清偿本案借款。

判决理由：受益人约定为"法定"或者"法定继承人"的，应以继承法规定的法定继承人作为受益人。结合该条司法解释的立法本意可以看出，继承法在此处的作用是用于确定受益人名单，而非用于继承遗产。受益人约定为"法定"或者"法定继承人"的保险合同只有受益人，没有法定继承人；只有受益权，没有继承权，合同项下的保险金不属于被保险人的遗产，因而也就不发生用于清偿被保险人生前债务及纳税的问题。因陈某是基于受益人的身份获取保险金，保险金不应作为罗某的遗产来处理，故周某无权请求陈某以保险金偿还本案借款。

案号：（2018）黔23民终997号，判决书详情请扫描文末二维码。

□ 适用法律法规

《中华人民共和国保险法》第四十二条第一款：被保险人死亡后，有下列情形之一的，保险金作为被保险人的遗产，由保险人依照《中华人民共和国继承法》的规定履行给付保险金的义务：

（一）没有指定受益人，或者受益人指定不明无法确定的；

（二）受益人先于被保险人死亡，没有其他受益人的；

（三）受益人依法丧失受益权或者放弃受益权，没有其他受益人的。

《最高人民法院关于适用〈中华人民共和国保险法〉若干问题的解释（三）》第九条第二款：当事人对保险合同约定的受益人存在争议，除投保人、被保险人在保险合同之外另有约定外，按以下情形分别处理：

（一）受益人约定为法定或者法定继承人的，以继承法规定的法定继承人为受益人；

（二）受益人仅约定为身份关系的，投保人与被保险人为同一主体时，根据保险事故发生时与被保险人的身份关系确定受益人；投保人与被保险人为不同主体时，根据保险合同成立时与被保险人的身份关系确定受益人；

（三）约定的受益人包括姓名和身份关系，保险事故发生时身份关系发生变化的，认定为未指定受益人。

□ 案例评析

保险合同的受益人有不同的约定方式。被保险人不幸身故后，约定的方式不同，保险金的给付对象不同，性质和权利也不同。

法律规定，如果已指定受益人，保险金不是被保险人的遗产，不需用来偿还被保险人的债务。如果没有指定受益人，保险金则是被保险人的遗产，被保险人的债权人有权请求用保险金偿还被保险人的债务。

保险合同的受益人约定为"法定"或者"法定继承人"是一种常见的受益约定方式，应以《中华人民共和国民法典》规定的法定继承人为受益人。关于受益人约定的是"法定"或者"法定继承人"时，是否属于指定受益人的情况，产生了一些涉及被保险人债务问题的争议。

从目前的法院判例来看，大部分法院认定受益人写成"法定"或"法定继承人"时，意为"以法律规定的法定继承人为受益人"，不能认为是"受益人指定不明无法确定的"，属于指定了受益人，并非没指定受益人。而法定继承人领取保险金是基于保险合同受益人的身份，不是继承法律关系中的法定继承人身份，所以，领取的保险金不能作为被继承人的遗产来处理，不是必须要用来偿还被继承人生前的债务。当然，若受益人自愿偿还法律是不禁止的。

需要说明的是：受益人为"法定"或"法定继承人"时，其继承人是以被保险人身故时的时间节点来认定的，而不是投保时的继承人。

保险在隔离债务方面具有重要的作用。在进行个人财务规划时，可以充分利用这一特点，保障个人财务安全。

（2018）黔23民终997号

4.

明确受益人的保险金是否为被保险人的遗产？

——明确受益人的保险金在遗产继承中的处理

· ·

【案例62：（2020）浙04民终2136号】

□ 事情经过

2016年2月5日，李甲因病去世。李乙是李甲与其前夫之子。程某是李甲现在的丈夫。

李甲生前向保险公司投保养老保险、两全保险和人寿保险等五份保险，投保人为李甲，受益人为李乙。2016年5月，李乙去保险公司办理了五份保险的理赔，获得全部保险金。

此后，程某与李乙就保险金的归属产生争议，诉至法院。

□ 争议焦点

程某认为：自己与李甲结婚后为五份保险中的四份人寿保险共支付66000元保险费，虽然受益人为李乙，但保险理赔后的保险费增值份额应当分割给自己。

李乙认为：自己是人寿保险理赔款的受益人，故理赔款是自己的个人财产，不是李甲的财产，程某不能对保险理赔款分割。

□ 法院判决

经过一审和二审，法院都判决：五份保险的理赔款应为李乙的个人财产，不应作为遗产进行分割。

判决理由：李甲生前购买的五份人寿保险指定受益人为李乙，相应的保险利益也应归属于李乙，不应作为李甲遗产进行分割。

案号：（2020）浙04民终2136号，判决书详情请扫描文末二维码。

□ 适用法律法规

《中华人民共和国保险法》第四十二条：被保险人死亡后，有下列情形之一的，保险金作为被保险人的遗产，由保险人依照《中华人民共和国继承法》的规定履行给付保险金的义务：

（一）没有指定受益人，或者受益人指定不明无法确定的；

（二）受益人先于被保险人死亡，没有其他受益人的；

（三）受益人依法丧失受益权或者放弃受益权，没有其他受益人的。

受益人与被保险人在同一事件中死亡，且不能确定死亡先后顺序的，推定受益人死亡在先。

□ 案例评析

本案中，虽然程某认为四份保险合同为其与李甲婚后购买，共同支付保险费，但由于李乙为指定受益人，因此，只有李乙才享有保险合同的保险金。支付保险费不代表就必然能取得或部分取得保险金，在保险金归属者认定上要首先适用保险领域的法律法规，而不是夫妻共同财产的法律规定。

保险合同有明确的投保人、被保险人和受益人。在财富传承中，采用保险产品的方式进行传承，特别是采用寿险、年金险等形式的保险产品，只需要在购买保险产品时，按个人意愿指定好受益人即可，指向明确，方式简单，争议很少。

采用法定继承人的方式，因为有时被继承人会突然身故，无法对财产分配进行明确的指定，导致继承人需要查明资产，进行析产继承，其中涉及烦琐的法律程序，会产生律师费用、诉讼费用等，时间也很长，还容易造成继承人之间的矛盾纠纷。

采用遗嘱继承的方式，遗嘱要求的规范较多，如不符合会造成遗嘱的无效或争议，还可能产生公证费、诉讼费等费用。

当数额较大的遗产发生诉讼时，公证费、律师费、诉讼费等都将是一笔不小的支出。

因此，保险产品在财富传承中具有重要的价值。并且，通过投保人、被保险人、受益人的合理设置，配以合适的保险产品，既可以实现对财富的控制权，又可以稳妥地分配财富，并具有一定的增值、避债功能。

（2020）浙04民终2136号

5.

出险两年后知晓存在保险合同
还能否获赔？

——保险诉讼时效的适用

....

【案例63：（2020）辽12民终1762号】

☐ 事情经过

2015年12月31日，A银行为员工向B保险公司投保团体重大疾病保险，投保日期、保险单生效时间为2016年1月1日。2016年2月25日，A银行又为员工在B保险公司投保团体重大疾病保险。保险期间为2016年1月1日至2017年1月1日。以上两个保险产品的保险条款中关于"诉讼时效"约定：受益人向保险公司请求给付保险金的诉讼时效为2年，自其知道或者应当知道保险事故发生之日起计算。

2016年2月15日，A银行员工高某因风湿性心脏病、二尖瓣狭窄并关闭不全、心功能Ⅲ级住院治疗，并于2016年2月22日进行二尖瓣置换（机械瓣）、三尖瓣探查术。

2019年，A银行更换了团体保险的保险公司，高某才知道单位为职工投保重大疾病保险这一事实。

2020年4月10日，高某申请重大疾病理赔。2020年4月27日，B保险公司出具理赔通知书，以"超过2年诉讼时效，同时未构成保险责任"为由，不予理赔。

□ 争议焦点

B保险公司认为：保险合同约定被保险人申请理赔时的诉讼时效为两年。因保险期间为2016年1月1日至2017年1月1日，高某应在2019年1月1日零时前向保险公司递交申请，但高某晚于该时间递交，超过合同约定的追诉时效。团体保险的情况应由银行向员工告知。2015年承保之后，A银行通过邮件的形式告知员工投保情况。因此，高某申请理赔时已超过2年的诉讼时效，保险公司不承担责任。

高某认为：A银行发送的邮件并非每位员工都能看到。自己直到2019年4月8日才知道A银行为员工投保事项。在处理其他保险费用时，才知道重病可以找保险公司理赔。因此，本案未超过诉讼时效，保险公司应承担保险责任。

□ 法院判决

经过一审和二审，法院都判决：高某申请理赔未超过诉讼时效，保险公司应给付保险金。

判决理由：保险合同中"诉讼时效"约定，诉讼时效自受益人知道或者应当知道保险事故发生之日起计算。A银行虽在投保书中声明投保保险单项下的所有被保险人均已知悉投保保险的相关事宜，但该声明不足以证明高某知晓投保事项。经过核实，A银行通知员工投保情况的邮件收件人处未显示高某姓名。因保险公司未提供足够证据证明高某知晓被保险事实的具体时间。高某知晓团体保险的时间应自2019年4月开始计算，其理赔请求未超过诉讼时效。

案号：（2020）辽12民终1762号，判决书详情请扫描文末二维码。

□ 适用法律法规

《中华人民共和国保险法》第二十六条：人寿保险以外的其他保险的被保险人或者受益人，向保险人请求赔偿或者给付保险金的诉讼时效期间为二年，自其知道或者应当知道保险事故发生之日起计算。

人寿保险的被保险人或者受益人向保险人请求给付保险金的诉讼时效期间为五年，自其知道或者应当知道保险事故发生之日起计算。

□ **案例评析**

保险诉讼时效是自权利人知道或者应当知道保险事故发生之日起计算。但有如下两种情况会导致权利人不能及时知道保险事故的发生：

（一）权利人知道保险合同存在，但不知道被保险人发生了事故。比如被保险人离家多年，发生不幸，但家人很久后才知道。诉讼时效应从权利人知道被保险人发生事故时算起。

（二）权利人知道被保险人发生的事故，但并不知道保险合同的存在。因为权利人不知道保险合同的存在，自然也无法知道当时发生的情况就是保险事故，只有当权利人知道了保险合同，才知道以前发生的情况属于保险事故，因此，诉讼时效应从权利人知道保险合同时算起。

综上所述，投保人购买保险后，要及时将保险合同的相关信息告知被保险人和权利人。虽然保险诉讼时效可以从权利人知道保险合同时起算，但如果权利人不知道保险合同的存在，没有留存足够的证明资料，或者因为保险事故发生事件过久，无法查明事故原因，导致保险公司无法理赔，会给权利人带来不必要的损失。

（2020）辽12民终1762号

6.

约定身份关系的受益人在夫妻离异后还有效吗？

——受益人约定身份关系时的保险金给付

【案例 64：（2020）鄂 06 民终 932 号】

□ 事情经过

张某与徐某为夫妻关系。

2012年7月，张某向保险公司投保A终身寿险、附加提前给付重大疾病险和意外伤害险等。2016年7月，张某向保险公司投保B终身寿险、附加提前给付重大疾病险和长期意外伤害险等。

以上保险中，投保人为张某，被保险人为徐某，生存保险金受益人徐某，身故保险金受益人张某。投保书中受益人的填写为张某，同时写明其与被保险人徐某的关系为配偶。在保险单中写明受益人为张某，但未注明配偶身份。

2018年6月，张某与被保险人徐某办理离婚登记。2018年9月，被保险人徐某高空坠楼身亡（排除他杀）。

此后，张某向法院起诉，要求保险公司给付保险金。

☐ 争议焦点

保险公司认为：保险事故发生时，张某与被保险人徐某之间的配偶关系已解除，张某无权要求给付身故保险金。

张某认为：自己是保险单中约定的受益人，并没有约定姓名和身份关系。自己也是投保书明确约定的受益人，"是被保险人的配偶"仅是受益人的信息资料，并不能据此认定受益人是"姓名和身份关系"。因此，电子版的人身保险投保书中约定的受益人与保险单中约定的受益人是完全一致的。

☐ 法院判决

经过一审和二审，法院都判决：张某是合法受益人，保险公司给付张某保险金。

判决理由：

（一）保险单和投保书中载明的身故保险金受益人都是张某，受益比例为100%，保险单中载明了张某的姓名、性别、生日、身份证号，投保书中除载明张某的姓名、性别、生日、身份证号外，还载明张某是被保险人徐某配偶。虽然投保书载明的身故保险金受益人张某的信息比保险单多了张某是被保险人徐某的配偶，但保险单和投保书载明的被保险人徐某身故保险金受益人都是张某100%，约定是一致和明确的，并不存在任何歧义。

（二）本案当事人对本案保险金请求权人争议的实质为张某在与徐某解除婚姻关系后，其是否丧失作为身故保险金受益人资格。因保险法对受益人资格没有做出特别限定，而在张某与徐某解除婚姻关系后，并未对本案身故保险金受益人作出变更，故张某并没有丧失受益人资格。

因此，张某是被保险人徐某身故保险金的受益人，其有权请求保险金。

（本案中还有关于自杀认定的阐述，在此不作赘述）

案号：（2020）鄂06民终932号，判决书详情请扫描文末二维码。

□ 适用法律法规

《中华人民共和国保险法》第十二条第一款：人身保险的投保人在保险合同订立时，对被保险人应当具有保险利益。

《中华人民共和国保险法》第三十一条第一款：投保人对下列人员具有保险利益：

（一）本人；

（二）配偶、子女、父母；

（三）前项以外与投保人有抚养、赡养或者扶养关系的家庭其他成员、近亲属；

（四）与投保人有劳动关系的劳动者。

《最高人民法院关于适用〈中华人民共和国保险法〉若干问题的解释（三）》第九条：投保人指定受益人未经被保险人同意的，人民法院应认定指定行为无效。当事人对保险合同约定的受益人存在争议，除投保人、被保险人在保险合同之外另有约定外，按照以下情形分别处理：

（一）受益人约定为"法定"或者"法定继承人"的，以继承法规定的法定继承人为受益人；

（二）受益人仅约定为身份关系，投保人与被保险人为同一主体的，根据保险事故发生时与被保险人的身份关系确定受益人；投保人与被保险人为不同主体的，根据保险合同成立时与被保险人的身份关系确定受益人；

（三）受益人的约定包括姓名和身份关系，保险事故发生时身份关系发生变化的，认定为未指定受益人。

□ 案例评析

《中华人民共和国保险法》对受益人资格没有做出特别限定。有一些保险合同在受益人的约定时，会注明受益人的身份关系。常见的就是将夫妻一方作为受益人时，同时注明受益人为"配偶"等特定身份关系称谓。

　　根据《最高人民法院关于适用〈中华人民共和国保险法〉若干问题的解释（三）》第九条的规定，在约定受益人身份关系时，存在两种情况：1. 如果受益人仅约定为身份关系而没有写明姓名的，投保人与被保险人为同一人时，则根据保险事故发生时与被保险人的身份关系确定受益人；投保人与被保险人是不同的人时，则根据保险合同成立时与被保险人的身份关系确定受益人；2. 如果约定的受益人包括姓名和身份关系，保险事故发生时身份关系发生变化的，则视为未指定受益人。

　　本案中的争议在于投保书和保险单受益人信息不一致。投保书中对受益人张某的信息比保险单多了与被保险人关系的内容，但因保险单和投保书载明的受益人都是张某100%，投保书中显示张某是徐某的配偶，只是作为受益人的信息资料而记载的，并不是《最高人民法院关于适用〈中华人民共和国保险法〉若干问题的解释（三）》中规定的"约定的受益人包括姓名和身份关系"情形，所以，保险单和投保书中对于受益人的约定是一致和明确的，并不存在歧义。本案中，如果保险单上受益人不仅填写张某的姓名，也注明身份关系（配偶），则张某与徐某离婚后，由于婚姻关系解除，张某不再是徐某的配偶，张某就无法领取保险金了。保险金将作为徐某的遗产，按继承法律的规定进行继承。

　　由此可见，消费者在购买保险产品时，要根据自身的意愿，对保险受益人的内容进行规范严谨的表述。如果发生婚姻关系等人身关系的变化，应及时考虑是否需要向保险公司调整受益人的约定。

（2020）鄂06民终932号

7.

投保人因失踪未交保险费时能否获赔?

——投保人失踪后的保险责任

....

【案例 65:(2020)甘 08 民终 1253 号】

☐ 事情经过

2011年9月,张某向保险公司投保年金保险(分红型)、附加意外险和意外医疗险,保险期间49年,交费年限10年。保险合同第3.5项约定:"在保险合同有效期内被保险人失踪,经人民法院宣告死亡,本公司依据判决所确定的死亡日期按身故给付保险金"。

张某在2011年、2012年交纳两期保险费后,再未交纳保险费。

2013年5月,张某离家失联。2013年9月3日,保险单到交费期后,保险公司多次联系未果,上门面访,张某家人告知公司业务员其已离家失联。

2014年2月,张某家人向派出所报案,仍查无结果。

2018年9月,公安局发现张某尸体,排除刑事案件。2019年9月,张某受益人向法院起诉,要求保险公司支付身故保险金10万元、意外身故金5万元、理财分红3000元并结算利息。

□ 争议焦点

保险公司认为：张某长期失联未交纳保险费，致使双方签订的保险合同效力已经中止，中止期间发生保险事故，公司无须承担保险责任。张某死因不明，保险公司不应给付意外身故保险金。

张某受益人认为：张某失踪时在保险期间内，失踪也属于意外。未按期交纳保险费是因张某失踪无法交纳，且家属没有交纳保险费的银行卡也没有张某的身份证，无法代交。

□ 法院判决

（一）一审法院判决：保险公司给付身故保险金、意外身故保险金。

判决理由：如果被保险人在合同有效期间内失踪，根据法律规定，失踪后被宣告死亡至少要三年的时间，最终宣告死亡的日期必定在合同中止期间或者保险人解除合同之后，且在被保险人和投保人是同一人时，被保险人失踪后，肯定不会继续交纳保险费（否则就没有失踪）。如此一来，保险公司依据保险法和保险合同都可以不赔偿，这显然与合同条款制定的目的相冲突。在保险人签订保险合同时承诺失踪给予赔偿，而结果又都不赔偿，这显然违反了公平原则和诚实信用原则。故保险合同第3.5项实质是解决宣告死亡的赔偿问题，但不是宣告死亡非要发生在合同有效期内才能赔偿。所以保险公司应给付保险金，不能因被保险人未交纳保险费而拒赔。

（二）二审法院改判：保险公司给付身故保险金。

判决理由：在投保人与被保险人为同一人时，投保人因为失踪而在客观上不能交纳保险费，会造成被保险人不论被依法宣告死亡还是在保险责任期间内因病死亡，保险公司都不承担保险责任的后果。这将构成事实上的免责情形，也有违公平原则。张某失踪后，其受益人已向公安机关报案并将失踪情况告知保险公司，并没有交纳保险费的义务。保险公司未行使合同解除权，保险合同仍属有效。张某死亡被公安机关认定不属刑事案件，但也无其他证据证明属于保险合同约定的因意外伤害而死亡，因此，保险公司无须给付意外身故保险金，需给付身故保险金10万元。

（本案一审、二审均认定，当投保人与被保险人为同一人时，虽然投保人因失踪未交保费，保险公司仍应承担保险责任。但二审法院认为无法判定张某为意外身故，保险公司不需给付意外身故保险金。）

案号：（2020）甘08民终1253号，判决书详情请扫描文末二维码。

□ 适用法律法规

《中华人民共和国民法典》第四十六条：自然人有下列情形之一的，利害关系人可以向人民法院申请宣告该自然人死亡：

（一）下落不明满四年；

（二）因意外事件，下落不明满二年。

因意外事件下落不明，经有关机关证明该自然人不可能生存的，申请宣告死亡不受二年时间的限制。

《中华人民共和国保险法》第三十六条第一款：合同约定分期支付保险费，投保人支付首期保险费后，除合同另有约定外，投保人自保险人催告之日起超过三十日未支付当期保险费，或者超过约定的期限六十日未支付当期保险费的，合同效力中止，或者由保险人按照合同约定的条件减少保险金额。

《中华人民共和国保险法》第三十七条第一款：合同效力依照本法第三十六条规定中止的，经保险人与投保人协商并达成协议，在投保人补交保险费后，合同效力恢复。但是，自合同效力中止之日起满二年双方未达成协议的，保险人有权解除合同。

□ 案例评析

按照《中华人民共和国保险法》和保险合同规定，投保人超过宽限期后没有交纳保险费，会导致合同效力中止，中止满二年仍未复效，保险公司可以解除合同。

当投保人和被保险人为同一人时，投保人因失踪而没能如期交保险费时，仍按上述规定处理，则会对投保人、受益人不公平，也与投保人投保目的不符。本案即是属于此种情况，法院最终认定保险合同不因未交费而效力中止或失效，但因没有证据证明被保险人是因意外而身故，所以保险公司只需承担身故保险责任。

当投保人与被保险人不是同一人时，如果投保人失踪，被保险人还是需要积极与保险公司协商，就保险合同交费、保全等相关事项提出具体的解决方案，以保障个人的利益。

（2020）甘08民终1253号

8.

权利人已签理赔协议可以撤销吗?

——撤销理赔协议的条件

· ·

【案例 66：（2021）豫 09 民终 367 号】

□ 事情经过

2020年8月7日，吕某在保险公司投保个人意外伤害保险，含意外伤害身故和残疾责任，保险期限自2020年8月7日至2021年8月6日。保险合同特别约定仅承保1-4类职业。

2020年9月7日，吕某在拆房工地拆房时意外摔伤致死。

吕某的继承人向保险公司申请理赔。保险公司告知吕某继承人，吕某不属于承保范围的1-4类职业。吕某继承人（由一人代表）于2020年9月29日出具了放弃索赔的声明。

2020年10月9日，保险公司委托的公估公司对该索赔案出具调查报告，意见为：吕某发生保险事故时，从事的拆墙工作为拆屋、迁屋工人，属于5类职业，不在保险单特约注明的1-4类职业承保范围内。吕某继承人已签署放弃索赔声明，建议保险公司对此案做销案处理。

此后，吕某继承人以重大误解为由，不承认所签放弃索赔声明，并向法院起诉，要求保险公司给付保险金。

□ 争议焦点

保险公司认为：吕某发生保险事故时从事的工作不属于承保范围。保险公司提交的由第三方公估公司的调查报告显示，经过双方长时间沟通，吕某继承人最终放弃了索赔权利，并签署了放弃索赔声明。因此，上述声明是吕某继承人真实意思表示，其对放弃的原因和法律后果是明知的，吕某继承人签署放弃索赔声明不存在重大误解。

吕某继承人认为：吕某在投保时，保险公司未就承保的职业范围向其进行提示及明确说明，故对投保人不发生效力。保险公司调查人员并未按照正常程序理赔或者拒赔，而是在明知自身未尽提示及明确说明义务的情况下，向不具备专业能力的吕某继承人代表告知吕某职业不属于承保职业，使其产生重大误解并签署弃权声明，存在欺诈情形，故不产生法律效力。

□ 法院判决

经过一审和二审，法院都判决：吕某的死亡事故已符合理赔条件，吕某继承人有权撤销放弃索赔声明，保险公司应给付保险金。

判决理由：保险公司未提供证据证明其已向投保人就如何根据职业分类表确定职业类别作了详细说明。吕某的拆房行为也明显不属于合同约定的不可承保职业的范围。在本案已经符合理赔条件的情况下，保险公司告知吕某的死亡事故不属于保险理赔范围，致使吕某继承人产生重大误解，签订了放弃理赔声明书，显失公平。该声明书不具有法律效力，吕某继承人依法享有撤销权，其提起诉讼的行为就是行使撤销权的表现。

案号：（2021）豫09民终367号，判决书详情请扫描文末二维码。

□ 适用法律法规

《中华人民共和国民法典》第一百四十七条：基于重大误解实施的民事法律行为，行为人有权请求人民法院或者仲裁机构予以撤销。

□ 案例评析

签署理赔协议是保险理赔过程中的一个基本程序。销案声明、放弃理赔声明、赔偿责任终结协议等形式，也属于签署理赔协议。

理赔协议是在出险后记载权利人和保险公司协商结果的合同。如果理赔协议签署后，一方或双方发现了新的事实，或之前对于某些问题理解有误，足以导致理赔结果不同，可以撤销已经签署的理赔协议，重新协商再次签订理赔协议。主张撤销理赔协议的一方，负有举证责任。

保险消费者需要注意的是，如果想撤销理赔协议，需要有一定明确的表现形式。本案中，吕某继承人就是通过诉讼的方式行使了撤销权。

保险公司故意隐瞒被保险人、受益人可以获得保险赔偿的重要事实，对被保险人进行错误诱导，致使被保险人同意销案、签订不利于己的理赔协议的，如果构成保险欺诈，保险公司还应该给付赔偿金。这类情况，也有相关的案例。

（2021）豫09民终367号

9.

人身伤害赔偿请求权可以转让吗？

——保险金请求权可转让

· ·

【案例 67：（2020）豫 16 民终 4331 号】

□ **事情经过**

2017年11月5日，A公司为其承建项目的施工人员，向保险公司投保建筑工程团体意外伤害保险。

2018年3月18日，A公司指派冯某作为项目管理人。2019年2月12日，A公司与张某签订劳动合同。

2019年3月11日（在保险合同期内），张某在项目工作过程中，不慎从高空坠落死亡。

2019年3月12日，冯某与张某继承人签订了赔偿协议书和权益转让书。权益转让书约定：转让人为被保险人张某的法定受益人，受让人为A公司（授权冯某申请理赔金）。因保险理赔周期长，受让人先行代付保险金600000.00元，转让人自愿将保险金请求权转让给受让人，由受让人办理保险理赔并取得保险金。

此后，保险公司以人身伤害赔偿请求权不能转让为由，未予理赔。

□ **争议焦点**

保险公司认为：根据《最高人民法院关于适用〈中华人民共和国

合同法〉若干问题的解释（一）》第十二条、《中华人民共和国合同法》第七十三条第一款规定，人身伤害赔偿请求权为专属于债务人自身的债权。因此，意外伤害身故保险金请求权具有极强的人身属性，张某的保险金请求权不能转让。

冯某认为：根据《最高人民法院关于适用〈中华人民共和国保险法〉若干问题的解释（三）》第十三条规定，保险金请求权可以转让给第三人。涉案保险事故发生后，张某的法定受益人依法取得的保险金请求权不具有人身依附性，是确定性的、纯财产性的债权，并且保险合同中也未约定保险金请求权不得转让。因此，张某的保险金请求权是可以转让的。

□ 法院判决

经过一审和二审，法院都判决：张某的保险金请求权可以转让，冯某可以向保险公司要求给付保险金。

判决理由：保险合同是射幸合同，是否发生是不确定的，事故发生前是一种期待权，不能转让。事故发生后，受益权转化为保险金请求权，是基于契约产生的合同债权，与普通债权没有区别，依法可以转让。A公司授权冯某与张某受益人达成赔偿协议，支付了赔偿款，并签订权益转让书。因此，冯某有权以自己的名义向保险公司主张保险金。

案号：（2020）豫16民终4331号，判决书详情请扫描文末二维码。

□ 适用法律法规

《最高人民法院关于适用〈中华人民共和国保险法〉若干问题的解释（三）》第十三条：保险事故发生后，受益人将与本次保险事故相对应的全部或者部分保险金请求权转让给第三人，当事人主张该转让行为有效的，人民法院应予支持，但根据合同性质、当事人约定或者法律规定不得转让的除外。

☐ **案例评析**

　　根据《最高人民法院关于适用〈中华人民共和国保险法〉若干问题的解释（三）》，在保险事故发生后，保险金请求权可以像普通债权一样进行转让（根据合同性质、当事人约定或者法律规定不得转让的除外），人身保险的赔偿请求权也同样可以转让。

　　因保险理赔具有专业性和复杂性，特别是在保险事故涉及多方主体或有争议时，受益人可能会出于早日取得赔偿金、节省时间和精力等各种原因而将保险金请求权转让给他人。这是受益人对自己权益的处理，并不违反法律规定，受让人的地位相当于原受益人，保险公司应向受让人给付保险金。同时，若原受益人存在不能取得保险金的情况，保险公司也能以该理由拒绝受让人的理赔要求。

（2020）豫16民终4331号

10.

被保险人身故后未按要求尸检能否获赔？

——保险理赔中尸检责任的确定

· ·

【案例 68：（2018）皖 08 民终 1604 号】

□ 事情经过

2016年11月30日，储某向保险公司投保意外伤害保险，保险期间一年。保险合同约定身故保险金申请需提供下列证明和资料：（1）保险合同，（2）申请人的有效身份证件，（3）卫生行政部门认定的医疗机构、公安部门或其他相关机构出具的被保险人的死亡证明，（4）公安等有权部门出具的意外身故证明，（5）所能提供的与确认保险事故的性质、原因等有关的其他证明和资料。

2017年8月13日，储某堂兄向派出所报警，称储某淹死在家门口的池塘里。派出所接处警情况登记表上载明："2017年8月13日18时27分24秒接储某堂兄电话报警称：其在池塘发现疑似人的物体。我单位赶到现场，经查：系储某在高瓜田里掰高瓜，经过田埂时不慎跌入下面的塘里溺水身亡。储某性格开朗，生前没有与人结仇结怨，其家属目前对死因无异议"。

2017年8月14日，储某继承人向保险公司报案。

2017年8月15日，保险公司向储某继承人送达《尸检告知书》，主要内容为："我司于2017年8月14日9时接到您关于储某溺水死亡报案，并派员对事故进行勘察核实，因被保险人溺水死亡原因不明，……敬请您及相关受益人邀请法医或提请司法鉴定机构对其死亡原因进行死因鉴定，并及时将鉴定结果及相关理赔材料提交给我司。如未能对被保险人进行尸检而无法确定死亡原因致使我司无法确定保险责任的，我司将依法不承担本次事故的保险赔偿责任"。储某继承人在《尸检告知书》签收栏加注："请保险公司通过其他途径确定此次溺水原因，不同意尸检，我方保留起诉或其他意见"。

2017年9月29日，派出所出具《储某非正常死亡情况的说明》，载明"接警后，我所迅速赶到现场，石关乡和石关村工作人员已在现场了解处理此事。经过对储某家属询问，其家人对其溺水死亡的死因无异议，不需要公安法医解剖尸体，鉴定死因。经对其周边群众走访和调查，排除他杀可能。"派出所于同日出具《死亡证明》，载明"储某因溺水死亡，特此证明"。村委会就2017年8月13日事故现场状况出具证明，并证明储某家属已按当地风俗实行土葬。

2018年1月9日，保险公司作出《理赔决定通知书》，以"无意外死亡证明"为由，不予理赔。

□ 争议焦点

保险公司认为：储某继承人应承担证明储某死因的责任。因为储某在多家保险公司投保了巨额保险，可能存在道德风险，其死因也存在较大争议，应当由储某继承人通过申请死因鉴定等方式来完成其举证责任，否则应当由储某继承人承担举证不能的法律后果。因此，保险公司不应承担保险责任。

储某继承人认为：储某是溺水死亡，有相关证明。保险公司应承担保险责任。

□ **法院判决**

经过一审和二审，法院都判决：保险公司未举证证明储某的死因符合保险合同中的免责情形，应给付保险金。

判决理由：

（一）保险合同约定"申请人与我们对被保险人的死因有争议，双方均有权提请司法鉴定机构对被保险人进行死因鉴定，另一方应当予以配合"。储某继承人在《尸检告知书》上注明"不同意做尸检"的意见，仅是针对保险公司《尸检告知书》中"敬请您及相关受益人邀请法医或提请司法鉴定机构对其死亡原因进行死因鉴定，并及时将鉴定结果及相关理赔材料提交给我司"的内容回复，并不能以此确认储某继承人拒不配合保险公司自行提请的死因鉴定。保险公司对储某死因持有异议，但其既未按合同约定行使死因鉴定的权利，也未举证证明储某继承人拒不配合其申请的鉴定，应承担举证不能的责任。

（二）派出所出具的《死亡证明》中明确载明储某"因溺水死亡"，结合派出所接处警情况登记表、多人询问笔录、现场照片、村委会证明等，形成相对完整的证据锁链，可以证明储某是溺水意外死亡具有高度可能性，符合近因原则，属于保险合同约定的事故范围。

案号：（2018）皖08民终1604号，判决书详情请扫描文末二维码。

□ **适用法律法规**

《中华人民共和国民事诉讼法》第六十四条第一款：当事人对自己提出的主张，有责任提供证据。

《中华人民共和国民事诉讼法》第六十五条第一款：当事人对自己提出的主张应当及时提供证据。

□ **案例评析**

有的保险事故发生后，保险公司为了确认事故原因，会要求被保险人的受益人提供尸检报告。

被保险人发生事故后，保险公司如需要尸检报告，应做到以下三点：

（一）"及时"。在接到理赔报案后，保险公司要第一时间提出需要"尸检报告"。如果提出的时间过晚，被保险人已火化安葬导致尸检结果不准确等情况，保险公司应承担责任。

（二）"明确"。保险公司要明确要求被保险人的受益人提供"尸检报告"，而不能以"意外身故证明"等概括要求，并提示不提供尸检报告的责任后果。

（三）"主动作为"。如果保险公司自己有权提出尸检请求，在被保险人的受益人不同意尸检后，应自己提出进行尸检。如果被保险人的受益人提出保险公司应派人到现场协助，保险公司有义务做好协助工作。

被保险人的受益人如果不配合提供尸检报告，造成保险事故原因无法查明，要承担举证不能的责任，可能会因此无法获得理赔。但如果被保险人的受益人觉得现有证据已足够证明保险事故的原因，可以与保险公司进行充分的沟通协商。

受中国传统习俗，部分被保险人的家属对尸检比较抵触。保险公司既要考虑到理赔过程中的实际需要，也要充分考虑被保险人家属的心理感受、实际负担，本着人文关怀、提高服务质量的原则，尽量减少尸检的要求。

（2018）皖08民终1604号

11.

劳动合同签订时间晚于保险合同订立时间能否获赔？

——团体保险中的劳动合同有效性认定

....

【案例 69：（2021）津民终 144 号】

□ **事情经过**

2019年5月，A公司与保险公司签订保险合同，包括意外险、附加医疗险和附加医疗费用补偿险，保险期间为2019年5月8日至2020年5月7日，被保险人为A公司的5名员工，分别为贺某、赵某、任某、孟某和李某。

经过三次被保险人变动后，截至2019年12月16日，上述保险的被保险人为：贺某、赵某、任某、孟某、李某和刘某。

2019年12月23日，A公司与刘某签订劳动合同书，该合同约定：自2019年12月23日生效；具体工作内容为按业主要求施工作业；签订劳动合同后，工程启动之前，A公司为刘某交纳工伤保险及意外伤害保险，确保刘某享有保险的权利。

2020年1月1日，刘某等三人进行潜水作业。出舱后，刘某感觉身体不适。2020年1月2日，刘某送医院治疗无效死亡。同日，A公司联系保险公司询问保险理赔事宜。

此后，保险公司以A公司对刘某不具有保险利益为由，未予理赔。

□ 争议焦点

保险公司认为：A公司签订保险合同时，尚未与刘某签订劳动合同书，故其对刘某不具有保险利益，保险合同无效。

刘某继承人认为：刘某的体检报告写明刘某是按照A公司要求体检，证明双方存在事实劳动关系。

□ 法院判决

经过一审和二审，法院都判决：A公司对刘某具有保险利益，保险公司给付意外伤害身故保险金。

判决理由：A公司表示其与刘某的事实劳动合同关系成立于刘某体检合格之日，A公司作为用人单位与刘某在2019年12月23日签订书面劳动合同，符合劳动法的相关规定。A公司与刘某发生事实上的劳动合同关系时，已经就签署人身保险的事项及金额征得了刘某的同意。故A公司对刘某具有法律上承认的保险利益，保险合同合法有效。

（本案中还有关于诉讼主体、意外伤害判定等内容的阐述，在此不作赘述）

案号：（2021）津民终144号，判决书详情请扫描文末二维码。

□ 适用法律法规

《中华人民共和国劳动合同法》第十条第二款：已建立劳动关系，未同时订立书面劳动合同的，应当自用工之日起一个月内订立书面劳动合同。

《中华人民共和国保险法》第三十一条第一款：投保人对下列人员具有保险利益：

（一）本人；

（二）配偶、子女、父母；

（三）前项以外与投保人有抚养、赡养或者扶养关系的家庭其他成

员、近亲属;

（四）与投保人有劳动关系的劳动者。

□ 案例评析

根据《中华人民共和国保险法》的规定，用人单位对自己的员工具有保险利益，可以将员工作为被保险人，为员工投保。劳动合同是不是认定双方有劳动关系以及劳动关系存续时间的唯一证明材料呢？答案是否定的。虽然现在企业用工比以前规范合法很多，但仍存在大量不签合同、补签合同、倒签合同等现象。这点需要在团体保险中引起注意。另外，还存在着被保险人与投保公司不是劳动关系而是劳务关系，法院也认定保险公司需承担保险责任的判例。

本案中，刘某的劳动合同签订日期晚于A公司为其投保时间，保险公司据此认为A公司签订合同时对刘某没有保险利益，保险合同无效，保险公司无须给付保险金。刘某在签订劳动合同前应A公司要求进行了体检，故视为双方已建立劳动关系，加上《中华人民共和国劳动合同法》允许用人单位在用工后一个月内签订劳动合同，所以，A公司在刘某体检后一个月内签订劳动合同不违法。因刘某体检时间早于保险合同签订时间，所以A公司对刘某是有保险利益的，保险合同有效，保险公司应给付保险金。

（2021）津民终144号

12.

团体保险的投保公司涉嫌犯罪能否理赔？

——投保公司涉嫌犯罪与理赔的关系

....

【案例 70：（2020）鲁 10 民终 2285 号】

☐ 事情经过

2018年3月，某船舶维修部通过A公司，向保险公司投保团体意外伤害保险、附加突发团体定期寿险、附加意外伤害团体医疗保险和附加意外住院津贴团体医疗保险等，保险期间为2018年3月1日至2018年3月31日。投保人是A公司，被保险人是船舶维修部员工，包括王某。

王某是船舶维修部雇佣的临时工作人员。2018年3月4日，王某住院治疗，诊断为指骨骨折、指伸肌腱部分断裂等，病案中记载损伤、中毒的外部原因为工作时挤伤。2018年4月2日，王某出院。

此后，保险公司以投保公司涉嫌犯罪为由，未予理赔。

☐ 争议焦点

保险公司认为：王某的保险合同通过A公司投保。投保人A公司因存在恶意欺诈投保、非法经营的犯罪嫌疑，已被公安机关立案侦查。由于投保人在投保过程中涉嫌违法犯罪，特别是投保人在签署保险合同时对外欺诈性的宣传，牟取非法利益，会导致保险合同的效力问题。保险公司要求中止审理此案，等待A公司刑事审判结果，再继续审理。

王某认为：A公司投保的保险合同涉及上万被保险人，都是善意相对人。A公司虽涉嫌非法经营罪被立案侦查，但不存在保险诈骗、合同诈骗的嫌疑，不能产生合同无效的后果，保险公司应承担保险责任。

□ **法院判决**

经过一审和二审，法院都判决：A公司所涉犯罪行为与保险合同无关，保险公司需给付保险金。

判决理由：

（一）保险公司认为王某非A公司的员工，A公司采取欺诈手段为王某投保，该保险合同应予撤销。但保险条款中载明"被保险人范围：身体健康、能正常工作或正常劳动的投保人团体成员"，并未约定投保人与被保险人之间必须存在劳动合同关系。

（二）虽然A公司与保险公司签订《保险合作协议》时声明"全部被保险人均与我公司存在劳动关系"，但该声明仅是保险公司与A公司之间的声明，并不约束被保险人王某，且保险公司并未证明王某一定知晓该声明。因此，即使存在欺诈，也是A公司在履行保险合作协议过程中存在欺诈情形，并不影响案涉保险合同的效力。

（三）保险公司未提交充分证据证明此保险合同存在《中华人民共和国合同法》第五十二条规定的合同无效情形，因此保险合同合法有效。在此情况下，A公司涉嫌非法经营罪被立案侦查，与向王某承担保险责任，并非同一主体、同一事实或同一法律关系，A公司涉嫌刑事犯罪被立案侦查不影响本案人身保险合同纠纷案件的审理。

（本案还有关于保险条款解释、保险合同生效时间等内容的阐述，在此不作赘述）

案号：（2020）鲁10民终2285号，判决书详情请扫描文末二维码。

□ 适用法律法规

《中华人民共和国民法典》第一百一十九条：依法成立的合同，对当事人具有法律约束力。

《中华人民共和国保险法》第十四条：保险合同成立后，投保人按照约定交付保险费，保险人按照约定的时间开始承担保险责任。

《中华人民共和国保险法》第二十三条：保险人收到被保险人或者受益人的赔偿或者给付保险金的请求后，应当及时作出核定；情形复杂的，应当在三十日内作出核定，但合同另有约定的除外。保险人应当将核定结果通知被保险人或者受益人；对属于保险责任的，在与被保险人或者受益人达成赔偿或者给付保险金的协议后十日内，履行赔偿或者给付保险金义务。保险合同对赔偿或者给付保险金的期限有约定的，保险人应当按照约定履行赔偿或者给付保险金义务。

保险人未及时履行前款规定义务的，除支付保险金外，应当赔偿被保险人或者受益人因此受到的损失。

任何单位和个人不得非法干预保险人履行赔偿或者给付保险金的义务，也不得限制被保险人或者受益人取得保险金的权利。

□ 案例评析

团体保险中，即使投保公司涉及违法犯罪行为，并不必然导致保险合同无效。投保公司承担刑事责任，也不必然影响保险公司向被保险人承担民事上的保险责任。这两者适用的法律不同，法律关系不同。

根据《最高人民法院关于在审理经济纠纷案件中涉及经济犯罪嫌疑若干问题的规定》可知，法院在审理经济纠纷民事案件中，若发现与刑事案件有牵连，但不是同一法律关系的经济犯罪嫌疑线索、材料的，应将线索、材料移送有关公安机关或检察机关查处，但经济纠纷案件继续审理，所以投保公司涉嫌犯罪一事并不影响保险合同纠纷案件的审理。

保险公司是否应给付保险金取决于保险合同的效力、条款约定。保险合同无效需要具备法律规定的情形，本案中的投保公司涉嫌刑事犯罪并不属于合同无效的法定条件。既然保险合同有效，保险公司就应当按保险合同约定承担保险责任。

（2020）鲁10民终2285号

人身保险篇

本章选取了有关人身保险热点问题的诉讼案例，包括保险合同解除权行使期限、二年不可抗辩条款、等待期发现健康异常、未按保险合同约定方式治疗、医保卡外借、损失补偿原则的适用等情况，以及对意外死亡、猝死、自杀、酒精影响、中暑、高原反应、职业等是否属于保险责任范围的认定。

人身保险纠纷中常见问题：

1. 人身保险不适用补偿原则

2. 保险合同解除权行使期限

3. 二年不可抗辩条款适用

4. 商业人身保险与法院强制执行

5. "以死亡为给付保险金条件的合同"的认定

6. "以死亡为给付保险金条件的合同"的效力认定

7. 等待期健康异常情况的责任认定

8. 保险理赔中自杀身亡的认定

9. 保险合同对治疗方式限定的效力

10. 医保卡外借的性质认定

11. 保险合同中职业的认定

12. 近因原则的适用

13. 保险事故中意外伤害责任的认定

14. 保险事故中意外伤害责任的认定

15. 保险事故中意外伤害责任的认定

16. 保险事故中意外伤害责任的认定

1.

意外伤害中侵权人赔偿金与保险金能否兼得？

——人身保险不适用补偿原则

【案例 71：（2021）浙 07 民终 953 号】

□ 事情经过

2019年4月11日，A公司向B保险公司投保团体意外伤害身故保险，保险期间为2019年4月12日至2020年4月11日。保障内容为意外伤害身故、意外伤害医疗、住院津贴等。张某为被保险人之一。

意外伤害医疗保险条款约定：本附加合同适用补偿原则。被保险人通过任何途径所获得的医疗费用补偿金额总和以其实际支出的医疗费用金额为限。被保险人已经从社会基本医疗保险或任何第三方（包括任何商业医疗保险）获得相关医疗补偿的，保险人仅对扣除已获得补偿后的剩余医疗费用，按照合同约定承担给付保险金责任。

2019年11月1日，陆某驾车撞伤骑电动车的张某。事故发生后，张某住院治疗34天，支付医疗费共20541.65元。

2020年5月13日，张某提起诉讼，陆某及承保陆某车险的C保险公司就此次交通事故向张某进行了赔付。

此后，张某向法院起诉，就此次保险事故要求B保险公司给付保险金。

□ 争议焦点

B保险公司认为：保险合同条款中已明确约定医药费适用损失补偿原则。因此，不能对已报销的医药费进行重复赔付，应扣除陆某及承保陆某车险的C保险公司对张某的赔付后，再进行赔付。

张某认为：人的身体权、健康权属于人格权，而非财产权利，无法用价值多少来衡量。因此，并不适用财产保险中的损失补偿原则。其有权在取得人身损害赔偿后继续向保险公司主张意外伤害保险金，并不存在重复赔偿的问题。

□ 法院判决

经过一审和二审，法院都判决：人身保险不适用损失补偿原则，B保险公司的保险责任不应扣除陆某及承保陆某车险的C保险公司对张某的赔付。

判决理由：意外伤害医疗保险是针对医疗费进行赔偿，虽意外事故中医疗费的支出数额是可以货币价值化的，但该险种属人身保险范畴，并不适用财产保险中的损失补偿原则。依据《中华人民共和国保险法》第四十六条的有关规定，被保险人因第三者的侵权行为导致伤残或疾病的，被保险人可同时主张意外伤害保险金和人身损害赔偿金。B保险公司在其提供的格式条款中对"任何第三方赔偿款"理解为含人身损害赔偿金在内，属"排除被保险人依法享有的权利"，为无效条款。因此，B保险公司的保险责任不应扣除陆某及承保陆某车险的C保险公司对张某的赔付。

案号：（2021）浙07民终953号，判决书详情请扫描文末二维码。

□ 适用法律法规

《中华人民共和国保险法》第四十六条：被保险人因第三者的行为而发生死亡、伤残或者疾病等保险事故的，保险人向被保险人或者受益人给付保险金后，不享有向第三者追偿的权利，但被保险人或者受益人仍有权向第三者请求赔偿。

《中华人民共和国保险法》第九十五条第一款：保险公司的业务范围：

（一）人身保险业务，包括人寿保险、健康保险、意外伤害保险等保险业务；

（二）财产保险业务，包括财产损失保险、责任保险、信用保险、保证保险等保险业务；

（三）国务院保险监督管理机构批准的与保险有关的其他业务。

□ 案例评析

人的生命和健康是无价的，因此，人身保险不适用于财产保险的损失补偿原则，即可以因一次人身伤害获得来自不同方的多次赔偿。侵权方对被保险人进行的赔偿属于侵权赔偿，被保险人获得侵权赔偿后（即使这种补偿来自第三方个人投保的保险），仍然可以获得以自己为被保险人的人身保险的赔偿。同时，被保险人如果获得了工伤保险补偿，也可以继续要求以自己为被保险人的人身保险的赔偿。

需要注意的是，本案的意外伤害医疗保险条款虽然约定了适用补偿原则，保险公司赔付时要扣除被保险人从其他方已获得的医疗补偿。但审理法院认为这样的约定排除了被保险人依法享有的权利，是无效条款。

（2021）浙07民终953号

2.

保险公司何时可以因投保人未如实告知解除保险合同？

——保险合同解除权行使期限

【案例72：（2021）京01民终4029号】

□ 事情经过

2019年5月18日，刘某向保险公司投保两全保险和附加提前给付重大疾病等保险，并签署了《人身保险投保书》和《人身保险（个人渠道）投保提示书》。

《人身保险投保书》中的健康告知有以下内容：

第五项：您过去三年内是否曾有医学检查（包括健康体检）结果异常？

第八项：您是否目前患有或过去曾经患过下列疾病或手术史？若"是"请在说明栏告知。……C.呼吸系统疾病，例如：慢性支气管炎、肺气肿、肺心病、哮喘、肺结核、肺栓塞、支气管扩张、尘肺、间质性肺病、肺纤维化；G.内分泌、血液系统疾病，例如：糖尿病、痛风、甲状腺或甲状旁腺疾病、白血病、血友病、再生障碍性贫血、地中海贫血；I.以上未提及的肿瘤，包括肉瘤、癌、良性肿瘤、息肉、囊肿。

第十一项：十八周岁以上（含十八周岁）女性补充告知……C.您是否曾有过阴道异常流血、畸胎瘤、葡萄胎、或其他任何乳房、子宫、卵巢的疾病？

对以上第五、第八、第十一项健康告知询问的内容，刘某均选择为"否"。

同时，《人身保险投保书》和《人身保险（个人渠道）投保提示书》提示了刘某要认真阅读保险条款，特别是免责内容。并说明如有不实告知，保险公司有权依法解除保险合同，并对保险合同解除前发生的保险事故不承担保险责任。

2019年9月12日，刘某进行健康体检，体检报告显示：左肺上叶结节灶，长径约10.3毫米，边界清，肺结节影，建议复查。

2019年11月21日，刘某以左肺上叶前段磨玻璃密度结节住院治疗。2019年11月28日，刘某出院，出院诊断为：左肺上叶腺癌，病理诊断为：（左肺上叶舌段+前段）腺癌。

2019年12月9日，刘某向保险公司提出理赔申请。2019年12月12日，保险公司与刘某进行了保险事故询问，并通过刘某提供的二维码，调取了其于2018年7月25日的体检报告，显示：左肺上叶上舌段结节灶，直径约9.3毫米，边界不甚光整的肺结节影、甲状腺双叶结节（多发）、双侧乳腺小叶增生等。

2020年1月6日，保险公司作出《理赔决定通知书》，并通过EMS，向刘某在《人身保险投保书》上载明的联系地址，向刘某寄送了《理赔决定通知书》。刘某否认曾收到此快递。经查，该快递于2020年1月7日寄出，于2020年1月9日退回保险公司，且无法看出收件人地址。

2020年3月11日，保险公司作出《理赔决定通知书》，载明：经审慎核定刘某所提供的有关资料与证明，通融退还已交保险费，解除保险合同，不予给付保险金。刘某承认收到此快递。

□ 争议焦点

保险公司认为：刘某未如实告知的事项，足以影响保险公司决定是否同意承保或者提高保险费率，且保险合同成立不足两年，因此，保险公司有权解除合同。同时，保险公司已于知道解除事由后的三十日内，向刘某通知解除保险合同。因此，保险公司不承担保险责任。

刘某认为：自己不存在未如实告知情况。且保险公司寄出的理赔通知书并未送达自己，保险公司未在三十日之内行使合同解除权，应承担保险责任。

□ 法院判决

经过一审和二审，法院都判决：保险公司未在三十日内行使解除权，应给付保险金。

判决理由：

（一）保险公司2020年1月6日作出的《理赔决定通知书》已被退回，刘某也不承认收到此快递，且快递封皮上仅写明"理赔决定通知书"，从该封皮上看不出该邮件中具有解除合同的意思。

（二）在保险公司2019年12月31日和2020年1月8日两次联系刘某的电话录音中，双方就拒付、解约、申请理赔、申请退费等多个概念沟通混乱，无法据此确认保险公司解除涉案保险合同的通知有效到达刘某。

因此，刘某虽然存在未如实告知情形，但保险公司未在三十日内行使解除权，解除权已消灭，应承担保险责任。

案号：（2021）京01民终4029号，判决书详情请扫描文末二维码。

□ 适用法律法规

《中华人民共和国保险法》第十六条：订立保险合同，保险人就保险标的或者被保险人的有关情况提出询问的，投保人应当如实告知。

投保人故意或者因重大过失未履行前款规定的如实告知义务，足以影响保险人决定是否同意承保或者提高保险费率的，保险人有权解除合同。

前款规定的合同解除权，自保险人知道有解除事由之日起，超过三十日不行使而消灭。自合同成立之日起超过二年的，保险人不得解除合同；发生保险事故的，保险人应当承担赔偿或者给付保险金的责任。

投保人故意不履行如实告知义务的，保险人对于合同解除前发生的保险事故，不承担赔偿或者给付保险金的责任，并不退还保险费。

投保人因重大过失未履行如实告知义务，对保险事故的发生有严重影响的，保险人对于合同解除前发生的保险事故，不承担赔偿或者给付保险金的责任，但应当退还保险费。

保险人在合同订立时已经知道投保人未如实告知的情况的，保险人不得解除合同；发生保险事故的，保险人应当承担赔偿或者给付保险金的责任。

保险事故是指保险合同约定的保险责任范围内的事故。

《最高人民法院关于适用〈中华人民共和国保险法〉若干问题的解释（二）》第八条：保险人未行使合同解除权，直接以存在保险法第十六条第四款、第五款规定的情形为由拒绝赔偿的，人民法院不予支持。但当事人就拒绝赔偿事宜及保险合同存续另行达成一致的情况除外。

□ 案例评析

如实告知是投保人的重要义务，也是保险市场得以公平持续运行的基础。对于投保人未如实告知的行为，足以影响保险公司决定是否同意承保或者提高保险费率的，《中华人民共和国保险法》第十六条规定，保险公司有权解除合同。但为了保护投保人的权益，该条也同时规定，只有成立二年内的保险合同，保险公司才有权解除保险合同，并且要在知道解除事由之日起三十日内行使解除权，否则，就不能解除保险合同了。

因投保人未如实告知，保险公司要行使解除权，需要从以下六点考量：

（一）保险合同要在成立二年内。为了保护保险消费者的权益，签订二年后的保险合同，保险公司不能因为未如实告知解除合同。

（二）投保人未如实告知的行为要属于"故意"或"重大过失"。比如，投保人有理由证明自己确实不知道未告知的事项；或者时间很久，因病情不严重，已经遗忘，则有可能不被认定为"故意"或"重大过失"。投保人"故意"未如实告知，保险公司不承担保险责任，且也不退还保险费；因"重大过失"未如实告知，保险公司不承担保险责任，但要退还保险费。

（三）投保人未告知的事项要达到足以影响保险公司决定"是否同意承保"或者"提高保险费率"。在实际的诉讼案件中，因为保险公司不能证明投保人未告知事项符合这一条件而败诉的，也并不鲜见。

（四）保险公司要在知道解除事由三十天内行使解除权。实践中，这方面存在争议比较多的有三点：1."三十天"的计算标准，也就是确定保险公司知道解除事由的时间和保险公司通知投保人解除保险合同的时间。2.确定投保人是否接到保险公司解除保险合同的通知。特别是通过邮寄时，容易产生此类争议。3.保险公司在通知投保人时，要明确表达解除保险合同的意思，而不能只是通知投保人拒绝理赔，或者模糊的表达。鉴于此，保险公司应在知道或应当知道解除事由之日起三十日内，向投保人发出明确表示解除保险合同的通知。为了便于保留证据，最好使用书面通知，邮寄时可在快递封面写明类似"解除×××保险合同并拒绝支付保险金"的字样，并保存邮寄单号查询信息。这样即使碰到恶意拒收快递的投保人，也不能说自己未拆开邮件、不知道内容，从而导致保险公司被认定没有有效送达解除合同通知。

（五）先解除保险合同，才能拒绝理赔。对于合同成立二年内发生的保险事故，保险公司以未如实告知拒绝理赔的，要先解除保险合同，才能拒绝理赔，而不能未解除保险合同，直接拒绝理赔。实践中，保险公司因为没有先解除保险合同，直接拒赔而败诉的案件，也多次发生。

（六）如果投保人有证据证明保险公司在订立保险合同时，已经知道未如实告知的事项，那么保险公司则不能以投保人未如实告知而解除合同、拒赔，仍需要承担保险责任。

本案中，投保人未履行如实告知义务，且已达到解除保险合同的标准。但因为保险公司不能充分证明将解除保险合同的决定在知道解除事由30天内通知投保人，从而被法院判定为没有如期行使合同解除权，需要承担保险责任。

投保人接到保险公司解除保险合同的通知后，如果存在异议，应尽快向人民法院或仲裁机构请求确认解除保险合同无效。

（2021）京01民终4029号

3.

投保二年后保险公司发现投保人未如实告知能否获赔？

——二年不可抗辩条款适用

□ 事情经过

2016年3月12日，陶某体检。2016年3月13日，陶某细胞学检查报告单显示：未见癌细胞和上皮细胞内病变。

2016年3月14日，陶某入职保险公司。

2016年3月19日，陶某体检报告显示：陶某甲状腺结节（多发），建议进行甲状腺功能检查，定期复查甲状腺彩超观察变化或专科诊治。

2016年3月31日，陶某向入职保险公司投保两全保险、附加重大疾病保险和附加个人意外险。2016年4月11日，陶某在入职保险公司再次购买定期防癌疾病保险。陶某在上述两份保险的投保告知一栏中，对于"您是否有甲状腺结节、甲状腺功能亢进或减退"问题，均回答"否"。保险公司客服对陶某进行电话回访，陶某回复其投保信息均是如实告知，并清楚如实告知的重要性。

2017年11月6日，陶某在医院孕前优生健康检查结果显示：甲状腺异常，建议进一步检查。

2017年12月12日，陶某在医院病理诊断：甲状腺右叶结节。

2018年3月13日，陶某在医院经细胞学病理检查，诊断为"右甲状腺肿物"恶性肿瘤、甲状腺乳头状癌。2018年3月26日，陶某入院手术治疗。

2018年4月13日，陶某向保险公司申请理赔。

2018年5月17日，保险公司出具理赔决定通知书，认为：因陶某故意不如实告知，解除合同，不退还保险费，不予给付重疾保险金、癌症确诊保险金等。

□ 争议焦点

陶某认为：其入职时在保险公司合作体检机构体检，并将入职体检报告交给保险公司，其与上级主管的微信记录可以证明。其在2016年3月31日和2016年4月11日购买的两份保险合同，至2018年5月17日（保险公司解除保险合同时间）已满2年，保险公司无权解除保险合同。其在2018年4月13日申请理赔，保险公司2018年5月17日做出解除保险合同决定，超出法定的30天合同解除时限，保险公司无权再解除保险合同，并且保险公司多次伪造证据。其已履行如实告知义务，保险公司无权解除保险合同，应承担保险责任。

保险公司认为：入职的体检报告和投保体检的应用范围不一致，不能以入职体检报告代替如实告知义务。陶某确诊时间为2018年3月13日，保险事故发生时间在保险合同成立二年内。陶某提交赔偿材料为2018年4月13日，保险公司于2018年4月24日通过电话方式告知陶某，因未如实告知而不予支付保险金和解除保险合同。保险公司在2018年5月17日作出的书面通知是第二次。所以陶某没有履行如实告知义务，保险公司解除合同未超过法定的期限，因此保险公司的解除行为合法有效，不承担保险责任。

□ 法院判决

（一）一审法院判决：陶某未履行如实告知义务，保险公司不承担保险责任。

判决理由：陶某是保险公司业务员，对于如实告知义务及后果更清楚。陶某明知有甲状腺结节，但在投保时却没有如实告知，保险公司有权拒绝赔偿。

（二）二审法院改判：陶某未履行如实告知义务，但保险公司未在合同成立二年内解除保险合同，其已丧失解除保险合同的权利，应承担保险责任。

判决理由：

1. 陶某是保险公司从业人员，理应更清楚如实告知义务及后果，但其投保告知中否认有甲状腺结节，且此情况与所患甲状腺癌有一定关系。陶某也不能证明向保险公司提交了2016年3月19日和2016年3月25日的体检报告。因此，法院认定陶某未履行如实告知义务。

2. 陶某的保险合同成立于2016年3月31日和2016年4月11日，保险公司解除合同时间以2018年5月17日出具通知书计算，已超过了合同成立时间二年，故无权解除合同。

3. 即使是保险合同成立二年之内发生的保险事故，保险公司要以被保险人未履行如实告知义务拒绝理赔的，也必须先解除保险合同，而不能直接拒绝理赔。

因此，虽然陶某未履行如实告知义务，但保险合同已成立二年，不能解除，保险公司仍应承担保险责任。

案号：（2019）粤03民终26258号，判决书详情请扫描文末二维码。

□ 适用法律法规

《中华人民共和国保险法》第十六条：订立保险合同，保险人就保险标的或者被保险人的有关情况提出询问的，投保人应当如实告知。

投保人故意或者因重大过失未履行前款规定的如实告知义务，足以影响保险人决定是否同意承保或者提高保险费率的，保险人有权解除合同。

前款规定的合同解除权，自保险人知道有解除事由之日起，超过三十日不行使而消灭。自合同成立之日起超过二年的，保险人不得解除合同；发生保险事故的，保险人应当承担赔偿或者给付保险金的责任。

投保人故意不履行如实告知义务的，保险人对于合同解除前发生的保险事故，不承担赔偿或者给付保险金的责任，并不退还保险费。

投保人因重大过失未履行如实告知义务，对保险事故的发生有严重影响的，保险人对于合同解除前发生的保险事故，不承担赔偿或者给付保险金的责任，但应当退还保险费。

保险人在合同订立时已经知道投保人未如实告知的情况的，保险人不得解除合同；发生保险事故的，保险人应当承担赔偿或者给付保险金的责任。

保险事故是指保险合同约定的保险责任范围内的事故。

□ 案例评析

本案是《中华人民共和国保险法》第十六条规定的"二年不可抗辩条款"在现实中的使用。根据现有的判例，法院在适用该条款时，会有以下三种情况：

（一）严格按照字面意思执行。也就是虽然投保人未如实告知，但在没有其他原因的情况下，只要合同成立超过二年，就要求保险公司承担保险责任。

（二）减少理赔金额。如果投保人严重违反如实告知义务，故意隐瞒足以影响保险公司承保决定的健康事项，即便合同成立已超过二年，部分法院基于最大诚信原则会减轻保险责任（即赔付金额低于原保额）。

（三）支持拒绝理赔。以下三种情况，即使合同超过二年，法院有可能会支持保险公司拒绝理赔。1. 保险事故发生在合同成立二年内，但在合同成立二年后才提起理赔申请。2. 投保人违反如实告知义务，且隐瞒的事项属于保险合同免责的内容。3. 投保人新发的保险事故与合同成立之前发生的疾病具有因果关系。

关于"二年不可抗辩条款"的计算时间，在诉讼中也有不同的判例。有的诉讼中以保险事故发生时间距保险合同成立时间计算，有的案例以申请理赔时间距保险合同成立的时间计算。这一点也是目前存在争议之处。

"二年不可抗辩条款"保护了保险消费者的利益。有少数投保人根据这条原则，在投保时不如实告知，寄希望于二年内不发生疾病，以后就可以获得保险保障了。并且一些保险从业人员也利用这条法规，诱导暗示投保人对影响保险公司承保决定的事项不如实告知。

通过上述解释可知，"二年不可抗辩条款"并不能保证投保人在未如实告知情况下，必然能获得理赔。因此，投保人一定要认真履行如实告知义务，不要心存侥幸，从而为将来的保险理赔带来隐患。保险代理人也要严格履行自身职责，协助投保人在投保过程中完成好告知事项。

（2019）粤03民终26258号

4.

人身保险保单能否被强制执行？

——商业人身保险与法院强制执行

【案例 74：（2020）最高法执复 72 号】

□ **事情经过**

江西省高级人民法院的（2018）赣民初113号民事判决生效后，执行申请人向该院申请强制执行。在案件执行过程中，该院要求保险公司协助冻结被执行人许某在该公司购买的保险产品，并将该保险产品的现金价值、红利及利息等扣划至该院。

被冻结、扣划的保险合同投保人为许某、被保险人为邓甲，身故受益人第一顺序为许甲（100%），第二顺序为邓乙（50%）、邓丙（50%），险种为终身重大疾病险（基本保险金额70万元，保险费22967元，保险期满日：终身，交费期间20年）、附加投保人豁免保险费C款险（保险费1530.75元，保险期间：终身，交费期间19年）。主合同成立日为2017年12月16日，次日生效。根据保险合同约定，自该公司收到合同解除申请及保险合同、有效身份证件之日起，该合同终止，该公司自收到解除合同申请之日起30日内向投保人退还保单的现金价值。另外，附加险合同约定了与主合同一致的解除及退还保单的现金价值条款，主合同解除的，该附加合同同时解除。

邓甲作为被执行人之一、保单的被保险人，不服江西高院的上述强制执行，向最高人民法院申请复议。

□ 争议焦点

邓甲认为：根据保险法的规定和保险合同的约定，保险合同的唯一解除权人为投保人（即被执行人许甲），执行法院无权替代许甲解除保险合同。且许甲对保险合同的解除权，属于人寿保险请求权，是专属于债务人自身的债权，他人不能代位行使许甲的保险合同解除权。更何况所涉保险产品为疾病、残疾保障类保险，关系到被保险人的生命价值，而保险产品现金价值极低，强制执行保险产品的现金价值难以切实有效地保障债权人的债权，反而会损害被保险人的生命价值，故不应被强制执行。

江西高院认为：被执行人许甲与保险公司签订的保险合同，约定了保险事故发生及支付保险金之前投保人申请解除合同时，该保险公司应当向投保人退还该保险合同所属保单的现金价值，因此，保险金给付之前，许某对该保险合同的现金价值享有请求权且在数额上具有确定性，该现金价值及利息等财产性权益构成被执行人许甲的责任财产，且不涉及被保险人邓甲的合法权益，又不属于被执行人及其扶养家属所必需的生活物品和生活费用，可以冻结和扣划。另外，由于该保险合同尚未发生约定的保险金支付情形，投保人许甲可以无条件解除合同，提取该保单的现金价值。因此，在被执行人许甲、邓甲不能清偿债务，又不自行解除保险合同，提取保单的现金价值等财产性权益以偿还债务的情况下，法院对该保单的现金价值及利息等财产性权益予以冻结并强制扣划，该执行行为具有替代被执行人许某、邓某对其所享有的财产权益进行强制处置以偿还其所欠债务的行为法律性质，符合法律规定，对于因保险合同解除产生的损失应自行承担。

□ 法院判决

最高人民法院裁定：驳回邓某的复议请求。

裁定理由：疾病、残疾保障类人身保险产品虽然具有一定的人身保障功能，但其根本目的和功能是经济补偿，其本质上属于一项财产性权益，具有一定的储蓄性和有价性，除被执行人及其所扶养家属的生活必需品等豁免财产外，人民法院有权对该项财产利益进行强制执行。人身保险的保单现金价值与保险事项发生后，保险公司支付的保险金不同，并不具有人身依附性的专属性。江西高院对该保单的现金价值及利息等财产性权益予以冻结，并强制扣划并无不当。

人民法院可以强制解除保险合同。如被执行人拒不执行生效法律文书确定的义务，在其可以单方面行使保险合同解除权而未行使，致使债权人的债权得不到清偿，人民法院在此情形下可以强制被执行人予以行使，代替投保人强制解除其所购的保险合同。至于邓甲提出保单的现金价值相对于本案债权实现价值较低，难以切实有效保障债权人债权的理由。经查，许甲及邓甲作为案件被执行人，以投保人身份为双方购买了多份保险产品，保单现金价值的总额数万元，不属于现金价值较低的情形，且债权人强烈主张予以执行，仅以此理由不足以阻却执行，邓甲该复议理由不能成立。

案号：（2020）最高法执复72号，判决书详情请扫描文末二维码。

□ 适用法律法规

《中华人民共和国民事诉讼法》第二百四十一条：被执行人未按执行通知履行法律文书确定的义务，应当报告当前以及收到执行通知之日前一年的财产情况。被执行人拒绝报告或者虚假报告的，人民法院可以根据情节轻重对被执行人或者其法定代理人、有关单位的主要负责人或者直接责任人员予以罚款、拘留。

《最高人民法院关于适用〈中华人民共和国民事诉讼法〉执行程序若干问题的解释》第三十二条：被执行人依照民事诉讼法第二百一十七条的规定，应当书面报告下列财产情况：

（一）收入、银行存款、现金、有价证券;

（二）土地使用权、房屋等不动产;

（三）交通运输工具、机器设备、产品、原材料等动产;

（四）债权、股权、投资权益、基金、知识产权等财产性权利;

（五）其他应当报告的财产。

被执行人自收到执行通知之日前一年至当前财产发生变动的，应当对该变动情况进行报告。

被执行人在报告财产期间履行全部债务的，人民法院应当裁定终结报告程序。

《最高人民法院关于人民法院民事执行中查封、扣押、冻结财产的规定》第二条第一款：人民法院可以查封、扣押、冻结被执行人占有的动产、登记在被执行人名下的不动产、特定动产及其他财产权。

□ 案例评析

经常会听到保险营销人员说法院不能强制执行保单（尤其是人身险保单），故保险具有避债功能。本案就是一起强制执行人身保险保单的案件。该案因是最高人民法院的裁定，其裁定中表达出的观点和标准适用范围之广不言而喻，而且裁定日期是2020年7月，反映出的是最高人民法院新近的态度。

在诸多险种中，人身保险（短期医疗险、短期意外险除外）普遍存在着现金价值，这使得其有可供强制执行的金钱财产，但同时也因其有人身性和一定的隐秘性，而不像房、车、存款那么便于执行。

对于人身保险保单的执行，各地法院的政策不尽相同。北京市高级人民法院在2013年发布的《北京市法院执行工作规范》和广东省高级人民法院在2016年发布的《关于执行案件法律适用疑难问题的解答意见》中都规定，对保险合同不能强制解除，也就是说若被执行人（即投保人）不愿意解除保险合同时，法院对于保单的强制执行力度是大打折扣的。

但浙江省高级人民法院在2015年发布的《关于加强和规范对被执行人拥有的人身保险产品财产利益执行的通知》和江苏省高级人民法院在2018年发布的《关于加强和规范被执行人所有的人身保险产品财产性权益执行的通知》都规定，法院可以强制解除保险合同。

除上述省级高院有明文规定外，更多的法院是通过实际案件来表明对保单执行的态度。如山东省的法院、哈尔滨铁路运输中级法院、乌鲁木齐市中级人民法院、云南省红河哈尼族彝族自治州中级人民法院、吉林省吉林市中级人民法院、河南省新乡市中级人民法院都在执行裁定书中明确表示可以强制解除合同，扣划现金价值。

有些人会认为保单只有保险公司、自己及很少的人知道，只要自己不说，法院就查不到，事实并非如此。2019年，最高人民法院发布的《关于深化执行改革健全解决执行难长效机制的意见——人民法院执行工作纲要（2019—2023）》《关于研究处理对解决执行难工作情况报告审议意见的报告（2019年4月21日）》中就强调要健全执行联动机制，完善人民法院网络执行查控系统，进一步拓宽查控系统的覆盖范围，实现所有财产形式查控扣一体化。

目前，法院常见调查保单的方法有：1. 通过全国网络"总对总"执行网络查控系统查询；2. 通过当地互联网信息查询平台；3. 直接向当地保险行业协会、保险公司查询；4. 出具律师调查令，让申请执行人的代理律师去相关部门调查。随着各部门数据的互联互通，查询投保信息会更方便快捷。

人身保险保单强制执行措施有冻结和扣划、提取现金价值。对人身保险保单进行冻结以防止变更投保人，各法院对此没有异议，争议之处在于能否强制解除保险合同、进而扣划现金价值。从近年来法院执行措施和态度来看，已越来越倾向于可强制解除合同，最高人民法院在本案中已详细阐述了人身保险能被强制解除合同的原因，明确表明了可强制扣划现金价值的观点。这将有利于今后各法院在保单强制执行方面统一标准和操作方法。

特别说明的是，在发生保险事故前，保单是投保人的财产，故强制执行保单是在没有发生保险事故前，且保单投保人为法院的被执行人时才会发生。若已发生保险事故，则保险金属于被保险人（或受益人）的财产，也就不能作为投保人财产而被强制执行了。

（2020）最高法执复72号

5.

含有"身故责任"的保险合同
必须要被保险人同意吗？

—— "以死亡为给付保险金条件的合同"的认定

···

【案例 75：（2019）渝 05 民终 6660 号】

□ **事情经过**

2012年7月，卢某以儿子作为被保险人，向保险公司投保年金保险（分红型）。2012年5月2日、2013年5月22日、2014年5月5日、2015年7月20日、2016年5月5日，卢某向保险公司支付5期保险费。

2016年9月6日，卢某向保险公司提交《保险单贷款/退减保业务风险告知确认书》，确认书声明"本人在贵司投保的X号保险单，基于个人原因，本人向贵司申请办理退保业务。本人承诺对本次退减保资金使用风险承担一切责任。本人已清楚了解并自愿接受可能产生的退保损失或保障责任的减少"。

之后，保险公司向卢某退还了保险单现金价值和保险合同收益。卢某向法院起诉，要求保险公司退还保险费。

□ 争议焦点

卢某认为：该保险合同包含身故责任，是法律规定的以被保险人死亡为给付条件的保险合同。该合同未经过被保险人（其子）的同意。同时，保险公司也认为《电子投保申请确认书》应由被保险人签字，但不愿出示，因此要承担举证不能的责任。据此可以证明该合同属无效合同，保险公司应返还全部保险费。

保险公司认为：卢某购买的产品为年金分红产品，购买后一直在履行合同，表明认可该保险产品。该保险产品并非以被保险人死亡为给付条件的合同，被保险人是否亲笔签名，对合同效力不产生影响。即使被保险人签字是代签，也是卢某代签，应承担主要责任。卢某是因为个人原因退保，退保时也已明确表示对因退保造成的损失愿意自行承担。保险公司退还保险单现金价值和保险合同收益，符合保险合同约定。

□ 法院判决

经过一审和二审，法院都判决：本案中的保险合同不是"以死亡为给付保险金条件的合同"，保险公司退还保险单现金价值和保险合同收益。

判决理由：本案中的保险合同是年金保险。按照中国保险监督管理委员会发布的《人身保险公司保险条款和保险费率管理办法》的相关规定，年金保险是指以保险人生存为给付保险金条件，并按约定的时间间隔分期给付生存保险金的人身保险。虽然该保险合同也约定在被保险人死亡或全残时退还保险费，但仅是退还所交纳保险费的105%及累积的红利对应的现金价值，这是对保险合同提前终止做出的约定。而以被保险人死亡为给付保险金条件的人身保险合同，在被保险人死亡时由保险公司赔付保险金，主要目的是为被保险人因提前死亡而丧失的经济利益提供保险保障。此两类合同的合同特征及保障内容明显不同。因此，本案中保险合同不适用于《中华人民共和国保险法》第三十四条第一款规定，即使没有取得被保险人签字认可，也并不导致保险合同无效。

案号：（2019）渝05民终6660号，判决书详情请扫描文末二维码。

□ 适用法律法规

《中华人民共和国保险法》第三十四条：以死亡为给付保险金条件的合同，未经被保险人同意并认可保险金额的，合同无效。

按照以死亡为给付保险金条件的合同所签发的保险单，未经被保险人书面同意，不得转让或者质押。

父母为其未成年子女投保的人身保险，不受本条第一款规定限制。

《中华人民共和国保险法》第四十七条：投保人解除合同的，保险人应当自收到解除合同通知之日起三十日内，按照合同约定退还保险单的现金价值。

□ 案例评析

"以死亡为给付保险金条件的合同"必须要获得被保险人的同意和认可保额，否则无效，保险公司需退还保险费。在一定情况下，这比退保时只退还现金价值要高。因此，某些投保人退保时为了能获得更多经济利益，会以未得到被保险人同意并认可保额为由，要求确认此类保险合同无效。

含有身故责任的年金保险是否属于《中华人民共和国保险法》第三十四条第一款规定"以死亡为给付保险金条件的合同"，在不同的法院有不同的认定。

本案中，法院认为保险合同中的身故责任只赔付所交纳保险费的105%及累积的红利对应的现金价值，相当于提前终止保险的安排，与对被保险人死亡造成的损失进行保障的合同完全不同，因此不属于"以死亡为给付保险金条件的合同"，也就不需要被保险人的认可。

　　本案仅是法院判决中的一种可能的情况。也有的案例中，保险合同中只要存在对被保险人身故进行赔付的内容，则会被认定为"以死亡为给付保险金条件的合同"。具体的诉讼中，法院还需要综合各方面的情况进行合理的分析。

（2019）渝05民终6660号

6.

被保险人不同意"以死亡为给付保险金条件的合同"如何处理？

——"以死亡为给付保险金条件的合同"的效力认定

【案例 76：（2020）豫 09 民终 2657 号】

□ 事情经过

2016年1月，王某以女儿为被保险人，向保险公司投保了年金保险（分红型）和附加年金保险（万能型）。上述两份保险合同保险责任包括：生存保险金、满期保险金、身故或全残保险金、投保人意外身故或意外全残豁免保险费。

此后，王某以保险合同无效为由，向法院起诉，要求保险公司退还保险费。

在庭审中，王某女儿否认电子投保申请确认书、投保人声明上被保险人签字为其所写，并表示在投保初期及现在均不同意投保人为其购买该类保险。

□ 争议焦点

王某认为：其购买的保险合同以死亡为给付条件，但未经被保险人（其女儿）同意，以上保险合同的被保险人的名字是保险公司业务员填写，还将名字写错。因此合同无效，要求保险公司退还保险费。

保险公司认为：保险合同为年金合同，非人寿合同，不是以人的寿命为保险标的的人身保险，即不是以被保险人死亡为给付条件的保险合同，无须被保险人签字确认。同时，王某已连续交纳4期保险费，应视为对保险合同各项内容的认可。所以，保险公司无须退还保险费。

□ 法院判决

经过一审和二审，法院都判决：保险合同无效，保险公司需退还保险费，投保人应退还已收到的两年分红。

判决理由：王某投保该保险时未征得被保险人（其女儿）的同意，庭审中其女儿明确表示不同意投保，且保险公司不同意对保险单上被保险人签名进行鉴定，故合同无效。王某在未取得被保险人同意并认可保险金额的情况下，签订保险合同，存在过错。保险公司在签订涉及以死亡为给付条件的保险合同时，未尽到审查义务，也存在过错。因此，保险公司应退还投保人所交保险费，投保人应退还已取得的生存保险金。

（本案中还有关于以死亡为给付保险金条件合同的认定、保险合同追认、保险公司与投保人过错责任分析等内容，在此不作赘述）

案号：（2020）豫09民终2657号，判决书详情请扫描文末二维码。

□ 适用法律法规

《中华人民共和国保险法》第三十四条第一款：以死亡为给付保险金条件的合同，未经被保险人同意并认可保险金额的，合同无效。

《最高人民法院关于适用〈中华人民共和国保险法〉若干问题的解释（三）》第三条：人民法院审理人身保险合同纠纷案件时，应主动审查投保人订立保险合同时是否具有保险利益，以及以死亡为给付保险金条件的合同是否经过被保险人同意并认可保险金额。

□ 案例评析

本案是一起典型的"以死亡为给付保险金条件的合同"未经被保险

人同意，而导致无效的案例。

在投保以死亡为给付保险金条件的保险产品时，投保人一定要事先征得被保险人的同意。保险公司作为专业机构，要严格审核，确保各环节合规。

被保险人的同意，既可以投保时同意，也可以投保后追认。除了被保险人明确签字同意外，有些情况下也可以视作被保险人同意该保险合同并认可投保金额，比如被保险人同意他人代签名、被保险人明知他人代签名而没有表示异议、被保险人同意投保人指定的受益人等。

需要说明的是，不同法院对"以死亡为给付保险金条件的合同"认定有不同的标准，并不是保险合同中只要有关于被保险人身故赔付责任，就会被认定为"以死亡为给付保险金条件的合同"。

（2020）豫09民终2657号

7.

等待期内发现健康异常能否获赔?

——等待期健康异常情况的责任认定

·······································

【案例 77:（2020）鄂 01 民终 6159 号】

☐ 事情经过

2019年4月26日，冯某向保险公司投保终身重大疾病保险。合同约定的等待期为90天，即等待期至7月26日。

2019年5月7日，冯某体检，甲状腺未见明显异常。

2019年6月29日，冯某因咳嗽入院治疗，B超检查显示：甲状腺回声欠均质，甲状腺低回声结节（T1-RADS4a类u）；颈部CT增强提示颈部软组织结构对称，未见软组织肿块及肿大淋巴结，肿瘤标志物未见异常。经会诊，因冯某甲状腺结节较小，医院建议前往甲状腺专科诊疗。冯某遂于7月10日出院。

2019年8月7日至8月27日，冯某在另一医院检查结果显示倾向乳头状癌，并于9月9日进行手术。术后，医院于9月9日出具病理报告单，诊断为甲状腺乳头状癌。

此后，保险公司以冯某等待期内患病为由，未予理赔。

☐ 争议焦点

冯某认为：自身所患疾病属于保险合同规定的重大疾病范围，理应获得赔偿。

保险公司认为：冯某在等待期内已查出甲状腺异常，虽至等待期后才去最终检查确认，但也应为等待期内发生疾病，属于保险合同规定的免责情况，因此不予理赔。

□ 法院判决

经过一审和二审，法院都判决：冯某患恶性肿瘤的确诊时间超过等待期，保险公司给付冯某保险金。

判决理由：合同约定恶性肿瘤需经病理诊断后方可确诊，故冯某患恶性肿瘤的确诊时间应当为病理报告单出具之日，即2019年9月9日，已超过等待期。冯某从发现甲状腺异常到最终治疗确诊花费的时间，尚在一般人生活经验所接受的合理范围内。保险公司没有证据证明冯某故意拖延诊断。

（本案中还有关于逾期支付保险金的资金占用费的阐述，在此不作赘述）

案号：（2020）鄂01民终6159号，判决书详情请扫描文末二维码。

□ 适用法律法规

《中华人民共和国民事诉讼法》第六十四条第一款：当事人对自己提出的主张，有责任提供证据。

□ 案例评析

保险公司为了防止出现带病投保等道德风险，在医疗险、重疾险、寿险中会设置等待期，也就是在保险合同生效的一段时间后发生保险事故，才承担保险责任。一年期的医疗险、重疾险、寿险等待期一般为1个月。长期医疗险、长期重疾险、长期寿险的等待期一般为3个月或6个月。

不同保险合同关于等待期条款的具体内容有所差别。如：有的规定等待期内发生疾病不予理赔；有的规定等待期内出现的疾病、症状或体征，不予理赔。

等待期内，被保险人会因为体检、医院就诊等被发现存在一些症状，在等待期后确诊。为防止保险欺诈，对于刚投保时间较短就出险理赔的情况，一直是保险公司理赔过程中的关注重点之一。被保险人则认为自身购买保险就是为了保障风险，保险公司仅凭一些常见的症状就拒绝理赔，明显就是故意找借口，不愿意理赔。这种情况很容易造成保险公司和被保险人就理赔产生纠纷。

遇到此类纠纷时，要从以下六个方面考量：

（一）等待期条款属于免责条款。保险公司应对该条款进行提示及明确说明。未履行提示及明确说明义务的，不产生法律效力。

（二）客观分析被保险人的情况与等待期条款具体内容是否符合。如有的条款仅对等待期内确诊的疾病不承担保险责任，那么如果等待期内只是出现不适症状或异常检查情况，就不符合等待期不承担保险责任的条件。

（三）客观分析被保险人所患疾病的确诊标准与其诊断流程之间是否符合。比如恶性肿瘤要求必须有病理分析报告，那么没有病理分析报告的情况下，一般不能认为病人此时已被确诊为患有恶性肿瘤。在实际案例中，有的被保险人在临床诊断为"××肿瘤"，随后又进行了病理组织学诊断，部分法院支持病理学诊断时间为确诊时间。

（四）保险公司应从医学角度证明出现的不适症状或异常检查情况与后续确诊疾病之间的关联度。如：日常生活中的偶尔疼痛、一般性常规医疗检查中出现轻微的异常等，未必能明确证明被保险人确定会患有某种疾病。

（五）等待期内多种检查结果的认定。如被保险人在等待期内做了多次检查，保险公司仅以其中某次检查异常主张被保险人健康异常，也很难获得法院支持。

（六）被保险人从发现症状到最终诊断所花费的时间。这里所说的发现症状，一般指在医疗检查中被明确提示要进行后续治疗的健康异常情况。如果花费的时间在正常的范围内，则会被认定为正常的医疗过程。但如果花费的时间过长，则有可能被认为存在故意拖延诊治时间，以规避等待期条款的约定，这时，虽然被保险人在等待期后确诊，但保险公司仍有可能被判定不需承担保险责任。

一般来说，保险公司仅以被保险人在等待期内出现轻微的、非特异性的身体不适或检查异常，就拒绝理赔，在诉讼中很难获得法院的支持。即便如此，对于投保了具有等待期条款的保险产品，还是建议被保险人在等待期内非必要情况应尽量不要就诊体检，以免产生理赔纠纷。

（2020）鄂01民终6159号

8.

无明确证据下的死亡性质如何认定？

——保险理赔中自杀身亡的认定

【案例 78：（2021）川 01 民终 2404 号】

□ 事情经过

刘乙是胡某（1975年8月1日出生）与刘甲的非婚生子。2016年12月5日，胡某作为投保人和被保险人，向保险公司投保重大疾病保险，保险金额20万元，保险期间为终身，受益人刘乙。保险责任包括轻症疾病保险金、重大疾病保险金、身故保险金、全残保险金、疾病终末期保险金和轻症疾病豁免保险费。保险条款中，身故保险金约定："若被保险人身故时已满18周岁，且因意外伤害或于本合同生效或最后一次复效之日起90日后因意外伤害以外的原因导致身故，我们将按本合同载明基本保险金额给付身故保险金，同时本合同终止"；责任免除约定："因被保险人故意自伤等情形导致被保险人身故、全残、进入疾病终末期阶段或患本合同所列的轻症疾病、重大疾病的，保险人不承担给付各项保险金的责任，本合同终止，保险人退还本合同的现金价值"；"意外伤害"指"遭受外来的、突发的、非本意的、非疾病的客观事件直接导致身体受到的伤害。"

2018年4月5日凌晨5时许，胡某从居住楼房的楼顶坠楼身亡。公安局出具《居民死亡医学证明（推断）书》载明：胡某死亡原因为高坠。4月8日，公安局出具户口注销证明，载明原因为"高坠死亡"。

此后，刘乙向保险公司申请保险理赔。保险公司认为本次事故存在自杀行为，按照保险合同约定有权不予赔付，但拟给予2万元人道主义补偿并起草了《理赔协议书》。保险公司经与刘乙的法定代理人刘甲沟通，刘甲不接受该补偿方案，要求保险公司赔付保险金20万元，《理赔协议书》未能签订。

2018年4月20日，保险公司作出了拒赔决定，并于同年5月11日退还刘乙保险单现金价值1880.23元。

刘乙不同意保险公司的拒赔决定，向法院起诉，要求保险公司按胡某死亡为"意外伤害"情况处理，赔付保险金20万元。

一审中，法院责令刘乙出示胡某的遗书。刘乙出示了胡某的一个便携式记事本，并表示"不知道能不能算作遗书""我只觉得我妈写的东西锁在柜子里的都是遗书"。经查，该记事本零散记录了一些生活信息和个人心得，无与本案有关内容。保险公司认为刘乙未如实提供胡某的遗书，对该证据不予认可。

一审中，保险公司出示了从公安局调取的证据四份：

（一）胡某坠亡事发地照片6张。照片内容分别为大厦外观、一楼临街坠楼地点、顶楼平台及平台空调外机。照片显示：楼顶有围墙包围，一般难以直接翻越；一边围墙内侧腰部安置有两台空调外机，其中一台外机顶部有踩踏痕迹。

（二）派出所警员2018年4月5日对刘乙作的《询问笔录》。双方之间问答的主要内容有：问"胡某精神状况？"答"之前一直没有问题，但是最近两到三天发现她的情绪很低落，因为太婆家那边的事情"；问"在家时是否发现胡某有什么异常？"答"2018年3月底我妈妈从四川回来开始情绪就有点不开心，说是回来几天。4月初我太婆忽然去世了，所以这几天她的心情一直很差，很不开心"；问"在胡某自杀之前，你们是否有什么异常?"答"从2018年4月1日开始,我妈妈就因为太婆的去世心情一直很不开心,都有和我聊天,但是没有透露过轻生的想法";问"你是否清楚你母亲胡某会自杀?"答"没有想过,因为当时太婆去世后,我休息在家那天还和她聊过很久天,她还说觉得很欣慰";问"你妈妈胡某是否留有遗书?"答"有";问"你们对胡某的死因是否有异议?"答"没有"。

（三）派出所警员2018年4月5日对刘甲作的《询问笔录》。双方之间问答的主要内容有:问"胡某的精神状况?"答"之前一直没问题,但是最近两到三天发现她的情绪很低落,因为老家那边的事情,老婆的外婆死亡了,因这事不开心";问"你最近跟胡某聊天时是否有异常?"答"我最近跟胡某聊天时已发现她有点异常了";问"在胡某自杀前你们是否有发生什么异常?"答"从2017年12月24日开始,我老婆就因为外婆的去世心情一直很不开心,都有和我聊天,表现出很忧郁,但是没有透露出轻生的想法";问"你是否清楚你老婆胡某会自杀?"答"没有想过,因为当时外婆去世后,在微信聊天中我看得出胡某很忧郁,我说回来陪她她说不需要了。在4月3日凌晨3时,胡某在和我聊天时对我交代了自己家里的银行卡账号密码、保险密码等详细数据资料";问"你老婆胡某是否留下遗书?"答"我不清楚,我在接到派出所电话直接回来派出所了解情况,没有回到胡某住处";问"你们对胡某的死因是否有异议?"答"没有"。

（四）派出所警员2018年4月6日对胡某弟弟作的《询问笔录》。双方之间问答的主要内容有:问"胡某的精神状况?"答"3月13日回四川老家,3月20日返回佛山,在此期间没发现她有什么";问"你姐姐胡某是否有留下遗书?"答"有,我已经看过了";问"你对你姐姐胡某坠楼身亡是否有异议?"答"没有";问"你们对胡某的死因是否有异议?"答"没有"。

□ **争议焦点**

刘乙认为:一审法院断章取义地引用《询问笔录》中对自己不利的片段,隐瞒该《询问笔录》中三人同时向公安机关讲述胡某没有自杀的想法以及胡某情绪低落、不开心的原因是长辈过世等全面客观的描述。自己接受询问时未满18岁且没有监护人在场，公安机关在本案尚未定性情况下用"自杀"两字询问未成年人不符合法律规定。自己向人民法院提交了公安机关对胡某死亡原因的认定书，已完成了举证责任，而保险公司未向法院提交认定胡某是自杀的直接证据。

保险公司认为：刘乙未如实提交胡某的遗书。胡某死亡原因为自杀，因发生在保险合同成立二年内，不属于保险责任范围。

□ 法院判决

经过一审和二审，法院都判决：胡某是自杀身亡，保险公司无需给付保险金。

判决理由：虽然公安局将胡某的死亡原因表述为高坠，但不能仅从该字面意思进行简单判断，而应结合其他证据材料综合分析。高坠死亡只是对死亡方式的描述，而非死亡的真实原因。高坠既可能是因疾病，也可能是因意外事故，还可能是自杀行为。根据保险公司从公安局调取的四份证据可以看出：

（一）胡某凌晨5时许离开居住的7楼房屋前往22楼楼顶，这一反常举动未有合理解释。事发地楼顶的围栏较高，附近没有诸如晾衣绳等生活设施，仅有挂在围栏上的两台空调外机，且其中一台空调外机上存在踩踏痕迹，足以排除胡某是意外摔落等合理怀疑。

（二）从刘乙、刘甲、胡某弟弟在公安局询问记录，胡某在事发前"情绪很低落""表现出很忧郁"，并在事发前两天告知刘甲"家里的银行卡账号密码、保险密码等详细数据资料"。

（三）刘乙和胡某弟弟都承认胡某留有遗书。尽管刘乙在接受公安机关询问时尚不满18岁，但遗书并非深奥的专业概念，一般普通人的知识水平应当能够理解，以刘乙知识水平应当能理解"遗书"的概念，结合胡某弟弟表示"已经看过"遗书，足以采信胡某留有遗书属实。刘乙提供的胡某记录日常生活信息和个人心得的记事本既不具有遗书的形式要件，内容也与本案无关，属于无正当理由拒不提交在己方控制之下的书证行为，应承担不利后果。

（本案中还有关于证据的获取、受益人确认等内容的阐述，在此不作赘述）

案号：（2021）川01民终2404号，判决书详情请扫描文末二维码。

□ 适用法律法规

《中华人民共和国保险法》第二十三条第一款：保险事故发生后，依照保险合同请求保险人赔偿或者给付保险金时，投保人、被保险人或者受益人应当向保险人提供其所能提供的与确认保险事故的性质、原因、损失程度等有关的证明和资料。

《中华人民共和国保险法》第四十四条第一款：以被保险人死亡为给付保险金条件的合同，自合同成立或者合同效力恢复之日起二年内，被保险人自杀的，保险人不承担给付保险金的责任，但被保险人自杀时为无民事行为能力人的除外。

《中华人民共和国民事诉讼法》第六十四条第一款：当事人对自己提出的主张，有责任提供证据。

《最高人民法院关于适用〈中华人民共和国保险法〉若干问题的解释（三）》第二十一条第一款：保险人以被保险人自杀为由拒绝给付保险金的，由保险人承担举证责任。

《最高人民法院关于适用〈中华人民共和国民事诉讼法〉的解释》第一百零四条第二款：能够反映案件真实情况、与待证事实相关联、来源和形式符合法律规定的证据，应当作为认定案件事实的根据。

《最高人民法院关于适用〈中华人民共和国民事诉讼法〉的解释》第一百零五条：人民法院应当按照法定程序，全面、客观地审核证据，依照法律规定，运用逻辑推理和日常生活经验法则，对证据有无证明力和证明力大小进行判断，并公开判断的理由和结果。

《最高人民法院关于适用〈中华人民共和国民事诉讼法〉的解释》第一百零八条：对负有举证证明责任的当事人提供的证据，人民法院经审查并结合相关事实，确信待证事实的存在具有高度可能性的，应当认定该事实存在。

对一方当事人为反驳负有举证证明责任的当事人所主张事实而提供的证据，人民法院经审查并结合相关事实，认为待证事实真伪不明的，应当认定该事实不存在。

法律对于待证事实所应达到的证明标准另有规定的，从其规定。

《最高人民法院关于适用〈中华人民共和国民事诉讼法〉的解释》第一百一十二条：书证在对方当事人控制之下的，承担举证证明责任的当事人可以在举证期限届满前书面申请人民法院责令对方当事人提交。

申请理由成立的，人民法院应当责令对方当事人提交，因提交书证所产生的费用，由申请人负担。对方当事人无正当理由拒不提交的，人民法院可以认定申请人所主张的书证内容为真实。

□ 案例评析

因为自杀具有一定的隐蔽性，部分自杀事件并没有确定性的证据。当此类保险事故发生后，被保险人的家人根据日常行为判断，倾向于相信自己亲人的身故为意外事件，符合保险公司保障责任范围。而保险公司会因为部分情况不符合常理（比如一般人不会贸然身处没有防护的高层室外空间等），而认为被保险人的身故应该是自杀，不符合保险产品的保障范围，从而拒绝赔付。

本案中，公安机关只是在死亡证明中客观描述胡某的死亡方式为"高坠"，并没有直接认定胡某死亡原因为自杀。保险公司在有一定怀疑理由的基础上，积极争取法院的支持，调取公安机关的相关证据，并取得了具有优势的证据链条，最终取得了胜诉。刘乙败诉，则是因为两个重要的原因：1. 胡某死亡时的现场情况违背常理，难以有合理的解释；

2. 被法院认定其未如实提交胡某的遗书。

遇到此类理赔纠纷，主要从以下两点考量：

（一）保险公司是否对保险合同中涉及自杀的免责条款履行提示说明义务。未尽到提示说明义务的免责条款无效。

（二）在没有明确的自杀证据（如警方的死因判定）情况下，法院可以综合各种证据，判定被保险人的死亡情况是否为自杀。综合各种判例来看，法院的判决一般会考虑明显的反常因素，来判决被保险人身故是否为自杀。本案中的证据还是比较清晰的，有些案例中的证据更模糊一些。因此，在诉讼中，诉讼双方应尽力提供相应的证据，争取法院对自己观点的支持。

保险公司在理赔中，一般有三种情况：1. 根据保险事故的证据，结合保险合同的具体约定，能很清晰地确定赔付或拒赔。2. 在保险事故的证据不完整、与保险合同约定的责任有一定程度的吻合、保险公司和保险消费者都存在瑕疵等情况下，保险公司和保险消费者可以通过协商理赔，按一定比例赔付。3. 保险公司有充足的理由确定保险事故可以不理赔，但基于人道主义、履行社会责任等原因，可给予一定的通融理赔。

本案中，保险公司在最初提出的2万元赔付，就是通融赔付的形式。如果刘乙在客观评估自身的证据材料后，采纳保险公司这一赔付方案，虽然不能完全达到其目的，但还是可以获得一定的赔付，比起诉后败诉要更加有利。通过本案，也提醒保险消费者在遇到证据材料不是十分充足的情况下，可以充分权衡，采用协商理赔、通融理赔的形式，减少理赔上投入的时间、资金成本，更好地维护自身的权益。

（2021）川01民终2404号

9.
未按保险合同约定的方式治疗
能否获赔？

——保险合同对治疗方式限定的效力

【案例 79：（2020）粤 03 民终 12077 号】

□ 事情经过

2017年6月，林某向保险公司投保人身保险、附加重疾险和附加豁免保险费等产品，并在投保提示书中签字。保险条款关于"破裂脑动脉夹闭手术"约定指："因脑动脉瘤破裂造成蛛网膜下腔出血，被保险人已经实施了在全麻下进行的开颅动脉瘤夹闭手术。脑动脉瘤（未破裂）预防性手术、颅骨打孔手术、动脉瘤栓塞手术、血管内手术及其他颅骨手术不在本保障范围内"。其中，"脑动脉瘤（未破裂）预防性手术、颅骨打孔手术、动脉瘤栓塞手术、血管内手术及其他颅骨手术不在本保障范围内"该句被特殊标注。

2018年4月，在等待期后，林某因被诊断前交通动脉瘤破裂伴蛛网膜下腔出血，在医院进行了手术。手术及操作名称为颅内动脉瘤栓塞术、脑血管造影术、主动脉造影、锁骨下动脉造影、肾动脉造影。

手术后，林某向保险公司申请理赔。保险公司认为事故不符合保险条款约定的重大疾病或特定轻度重疾的标准，未给付保险金，不予豁免保险费。

2018年6月29日，林某再次交纳保险费用5697.64元。

□ 争议焦点

林某认为：自身所患疾病诊断为"脑动脉瘤破裂造成蛛网膜下腔出血"，符合保险合同中的"破裂脑动脉夹闭手术"症状，应该获得赔偿。

保险公司认为：在保险合同生效前，有关脑出血的治疗方式，已长期并行存在开颅夹闭手术和血管内栓塞术，血管内栓塞术不是最新技术。保险合同中关于破裂脑动脉的疾病表述是"破裂脑动脉夹闭手术"，指"因脑动脉瘤破裂造成蛛网膜下腔出血，被保险人已经实施了在全麻下进行的开颅动脉瘤夹闭手术。脑动脉瘤（未破裂）预防性手术、颅骨打孔手术、动脉瘤栓塞手术、血管内手术及其他颅骨手术不在本保障范围内"。而林某的疾病属于破裂脑动脉瘤栓塞手术，不符合合同规定的重大疾病，不予赔付保险金。

□ 法院判决

经过一审和二审，法院都判决：林某罹患疾病属于合同约定的"破裂脑动脉夹闭手术"症状，保险公司给付重疾险保险金，并豁免保险费。

判决理由：当事人有权选择对自己有利的治疗方式。保险合同中对治疗方式的限定属于无效条款。林某的疾病为前交通动脉瘤破裂伴蛛网膜下腔出血，属于保险合同规定的"破裂脑动脉夹闭手术"的症状。因此即使未采用规定的治疗手段，也应该赔付。

（本案中还有关于保险费豁免的阐述，在此不作赘述）

案号：（2020）粤03民终12077号，判决书详情请扫描文末二维码。

□ 适用法律法规

《中华人民共和国保险法》第十九条：采用保险人提供的格式条款订立的保险合同中的下列条款无效：

（一）免除保险人依法应承担的义务或者加重投保人、被保险人责任的；

（二）排除投保人、被保险人或者受益人依法享有的权利的。

《健康保险管理办法》（2019版）第二十二条： 保险公司拟定医疗保险产品条款，应当尊重被保险人接受合理医疗服务的权利，不得在条款中设置不合理的或者违背一般医学标准的要求作为给付保险金的条件。

《健康保险管理办法》（2019版）第二十三条： 保险公司在健康保险产品条款中约定的疾病诊断标准应当符合通行的医学诊断标准，并考虑到医疗技术条件发展的趋势。健康保险合同生效后，被保险人根据通行的医学诊断标准被确诊疾病的，保险公司不得以该诊断标准与保险合同约定不符为理由拒绝给付保险金。

□ 案例评析

本案中的情况在健康险中比较常见。保险公司一般希望通过限定治疗方式，来明确疾病的危重程度，因为疾病在轻度时的治疗方式更为简单，比如不严重的冠心病，是不需要开胸手术的。随着医疗技术的发展，一些重大疾病的医疗方式也在变得越来越方便简单。

由于很多重疾险都是长期型。这就造成随着时间的推移，后来的治疗方式不符合早期保险合同对疾病规定的治疗方式，从而引起保险理赔纠纷。保险消费者会认为保险条款不合理、保险公司理赔标准苛刻。而保险公司则认为保险合同约定的责任范围不是某种疾病，而是疾病的具体治疗方式，比如本案中的"破裂脑动脉夹闭手术"。

遇到此类纠纷时，主要从以下三个方面考量：

（一）被保险人所患疾病是否符合保险合同中疾病的主要客观标准。也就是被保险人所患的疾病能否达到条款约定的、除了治疗方式以外的其他标准，如果都能符合，只是治疗方式不同，说明疾病本身确实达到了合同约定的严重程度。这种情况下，法院有较大可能支持保险消费者的理赔请求。同时，根据《健康保险管理办法》（2019版）第二十三条规定，如果疾病的医学诊断标准在保险合同生效后发生变化，保险公司应该按照新的通行诊断标准进行理赔，这时，就有可能需要专业的医学证明，如医院证明、权威的医学资料。

（二）如果保险合同中对属于重大疾病定义范围内的一些特殊情形不承担责任，需要用特殊字体进行提示。比如："深度昏迷"不含酗酒或滥用药物导致的情况；"严重帕金森症"不含继发性帕金森综合征；某几种疾病只赔付一次，等等。对这些内容，目前只要在保险合同的疾病定义中用特殊字体进行提示即可，司法审判中并没有要求进行明确说明，因此，保险消费者要认真查阅合同中自己关注的疾病定义。

（三）保险合同的规定不能限定保险消费者选择更科学的治疗方式。这一条也就是《健康保险管理办法》（2019版）第二十二条的规定内容，保障了消费者的正当权益。

本案中，林某罹患的疾病符合保险合同中"破裂脑动脉夹闭手术"的客观症状，只是治疗方式不同，因此，法院依据《健康保险管理办法》（2019版），判决保险公司应承担保险责任。

（2020）粤03民终12077号

10.
医保卡外借导致诊疗记录与告知事项不符时能否获赔？
——医保卡外借的性质认定

【案例 80：（2021）冀 05 民终 114 号】

□ 事情经过

2019年1月30日，路某向保险公司投保医疗保险，保险期限为一年，保险责任包括医疗保险金、恶性肿瘤医疗保障金。

投保时，保险公司询问："目前或过往是否有以下疾病、症状或情况：良／恶性肿瘤、白血病、高血压……。"路某确认没有以上情况，并承诺全部告知事实。

2019年12月3日，路某住院治疗，诊断为右肺上叶癌。

2020年3月25日，路某向保险公司申请理赔。保险公司在调查中发现一份路某在2018年7月15日的住院病历，记载其"高血压病史"4年，"甲状腺手术史"3年。

2020年4月20日，保险公司向路某发出理赔决定通知书，认为路某投保前存在疾病病史，投保时未如实告知，决定解除保险合同，不退还保险费，不予理赔。

□ 争议焦点

保险公司认为：路某未履行如实告知义务，既往病史影响保险公司承保决定，因此要求解除保险合同，不退还保险费，不予理赔。

路某认为：该病历是其将医保卡借给李某体检时，由医院形成的，病历上的电话、交费手机是李某的，"路某"的签名为李某笔迹（经司法鉴定确认）。其他医院检查报告证明路某甲状腺正常，不存在"甲状腺手术"。并且，李某也出庭作证，证明病历是自己的情况，非路某情况。因此，该病例与路某个人的病史、个体健康状况、联系方式、个人签名均不相符，不是其真实病历，路某未违反如实告知义务，保险公司应承担保险责任。

□ 法院判决

经过一审和二审，法院都判决：该病历非路某本人病历，保险公司应给付保险金。

判决理由：该病历上的"路某"签名不是其本人所签，病历上的既往病史与其住院期间病历上记载不符，再结合证人证言等证据，能够证明该病历不是路某的真实病历，因此，保险公司应承担保险责任。

（本案还有关于医疗费用计算的阐述，在此不作赘述）

案号：（2021）冀05民终114号，判决书详情请扫描文末二维码。

□ 适用法律法规

《中华人民共和国民事诉讼法》第六十四条第一款：当事人对自己提出的主张，有责任提供证据。

□ 案例评析

按照相关规定，医保卡只能本人使用。但因为各种原因，医保卡借给他人使用的情况时有发生（包括就诊和购药）。由于医保卡的数据记录充分，保险公司在人身保险理赔时，为了调查被保险人的健康状况，经常会查看医保卡的使用情况。保险公司会将医保卡里记录的诊疗、购药等情况，视为持卡人的实际情况。

被保险人将医保卡外借后，产生的医疗记录里发生以下情况，将会影响被保险人的权益：1. 医疗记录里有属于健康告知里需要告知的情况。保险公司可能会以被保险人未如实告知、足以影响承保决定的理由，不予理赔，并要求解除保险合同。2. 医疗记录里存在符合理赔条件的疾病种类。在医疗险、重疾险中，保险公司可以既往症不予理赔的理由而拒绝理赔。3. 医疗记录里有免责事项的情况，如先天性疾病、遗传性疾病等。保险公司会以符合免责事项为由，不予理赔。

被保险人如能提供充分的证据，证明医保卡里的医疗记录非本人实际情况，可以要求保险公司承担相关保险责任。否则，被保险人就要承担因为医保卡里相关医疗记录导致的不利后果。

按照2021年5月1日起施行的《医疗保障基金使用监督管理条例》，将医保卡外借，将会导致暂停使用、罚款等处罚。

为了个人权益，不要因为疏忽、占便宜等情况，将医保卡外借他人使用，从而造成不必要的处罚和纠纷。

（2021）冀05民终114号

11.

偶尔从事的行为是否可以认定为职业?

——保险合同中职业的认定

【案例 81:(2021)鲁 13 民终 1279 号】

□ **事情经过**

2018年6月26日,刘某为其丈夫杜某向保险公司购买了两全保险,职业填写为"农夫"。保险合同关于"职业变更"约定:"1.被保险人变更其职业时,您或被保险人应予10日内书面通知该公司,若变更后的职业属于该合同所附《高危职业表》所列明职业的,自其职业变更之日起,该合同终止,该公司向您退还保险单的现金价值。2.被保险人变更其职业但未按前款规定通知该公司的,如发生保险事故,且变更后的职业属于该合同所附《高危职业表》所列明职业的,该公司不承担保险责任,但向您退还保险单的现金价值。"

2020年3月,杜某开始驾驶营运车辆。

2020年5月31日,杜某因驾驶营运车辆发生交通事故,当场死亡。

此后,保险公司以杜某职业为免责事项为由,未予理赔。

□ 争议焦点

刘某认为：杜某因交通事故死亡，属于保险责任范围，应当理赔。

保险公司认为：杜某出险时职业为营业用货车司机及随车工人，为公司《高危职业表》中拒保职业，涉及保险合同责任免除而拒赔。

□ 法院判决

经过一审和二审，法院都判决：保险公司未尽到询问义务，现有证据不足以证明杜某变更了职业，应给付保险金。

判决理由：

（一）本案投保单客户告知信息中未询问被保险人职业。投保单职业中"农夫"的记载，应是对杜某农业户口及收入来源的描述。

（二）杜某死亡前户口仍登记在村委会，其仍是"农夫"。杜某在事故发生时虽是在从事驾驶及运输业务，但因涉及疫情、民生且"农夫"在农闲时从事零工补贴家用不违反常理。因此，关于杜某在事故前职业变更的主张，法院不予确认。

（三）保险公司无证据证明杜某因从事运输业务而签订劳动合同，从而享受相应的社会保障和福利待遇。故难以认定杜某能够主观认识到自身职业发生变化，也就无法要求杜某主动告知职业发生变更。

案号：（2021）鲁13民终1279号，判决书详情请扫描文末二维码。

□ 适用法律法规

《中华人民共和国保险法》第十六条第一款：订立保险合同，保险人就保险标的或者被保险人的有关情况提出询问的，投保人应当如实告知。

《中华人民共和国保险法》第十七条：订立保险合同，采用保险人提供的格式条款的，保险人向投保人提供的投保单应当附格式条款，保险人应当向投保人说明合同的内容。

对保险合同中免除保险人责任的条款，保险人在订立合同时应当在投保单、保险单或者其他保险凭证上作出足以引起投保人注意的提示，并对该条款的内容以书面或者口头形式向投保人作出明确说明；未作提示或者明确说明的，该条款不产生效力。

□ 案例评析

职业是保险公司设计保险产品时考虑的重要风险因素之一。很多保险产品都对被保险人职业有一定要求，或是对一些高风险职业不予承保、免除责任，或是对一些高风险职业提高保险费、降低保额。

很多保险产品要求被保险人发生职业变更时，要在规定时间内（一般是10天）书面告知保险公司，保险公司对于不愿承保的，有权解除合同。被保险人在职业变更后，如未及时告知，对于因风险程度明显增加导致的保险事故，保险公司会拒赔。

在涉及职业种类认定的理赔纠纷中，主要有两种情况：

（一）偶尔从事本身职业以外的其他行为

这类情况在非固定工作人员中还是比较常见的。如：农民偶尔从事交通运输、搬运、基建等；养殖工人偶尔从事捕鱼作业；白领偶尔从事网约车等。在处理此类纠纷时，主要从以下五个方面考量：

1. 保险公司是否向投保人明确询问被保险人职业。

2. 保险公司是否向投保人提供职业分类表。

3. 保险公司是否就职业的分类、相关免责性质条款向投保人进行提示及明确说明。

4. 被保险人偶尔从事的行为是否有劳动合同、持续时长、所得报酬占总收入的比重等明确证据。

5. 被保险人偶尔从事的行为是否符合日常生活中一些惯常的习惯，比如农民装卸货物或帮助邻里间进行房屋建设中的简单工作、渔民在从事养殖时偶尔进行捕鱼活动等。如果行为危险程度不大、时间不长、没有成为生活主要经济来源，一般也不会被认定为从事某个新的职业。

从各类案例来说，偶尔从事的行为不一定会被认定为被保险人从事的职业。

（二）投保时填写的职业与实际的职业有偏差

保险职业分类比较复杂，涉及大类、中类、小类、细类等不同层级，具体有上千种职业名称。部分职业容易有不同的理解，比如：在高速公路上清扫卫生，既可以归类为道路清障施救，也可以归为高速公路方面的职业；电炉操作工与高炉炉前工类似；在船上工作，可能会被归为船舶水手，也可能归为某类工人，因此会造成理赔纠纷。在处理此类纠纷时，主要从以下五个方面考量：

1. 保险公司是否就保险职业分类向投保人进行说明，足以让投保人了解自身的职业分类如何填写。

2. 保险公司是否就相关免责性质条款向投保人进行提示及明确说明。

3. 投保人是否对实际情况进行如实陈述。如团体投保时，投保人将自身的经营情况、员工情况、营业执照等都提交给保险公司，可以被认为是如实告知。

4. 对于职业的分类，不仅要根据具体的名称，还要从大类、中类、细类等顺序来理解职业划分的逻辑，并结合被保险人的实际工作内容，准确认定被保险人职业。

5. 保险公司是否在合规流程、应当注意的地方、有能力注意的地方尽到应有的审核责任。

此类理赔纠纷中，如果保险公司没有尽到明确的说明义务和审核责任，并且投保人也如实告知了相关信息，法院大都会支持保险消费者获得理赔。即使保险公司没有过错，确实是被保险人职业填写错误或没有及时通知职业变更情况，也只有新的职业造成风险显著提高（如根据保险公司核保规定，新的职业会被拒保等），保险公司才能拒绝理赔。否则，如果新的职业依然在保险公司的承保范围内，只是危险程度有所增加，发生保险事故，保险公司仍应理赔，并按照原交保险费与应交保险费的比例给付保险金。

从涉及职业的理赔纠纷处理上也可以看出，法律会尽力保护保险消费者利益的。

（2021）鲁13民终1279号

12.

意外事故造成的疾病导致死亡
属于意外伤害责任吗？

——近因原则的适用

. . . .

【案例 82：（2021）豫 03 民终 2091 号】

□ 事情经过

杨某所在单位为其投保意外伤害保险和附加医疗保险。

2020年7月28日，杨某因骑电动车摔倒受伤，入院治疗，诊断为：
1. 左肩关节脱位；2. 左肱骨大结节骨折；3. 左眼外伤；4. 左肘开放性伤
口；5. 左膝关节损伤。

2020年8月3日，杨某进行骨折切开复位内固定术的手术。2020年8月
4日晚，杨某突然晕倒，转入重症监护室治疗。

2020年8月13日，杨某去世，死亡诊断为：1. 多发脑梗死；2. 肺栓
塞；3. 左肩关节脱位合并肱骨大结节骨折；4. 双侧肺炎合并胸腔积液；
5. 腹腔积液；6. 双眼外伤；7. 左肘开放性伤口；8. 左膝关节损伤。

此后，保险公司以杨某因疾病身故不属于意外伤害责任，未予理赔。

□ 争议焦点

杨某继承人认为：杨某因意外事故导致死亡，要求保险公司赔偿。

保险公司认为：杨某是因疾病导致身故的，而不是遭受意外伤害造成的身故，故未予赔偿。

□ 法院判决

经过一审和二审，法院都判决：杨某因意外导致身故，保险公司应赔偿保险金。

判决理由：虽然根据病历显示，杨某死亡原因显示为多发脑梗死、肺栓塞。但从近因原则分析，肺栓塞、脑梗死的原因是意外事故骨折导致，意外伤害是造成杨某死亡的最直接的、起决定作用的原因。因此，杨某死亡的近因应是意外伤害，根据近因原则，保险公司应当承担保险责任。

案号：（2021）豫03民终2091号，判决书详情请扫描文末二维码。

□ 适用法律法规

《中华人民共和国民事诉讼法》第六十四条第一款：当事人对自己提出的主张，有责任提供证据。

□ 案例评析

在意外伤害事件中，导致伤害结果的发生可能有多个原因，并且从意外事件的发生，到最终伤害结果的形成，可能会持续一段时间。准确厘清造成最终损害结果的原因，是确定保险责任的核心。

在处理此类纠纷时，主要从以下三个方面考量：

（一）保险公司对保险合同中免责条款、免赔率等内容是否尽到提示及明确说明义务。没有尽到提示及明确说明义务的，不产生法律效力。

（二）保险合同的具体条款内容与保险事故的实际情况是否符合。例如：有的案例中，被保险人因醉酒驾车造成交通意外，因伤口感染最终导致死亡，虽然免责条款约定醉酒驾车属于免责事项，但免责条款又约定"因意外伤害导致的伤口发生感染者除外"。此时对于因酒后驾驶行为导致伤口感染并最终死亡的情形，保险公司是否赔付保险金存在两种解释，审理法院认为应当作出不利于格式条款提供方——保险公司的解释，判决保险公司应当承担保险责任。

（三）按照近因原则，找出对保险事故最直接、最主要的原因。例如：被保险人因为意外事件导致某种疾病，持续一段时间后，因此疾病恶化身故，那么就不能认为被保险人是因病身故，不属于意外责任。而应根据近因原则，将导致疾病的意外事件作为导致被保险人身故的主要原因，则被保险人身故的事件仍属于意外责任赔偿范围。

（2021）豫03民终2091号

13.

猝死属于意外伤害责任吗？

——保险事故中意外伤害责任的认定

· ·

【案例 83：（2020）浙 01 民终 7878 号】

☐ 事情经过

2019年2月16日，钟某在互联网平台投保意外险，于某为被保险人，包括猝死保险、个人意外伤害保险、个人交通工具意外伤害保险等保险责任。保险期间自2019年2月19日至2020年2月18日。

2019年6月8日，于某驾驶电动自行车与第三人所驾驶的机动车发生意外交通事故。事发后，双方当事人在现场协商过程中，于某突然倒地，经医院抢救无效于当日死亡。经《司法鉴定意见书》鉴定，载明"被鉴定人于某系因高血压性心脏病伴冠状动脉粥样硬化症发作而引起的猝死。本次交通事故的发生可作为心脏病发作的诱发因素"。

此后，钟某要求保险公司按意外伤害责任赔偿。保险公司以于某诊断为猝死为由，按猝死责任赔偿。

☐ 争议焦点

钟某认为：于某进行过多次心脏起搏器手术，交通事故诱发于某疾病而造成猝死，应为意外事故。保险公司应按意外伤害责任赔偿50万元，而不是按照猝死责任赔偿25万元。

保险公司认为：于某明确诊断为猝死，不是意外责任，应按猝死责任赔偿。

□ 法院判决

经过一审和二审，法院都判决：于某为猝死，应按猝死责任赔偿。

判决理由：保险合同约定"意外伤害是指外来的、突发的、非本意的和非疾病的客观事件直接且单独的原因导致身体受到的伤害"。根据道路交通事故认定书的记载，交通事故仅造成两车受损的损害后果，并未导致被保险人身体受伤。于某是在案发后，双方当事人在现场协商过程突然倒地死亡。司法鉴定表示，于某的直接死亡原因是心脏病发作所致导致的猝死。本案中交通事故并没有作为外力直接作用于被保险人的身体，作为一种诱因，并不存在使当事人猝死的必然性。根据保险近因原则，猝死是于某死亡的最直接、起决定作用的原因，因此，应按猝死责任赔偿。

案号：（2020）浙01民终7878号，判决书详情请扫描文末二维码。

□ 适用法律法规

《中华人民共和国民事诉讼法》第六十四条：当事人对自己提出的主张，有责任提供证据。

当事人及其诉讼代理人因客观原因不能自行收集的证据，或者人民法院认为审理案件需要的证据，人民法院应当调查收集。

人民法院应当按照法定程序，全面地、客观地审查核实证据。

《中华人民共和国保险法》第十条：保险合同是投保人与保险人约定保险权利义务关系的协议。

投保人是指与保险人订立保险合同，并按照合同约定负有支付保险费义务的人。

保险人是指与投保人订立保险合同，并按照合同约定承担赔偿或者给付保险金责任的保险公司。

□ 案例评析

现代人生活压力大，工作紧张，猝死事件频频见于各类新闻。猝死因其突然性，且严重的后果，日常生活中常被认为是一种"意外"。但健康的人在一般性的日常活动中，如运动、工作、争执中，很难直接导致人的身故。猝死只是一种现象，一般来说都会有病理性的原因，从而最终被归于某种疾病死亡，如心肌梗死、血管瘤破裂等。因此，猝死很难符合保险意外责任的"外来的"和"非疾病"的标准，一般认为不属于保险意外责任的范围。

由于在人们日常生活中对"猝死"的看法，与保险责任规定不一样，导致在理赔时会发生一些争议。我们需要从以下两点考量：

（一）保险合同中是否明确说明猝死不属于意外责任。如果保险合同未明确将"猝死"列为免责内容，则可以结合猝死时的具体情况，从"外来的、突发的、非本意的和非疾病的"四项标准和近因原则等方面考虑，判断保险事故是否符合保险意外责任的要求，以争取获得赔偿。

（二）不论以何种方式将猝死明确排除在意外责任范围外，均属免责条款。保险公司是否对该免责条款进行提示及明确说明。如没有，则该免责内容无效。

猝死是后果严重的生活突发事件。对于工作压力大、经常熬夜加班等猝死风险较高的人群，可以购买含猝死责任的意外保险、定期寿险，以增强个人风险保障。

（2020）浙01民终7878号

14.

高原反应属于意外伤害责任吗？

——保险事故中意外伤害责任的认定

【案例84：（2017）桂01民终7655号、（2019）桂民再396号】

☐ 事情经过

2016年8月，唐某向保险公司投保旅行意外伤害保险等保险产品，保险期间为2016年8月20日至2016年9月4日。

2016年8月27日，唐某在云南丽江旅游期间，出现胸闷、胸痛、头晕等症状，被诊断为高原反应或急性冠脉综合征，发生医疗费用和家属探访费用。

此后，唐某与保险公司就高原反应是否属于意外伤害产生争议。

☐ 争议焦点

唐某认为：发生高原反应为意外，保险公司应给付保险金。

保险公司认为：高原反应不属于意外，其医疗费用不属于意外伤害医疗保险责任，故不予赔付。

☐ 法院判决

（一）一审法院判决：高原反应符合保险条款约定的"意外伤害"，保险公司应承担医疗保险金、亲属探访交通费。

判决理由：高原反应是多种外在环境因素所导致的人体适应能力不

足而发生的一系列症状，上述症状非置身特定环境下不能发生，而非因唐某自身疾病所致。该特定环境所引发的后果具有偶然性、突发性、非本意的特征，符合保险条款关于意外伤害的定义。并且，高原反应并不属于保险条款中约定的免责事由，保险公司亦未提供证据证明其就免责条款等履行了提示说明义务。

（二）二审和再审法院改判：高原反应不符合保险条款约定的"意外伤害"，保险公司不需赔付。

判决理由：保险合同中对"意外伤害"的认定标准是指外来的、突发的、非本意的、非疾病的客观事件。非常年生活在高原地区的人到高原地区旅游可能会发生高原反应是生活常识，大多数人都会做好预防，并且高原反应也是可以预防的生理反应。因此，高原反应不属于"意外"情形。

（本案中还有关于互联网投保中保险公司履行提示及明确说明义务的阐述，在此不作赘述）

案号：（2017）桂01民终7655号、（2019）桂民再396号，判决书详情请扫描文末二维码。

□ **适用法律法规**

《中华人民共和国民事诉讼法》第六十四条：当事人对自己提出的主张，有责任提供证据。

当事人及其诉讼代理人因客观原因不能自行收集的证据，或者人民法院认为审理案件需要的证据，人民法院应当调查收集。

人民法院应当按照法定程序，全面地、客观地审查核实证据。

《中华人民共和国保险法》第二十三条：保险人收到被保险人或者受益人的赔偿或者给付保险金的请求后，应当及时作出核定；情形复杂的，应当在三十日内作出核定，但合同另有约定的除外。保险人应当将核定结果通知被保险人或者受益人；对属于保险责任的，在与被保险人或者受益人达成赔偿或者给付保险金的协议后十日内，履行赔偿或者给付保险金义务。保险合同对赔偿或者给付保险金的期限有约定的，保险人应当按照约定履行赔偿或者给付保险金义务。

保险人未及时履行前款规定义务的，除支付保险金外，应当赔偿被保险人或者受益人因此受到的损失。

任何单位和个人不得非法干预保险人履行赔偿或者给付保险金的义务，也不得限制被保险人或者受益人取得保险金的权利。

□ 案例评析

保险合同的"意外责任"需要满足"外来的、突发的、非本意的、非疾病的"四个重要标准。一些我们日常生活中习惯上表述为"意外"的事件并不符合此标准，也就不能获得赔偿。高原反应就是这种情况之一。虽然有的诉讼中，法院判定高原反应属于意外事故，但笔者认为随着保险理念和知识的更为普及，高原反应属于意外责任的观点获得支持的可能性会越来越较小。

一些消费者基于生活经验，对于高原反应不能获得理赔无法接受。在该类诉讼案例中，消费者除了基于保险合同"关于意外责任的定义"进行起诉外，有时还会加上免责条款未进行提示说明、保险条款不利解释原则等理由。但因为高原反应为一般性生活常识，不属于明显的免责条款或有歧义解释范围，此类诉求在没有更加有力的证据情况下，很难获得法院支持。

部分保险公司为了避免争议，也会在保险合同中明确将"高原反应"作为免责条款。同时，部分保险公司为了满足消费者对高原反应的保障需求，在意外险中加上专门的高原反应保障责任。对高原反应有保障需求的消费者，可以选择这类明确保障高原反应的保险产品。

（2017）桂01民终7655号　　（2019）桂民再396号

15.

醉酒后死亡属于意外伤害责任吗？

——保险事故中意外伤害责任的认定

. . . .

【案例 85：（2020）川 01 民终 10292 号】

□ 事情经过

2019年5月23日，刘某所在企业向保险公司投保团体保险，含意外伤害责任。协议免责条款约定："被保险人醉酒，服用、吸食或者注射毒品，导致被保险人身故、伤残的，乙方不承担给付保险金责任"。

2019年9月27日，刘某聚餐饮酒，回家休息后去世。医院急救病历初步诊断为"1.窒息死亡？2.饮酒过量"。2019年9月28日，医院出具的《居民死亡医学证明（推断）书》死亡原因为："吸入性肺炎？心脑血管意外？"

2019年9月29日，刘某的家属向保险公司报案理赔。2019年9月30日，刘某火化。

此后，保险公司以醉酒导致身故不属于意外伤害为由，未予理赔。

□ 争议焦点

刘某继承人认为：刘某为窒息死亡，属于保险合同约定的意外责任，且家属已及时通知保险公司，应该获得赔偿。

保险公司认为：根据保险合同约定，被保险人是醉酒导致身故，属于保险合同免责条款，拒绝赔付保险金。

□ 法院判决

经过一审和二审，法院都判决：刘某的死亡事件属于保险合同约定的意外责任，保险公司需给付保险金。

判决理由：刘某因酒后呕吐窒息死亡，也无证据表明刘某存在主观故意和自身疾病，属于保险合同约定的意外责任。保险合同中免责条款未对"醉酒"进行详细说明，导致双方产生争议。因保险合同为保险公司提供的格式条款，对该条款解释产生争议，应以有利于被保险人的方式做出解释，也就是只有因醉酒直接导致身故伤残的，才属于免责范围。

案号：（2020）川01民终10292号，判决书详情请扫描文末二维码。

□ 适用法律法规

《中华人民共和国保险法》第三十条：采用保险人提供的格式条款订立的保险合同，保险人与投保人、被保险人或者受益人对合同条款有争议的，应当按照通常理解予以解释。对合同条款有两种以上解释的，人民法院或者仲裁机构应当作出有利于被保险人和受益人的解释。

《中华人民共和国民事诉讼法》第六十四条第一款：当事人对自己提出的主张，有责任提供证据。

□ 案例评析

饮酒是日常生活中常见的现象，饮酒过量也是常会发生的情况。因为饮酒引起酒驾、坠楼、溺水、疾病、窒息等情况，而导致的人身伤害情况屡见不鲜。同时由于饮酒也是一种人可以自我控制的行为，因此，很多涉及人身伤害的保险合同都将醉酒导致的身故伤残列为免责范围。

因为饮酒后人的意识不清、发生伤害时无人见证等原因，以致饮酒与最终的伤害情况之间的因果关系有时较难查清，从而引发理赔纠纷。这时需要从以下四个方面进行考量：

（一）保险公司对于醉酒免责条款是否履行了提示及明确说明义务。保险公司没有尽到提示说明义务的免责条款是无效的。

（二）保险合同对于醉酒情况是否有进一步的明确说明或定义。如果保险合同有进一步的明确定义和说明，要以此对照，看保险事故是否符合具体的标准。

（三）导致人身伤害的直接原因。是醉酒直接导致伤害情况的发生？还是因为醉酒引起被保险人的疾病、窒息、坠楼、溺水等情况，导致了伤害情况的发生？不同的情况下，法院会有不同的考量。

（四）被保险人发生保险事故后，是否及时通知保险公司？是否按保险公司要求进行必要的司法鉴定？如果未及时通知保险公司，或未按保险公司要求进行司法鉴定，导致保险事故的原因未能查明，被保险人的受益人可能因此不能获得保险金。

一般来说，如果保险条款没有对醉酒免责情况进行更加详细的约定，在排除被保险人的主观故意外，被保险人因醉酒后的坠楼、溺水、窒息等情况导致的人身伤害，从而要求保险公司承担"意外责任"的，获得法院支持的情况较多。这也体现了法律更倾向于保护保险消费者的利益。

（2020）川01民终10292号

16.

中暑属于意外伤害责任吗？

——保险事故中意外伤害责任的认定

【案例 86：（2020）鲁 16 民终 1579 号】

□ 事情经过

2019年6月10日，孟某向保险公司投保重大疾病保险、意外伤害保险。

2019年7月28日，孟某在高温环境中工作，"因胸闷憋咽不适"入院治疗，抢救无效后于当日死亡。医院证明死亡原因为"中暑衰竭，未特指"。

此后，保险公司以中暑不属于意外伤害为由，未予理赔。

□ 争议焦点

孟某继承人认为：孟某去世为意外事件，属于保险合同理赔范围。

保险公司认为：中暑死亡是一种疾病，不属于意外伤害，不应理赔。

□ 法院判决

经过一审和二审，法院都判决：孟某因中暑去世，属于意外事故，保险公司应当给付保险金。

判决理由：中暑本身确实是疾病的一种。但是导致人体中暑的原因既可能是身体内在原因，也可能是外在原因。孟某中暑是因为其在高温下作业的外部因素造成，并非本身疾病造成。同时，保险合同条款未对突然的和非疾病的意外伤害事故范围进行解释，又未明确中暑死亡不属于突然和非疾病的意外死亡。因此，保险公司应承担保险责任。

案号：（2020）鲁16民终1579号，判决书详情请扫描文末二维码。

□ 适用法律法规

《中华人民共和国保险法》第十三条第二款：保险单或者其他保险凭证应当载明当事人双方约定的合同内容。当事人也可以约定采用其他书面形式载明合同内容。

《中华人民共和国保险法》第十四条：保险合同成立后，投保人按照约定交付保险费，保险人按照约定的时间开始承担保险责任。

□ 案例评析

中暑本身是一种疾病。通常情况下的中暑不属于保险意义上的"意外"。但由于中暑有时是外在的炎热高温环境造成的，再加上很多保险合同未明确说明"中暑"属于免责事项，这就引起了保险消费者与保险公司就中暑是否属于保险合同规定的"意外伤害责任"的争议。

从实际案例来看，如果保险合同中明确规定中暑属于免责事项，且保险公司履行了提示及明确说明义务，中暑将作为免责事项，保险公司不需给付保险金。

但如果合同没有明确将中暑作为免责事项，且中暑是由于外界的高温环境造成的，法院也有判例是支持中暑属于保险的意外伤害责任范围，可以获得赔付。

中暑能否作为意外伤害责任理赔？主要从以下三点考量：1. 保险合

同是否明确规定"中暑"属于免责事项。2. 保险公司就免责事项是否尽到提示及明确说明义务。3. 导致中暑发生的直接原因是否符合保险合同"意外伤害责任"的标准。

（2020）鲁16民终1579号

车险篇

本章选取了有关车险热点问题的诉讼案例，包括第三者身份转化、私家车进行网约车服务、私家车出租、车辆未年检、驾驶证超分暂扣、电动车性质认定、高保低赔、"实习期"含义界定、"使用车辆"含义界定、车辆信息与保险单不一致等内容。

本章中，机动车交通事故责任强制保险简称为"交强险"，机动车损失险简称为"车损险"，机动车第三者责任保险简称为"商业三者险"，机动车车上人员责任保险简称为"车上人员险"。

车险纠纷中常见问题：

1. 第三者的认定标准

2. 第三者的认定标准

3. 网约车改变车辆使用性质的认定

4. 私家车改变车辆使用性质的认定

5. 电动车性质的认定

6. 未年检车辆性质的认定

7. 驾驶证超分被暂扣性质的认定

8. 实习期的界定

9. 使用机动车的界定

10. 高保低赔的处理

11. 车损险的先行赔偿责任

12. 乘客开车门致他人受伤的责任界定

13. 车险理赔中鉴定结果的认定及费用承担

14. 投保车辆基本信息错误的处理

1.

车上乘客能否转化为"第三者"？

——第三者的认定标准

【案例 87：（2020）琼 96 民终 549 号】

□ 事情经过

2017年4月，陈某驾驶载乘许某的货车，途中因操作不当致使该车冲出右侧路面，许某被甩出车外后，被正翻的货车碾压，当场死亡。交通大队出具《道路交通事故认定书》，认定陈某负该起事故的全部责任，许某无交通违法过错行为，不负事故责任。

陈某所驾车辆已在A保险公司购买了交强险，在B保险公司购买了商业三者险，交通事故发生在保险期间内。B保险公司已在车上人员险限额内支付许某死亡赔偿金1万元。事故发生后，冯某与许某家属达成35万元和解协议，并支付完毕。

此后，冯某向法院起诉，要求A保险公司和B保险公司分别在各自保险责任内给付保险赔偿金。

□ 争议焦点

A保险公司认为：因交通事故的撞击等原因导致车上人员脱离本车的，不存在转化为第三人的问题，所以许某是本车车上人员，不属于事故车辆的第三者，其作为该车交强险承保公司无须进行理赔。

冯某认为：许某死亡的根本原因是被甩出投保车辆之后，发生投保车辆侧翻碾压的意外事故。许某在碾压事故发生瞬间已经是车下人员，属于第三者。

B保险公司未参加庭审，也未提交书面意见。

□ 法院判决

（一）一审法院判决：许某在事故发生时已转化为第三者，两家保险公司应在责任范围内给付保险金。

判决理由：许某不是投保人也不是司机，许某不属于被保险人。许某在事故发生前是保险车辆的"车上人员"，事故发生瞬间其已被甩出车外，而后又被正翻的货车碾压致死，即在事故发生时，其并未一直置身投保车辆之上，已由投保车辆"车上人员"转化为"第三者"。因此，本案交通事故应属于交强险和商业险的理赔范围。判决两家保险公司分别在赔偿限额内赔付。

（二）二审法院改判：许某在事故发生时仍为车上人员，A保险公司不需给付保险金，B保险公司在商业三者险的赔偿限额内给付相应保险金。

判决理由：是否属于"车上人员"应以事故发生时是否身处被保险车辆上为依据。本案事故发生时许某处于被保险车辆上，是"车上人员"，因交通事故的撞击等原因导致车上人员脱离本车的，不存在"转化"为第三人的问题，许某仍属于"车上人员"。改判A保险公司无须给付交强险的赔偿金，B保险公司在商业三者险的赔偿限额内承担相应的保险责任。

案号：（2020）琼96民终549号，判决书详情请扫描文末二维码。

□ 适用法律法规

《中华人民共和国民法典》第一千二百一十三条：机动车发生交通事故造成损害，属于该机动车一方责任的，先由承保机动车强制保险的保险人在强制保险责任限额范围内予以赔偿；不足部分，由承保机动车商业保险的保险人按照保险合同的约定予以赔偿；仍然不足或者没有投保机动车商业保险的，由侵权人赔偿。

《中华人民共和国保险法》第六十五条第三款：责任保险的被保险人给第三者造成损害，被保险人未向该第三者赔偿的，保险人不得向被保险人赔偿保险金。

《中华人民共和国道路交通安全法》第七十六条：机动车发生交通事故造成人身伤亡、财产损失的，由保险公司在机动车第三者责任强制保险责任限额范围内予以赔偿；不足的部分，按照下列规定承担赔偿责任：

（一）机动车之间发生交通事故的，由有过错的一方承担赔偿责任；双方都有过错的，按照各自过错的比例分担责任。

（二）机动车与非机动车驾驶人、行人之间发生交通事故，非机动车驾驶人、行人没有过错的，由机动车一方承担赔偿责任；有证据证明非机动车驾驶人、行人有过错的，根据过错程度适当减轻机动车一方的赔偿责任；机动车一方没有过错的，承担不超过百分之十的赔偿责任。

交通事故的损失是由非机动车驾驶人、行人故意碰撞机动车造成的，机动车一方不承担赔偿责任。

《机动车交通事故责任强制保险条例》第三条：本条例所称机动车交通事故责任强制保险，是指由保险公司对被保险机动车发生通路交通事故造成本车人员、被保险人以外的受害人的人身伤亡、财产损失，在责任限额予以赔偿的强制性责任保险。

□ 案例评析

根据保险合同，交强险和商业三者险保障的受害人员范围是非本车车上人员和非本车被保险人。在具体的赔付情形上，两者有所区别：交强险赔付的是"机动车发生交通事故"时造成的他人损失；商业三者险赔付的是"在使用机动车过程中"造成的他人的损失。也就是说，如果车辆未发生交通事故，交强险是不予赔付的，但"使用机动车"的范围较为宽泛，如客车在人员上下的过程、货车在装卸货的过程、特种车进行特种作业的过程，都可能因为被认定为正在使用机动车，而属于商业三者险理赔范围的情形。

当受害人是"车上人员"时，事故车辆的交强险和商业三者险不予理赔，车上人员险予以理赔；若受害人是"第三者"时，事故车辆的交强险和商业三者险予以理赔，车上人员险则不予理赔，所以确定受害人在事故中是否属于"第三者"在保险理赔中很重要，也是此类案件常见的争议点之一。目前法院已形成较统一的标准："车上人员"和"第三者"的身份不是固定的，会临时发生变化，原则上以受害人在事故发生时身处车外还是车内为判断依据。受害人身处车内为"车上人员"，身处车外为"第三者"。

本案中，车上乘客因事故被甩出车外后又被本车碾压致死。一审和二审法院对受害人身份是"车上人员"还是"第三者"的认定并不一致。一审法院认为发生碾压事故时受害人已在车外，其属于"第三者"。二审法院则认为事故发生时受害人在车上，是"车上人员"。两审法院判决不同，究其原因是对"发生事故时"理解不同，一审法院将人员被碾压视为事故发生时，二审法院则将人员被甩出车外视为事故发生时。

2021年，延安市中级人民法院审理了一起同类案件，该院与本案一审法院持相同观点：本车乘客因交通事故被甩出车外后，又因本车碰撞、碾压造成人身伤亡时，对于受害人人身伤亡损害结果起决定性作用的是本车车外风险，而不再是本车车内风险，应认定其身份已经由本车乘客转化为"第三者"。若被甩出车外后，与其他物体发生碰撞造成人身伤亡的，因该碰撞是车内风险的合理延续，则应认定受害人的人身伤亡是本车车上风险所直接导致，受害人的身份仍属于"车上人员"。

上海的法院在发布的《机动车交通事故责任类案办案要件指南之保险关系的认定和裁判规则》中指出，判断因保险车辆发生意外事故而受害的人属于"第三者"还是属于"车上人员"，必须以该人在事故发生时这一特定的时间是否身处保险车辆之上为依据。在车上即为"车上人员"（车上人员被甩出的应属于本车人员），在车下即为"第三者"。该标准也是目前主流的认定标准，但其将车上人员被甩出单独列出，强调属于

"本车人员"，并没有进一步区分被甩出后直接导致受伤害和被甩出后由另一事故导致伤害是否对于"车上人员"的认定有所不同。仅就该规则字面表述而言，上海的法院不进一步区分一概认定为"车上人员"。与本案二审法院的海南省第一中级人民法院观点相同。

下表是在其他类似案件中，不同法院对于"车上人员"能否转化为"第三者"的认定。相较而言，法院对车上乘客转化为"第三者"的认定标准比驾驶员转化为"第三者"的认定标准要宽松。

事故要点	被认定身份	法院	案号
从车罐顶上摔下受伤，事故发生时，其是置身于车顶的"车外人"	第三者	河南省濮阳市中级人民法院	（2021）豫09民终630号
发生事故时，受害人正在上车，并未身处保险车辆之上	第三者	湖北省武汉市中级人民法院	（2021）鄂01民终1892号
车辆排队等候卸货，受害人打开车箱侧面门的时候被从车上掉落的电缆槽砸伤	第三者	贵州省贵阳市中级人民法院	（2020）黔01民终5744号
在事故发生瞬间，从车内掉下车外，因车辆二次碾压、撞击致死	第三者	陕西省延安市中级人民法院	（2021）陕06民终558号
乘客发现车辆存在危险隐患后跳车，被本车碾压致死	第三者	贵州省黔东南苗族侗族自治州中级人民法院	（2020）黔26民终2538号

（2020）琼96民终549号

2.

驾驶员能否转化为"第三者"?

——第三者的认定标准

. . . .

【案例 88:（2021）晋 08 民终 496 号】

□ 事情经过

2019年12月，宁某驾驶重型半挂货车途中，在未使车辆保持正确制动状态下，停靠车辆下车，车辆发生惯性向后溜车将宁某碰撞并碾压，致宁某受伤后抢救无效死亡（抢救医疗费为849.72元），造成道路交通死亡事故。该半挂货车在保险公司投保有交强险及商业三者险（保险金额100万元，含不计免赔），本次事故发生在保险期间内。

2019年12月17日，交警大队对此次事故出具道路交通事故证明。

宁某继承人向法院起诉，要求保险公司给付保险金。审理中，保险公司提供了该车辆运行轨迹记录，显示该车在事故发生时为"点火"状态。

保险公司认为宁某是被保险人，不属于第三者，未予理赔。

□ 争议焦点

保险公司认为：驾驶人宁某是交强险及商业三者险合同约定的被保险人，其死亡所造成的损失依法不属于交强险及商业三者险的赔偿范围。根据侵权责任法律基本原理，同一人不能既是侵权人又是受害人，驾驶人不能基于自身侵权行为造成自身利益损害而要求自己的保险赔偿。

宁某继承人认为：交通事故是在宁某将车辆停稳后，下车步行至车辆尾部，完全离开了车体的任何部位，持续一段时间后才发生的。事故发生时，宁某已不再进行任何操作，也不对车辆进行任何控制，其不是交通事故的直接操作者，与第三者一样对车辆危险没有控制力，应认定为第三者。

□ 法院判决

经过一审和二审，法院都判决：宁某在事故中转化为第三者，保险公司在交强险限额内赔偿死亡赔偿金和医疗费，超出交强险限额的损失，按照60%的责任比例由商业三者险赔偿。

判决理由：

（一）"第三者"和"本车驾驶员"均为特定时空条件下的临时性身份，可因特定时空条件的变化而转化，不能机械地以具体人员来确定随时可能变化的身份，判断因保险车辆发生事故而受害的人属于"第三者"还是属于"本车驾驶员"，必须以该人在事故发生当时这一特定的时间是否主动身处保险车辆之外为依据。驾驶人宁某虽是被保险人允许的合法驾驶人，但在发生事故时，其已停车并主动离开车体，已停止了对该车辆的操作和控制，其身份已由驾驶人转化为行人，属于交强险及商业三者险中的"第三者"。

（二）宁某在事故中发生身份转化，作为驾驶员阶段，其在车辆未熄火采取制动的状态下停靠路边是导致事故发生的直接原因，应该对事故负主要责任。其下车后在车辆发生惯性向后溜车的情况下又未及时正确躲避是该起事故的次要原因，其作为"第三者"时应负次要责任。

因此，保险公司应在交强险责任限额内赔偿损失死亡赔偿金110000元，医疗费849.72元。商业三者险按照受害人作为驾驶员和第三者时承担过错责任划分，因其作为驾驶员承担主要责任，应承担60%为宜，所以超出交强险限额的，保险公司按照60%责任比例在商业三者险内赔偿。

案号：（2021）晋08民终496号，判决书详情请扫描文末二维码。

□ **适用法律法规**

《中华人民共和国民法典》第一千一百七十三条：被侵权人对同一损害的发生或者扩大有过错的，可以减轻侵权人的责任。

《中华人民共和国民法典》第一千二百一十三条：机动车发生交通事故造成损害，属于该机动车一方责任的，先由承保机动车强制保险的保险人在强制保险责任限额范围内予以赔偿；不足部分，由承保机动车商业保险的保险人按照保险合同的约定予以赔偿；仍然不足或者没有投保机动车商业保险的，由侵权人赔偿。

《中华人民共和国道路交通安全法》第七十六条：机动车发生交通事故造成人身伤亡、财产损失的，由保险公司在机动车第三者责任强制保险责任限额范围内予以赔偿；不足的部分，按照下列规定承担赔偿责任：

（一）机动车之间发生交通事故的，由有过错的一方承担赔偿责任；双方都有过错的，按照各自过错的比例分担责任。

（二）机动车与非机动车驾驶人、行人之间发生交通事故，非机动车驾驶人、行人没有过错的，由机动车一方承担赔偿责任；有证据证明非机动车驾驶人、行人有过错的，根据过错程度适当减轻机动车一方的赔偿责任；机动车一方没有过错的，承担不超过百分之十的赔偿责任。

交通事故的损失是由非机动车驾驶人、行人故意碰撞机动车造成的，机动车一方不承担赔偿责任。

《机动车交通事故责任强制保险条例》第三条：本条例所称机动车交通事故责任强制保险，是指由保险公司对被保险机动车发生通路交通事故造成本车人员、被保险人以外的受害人的人身伤亡、财产损失，在责任限额内进行赔偿的强制性责任保险。

□ **案例评析**

在交强险和商业三者险理赔中，"车上人员"和"第三者"的身份不是固定的，会临时发生变化。但实际中的情况复杂而多变，导致这两者身份的认定在个案中仍存在差异。作为驾驶员这一特殊的车上人员能否在特定情况下转化为第三者，有着与非驾驶人员不一样的认定情况。

本案就是一起涉及驾驶员能不能被认定为第三者的案件。两审法院都是以发生事故时该人所处位置来判断的，身处车内则是"车上人员"，身处车外则是"第三者"。法院不仅对这两种身份进行了认定，更是将不同身份在事故发生中的责任进行了划分，从而判决赔偿金额。

与本案相似案情的其他案件中，驾驶员在车外发生事故并不是都会被认定为"第三者"。另一种观点是：投保人允许的合法驾驶人，其法律地位相当于被保险人，故有的法院会认为驾驶员是被保险人，被保险人不能成为自己权益的侵害者及责任承担者，从而判决交强险、商业三者险无须给付保险金。相关案例详见下表：

事故要点	被认定身份	法院	案号
停车不当，溜车后，被压到死	被保险人 （被保险人自己驾驶车辆，被明确排除在受害人的范围之外）	重庆市第一中级人民法院	（2020）渝01民终5876号
下车检查，因自身操作不当，致使溜车后发生侧翻被压死	被保险人 （其一人驾驶，合理时间内仍是车辆实际控制者）	重庆市第四中级人民法院	（2020）渝04民终700号
下车办理交货手续，因未对车辆进行制动，被自己驾驶的车辆溜车挤压致死	被保险人	江西省宜春市中级人民法院	（2020）赣09民终1610号
轮胎被石头卡住，下车搬离石头时，轮胎爆炸致死	非第三者 （虽短暂下车，仍负支配和控制车辆的义务）	浙江省台州市中级人民法院	（2020）浙10民终1232号
卸货时，被自己驾驶车辆的车门掉落砸死	被保险人 （被保险人不能成为自己权益的侵害者及责任承担主体）	山东省临沂市中级人民法院	（2020）鲁13民终2270号
驶入院内，离开驾驶室准备卸车时，被掉落的车厢板砸死	被保险人	山东省济南市中级人民法院	（2020）鲁01民终9487号

续表

事故要点	被认定身份	法院	案号
驾车与他车碰撞后下车检查，第三辆车车头与己车车尾相撞，被己车撞死	非己车的车上人员和第三者	广东省深圳市中级人民法院	（2020）粤03民终19794号
下车检查车辆，另一车与该车相撞，被两车碰挤致死	第三者（下车检查时，已身处车外）	河北省石家庄市中级人民法院	（2020）冀01民终8098号
准备进入驾驶室时，车辆溜车，被夹在驾驶室车门与车辆中间致死	第三者（当事人在此种情况下，属于在车外）	河北省衡水市中级人民法院	（2020）冀11民终279号
下车检查车辆，溜车后，被压致死	第三者	广西桂林市中级人民法院	（2020）桂03民终2274号
倒车过程中，被甩出车外，本车翻倒后压死	第三者（被甩出车外，无法控制车辆）	甘肃省天水市中级人民法院	（2021）甘05民终151号
下车检查轮胎，被轮胎炸伤	第三者（下车检查，已处于车外）	安徽省六安市中级人民法院	（2021）皖15民终432号

（2021）晋08民终496号

3.
私家车作为网约车使用时能否理赔？

——网约车改变车辆使用性质的认定

· ·

【案例 89：（2021）京 02 民终 4386 号】

☐ 事情经过

2020年4月15日，罗某为车辆向保险公司投保交强险、商业三者险、车损险，车辆使用性质为家庭自用车。

《机动车综合商业保险条款》中，车损险保险条款第九条第（三）项约定，"下列原因导致的被保险机动车的损失和费用，保险人不负责赔偿：……（五）被保险机动车被转让、改装、加装或改变使用性质等，被保险人、受让人未及时通知保险人，且因转让、改装、加装或改变使用性质等导致被保险机动车危险程度显著增加"。该保险条款的文字有加黑显示。

2020年7月16日3时40分，罗某驾车时与左侧路灯杆相撞，造成车辆接触部位损坏。当日向保险公司报案要求赔偿车辆损失。

保险公司提交网约车APP截图一份，截图显示罗某加入平台314天，累计完成3130单；7月16日02时38分至03时11分罗某接单，发生订单费用78.46元。罗某承认该截图是真实的。

2020年8月10日，保险公司以发生的事故属于商业保险条款的责任免除事故（第九条第三项第五款）为由，不予理赔。

☐ **争议焦点**

保险公司认为：被保险车辆改变使用性质，未及时通知保险人，且该改变使用性质导致了车辆危险程度显著增加，属于保险合同约定的责任免除事项。

罗某认为：保险公司没有提前告知网约车会拒赔，也没有建议自己如何购买该公司的保险才能享受保险权益，出现事故以条款拒赔，属于骗取保险费，必须赔偿，而且这次之前也曾出过险，保险公司都给赔付了。保险公司未告知其关于免责条款的规定，保险单所记载的手机号并非其手机号，投保都是网上进行的，支付保险费也是网上付费的。保险公司未经允许私自调查其网约车账号信息，属于侵犯隐私权。

☐ **法院判决**

经过一审和二审，法院都判决：罗某改变车辆使用性质，导致危险程度增加，保险公司无须给付保险金。

判决理由：从事网约车业务属于从事经营活动。罗某在保险期间内使用事故车辆从事网约车业务，改变了车辆的使用性质。根据网约车APP截图，因罗某使用事故车辆从事经营活动，使得该车辆在被使用频率上远超一般的家庭自用轿车，且其每日的驾车时间亦远超一般自用车驾驶员的日常驾车时间，已构成被保险车辆危险程度显著增加的情形。在罗某改变车辆使用性质导致车辆危险程度显著增加的情形下，其通知保险公司属于法定义务。罗某未履行法定义务，应当承担相应的不利后果。

案号：（2021）京02民终4386号，判决书详情请扫描文末二维码。

☐ **适用法律法规**

《中华人民共和国保险法》第五十二条：在合同有效期内，保险标的的危险程度显著增加的，被保险人应当按照合同约定及时通知保险人，保险人可以按照合同约定增加保险费或者解除合同。保险人解除合同的，应当将已收取的保险费，按照合同约定扣除自保险责任开始之日起至合同解除之日止应收的部分后，退还投保人。

被保险人未履行前款规定的通知义务的，因保险标的的危险程度显著增加而发生的保险事故，保险人不承担赔偿保险金的责任。

□ 案例评析

使用网约车出行已是很普遍的出行方式。网约车的来源除了原来的正规出租车外还有部分私家车，这些私家车投保时填写的车辆用途往往是非营运的家庭自用，这就容易导致出险后保险公司以私自改变车辆使用性质为由拒赔。

本案是2021年3月北京市第二中级人民法院审理的一起典型网约车案件，一审、二审都支持了保险公司拒赔的理由，而且本案的审理法院还指出，车辆危险程度显著增加后的通知义务是投保人、被保险人的法定义务，不管保险合同是否约定了、保险公司是否说明过，都要履行。保险合同中对此情形的免责条款只需对字体进行加粗加黑的提示即可，并不需要保险公司明确说明解释免责内容。

除本案外，2020年11月上海金融法院【案号：（2020）沪74民终896号】、2020年10月成都市中级人民法院【案号：（2020）川01民终11739号】也有类似案件发生，判决理由和结果皆与本案一致。

需要特别说明的是，网约顺风车虽然也是通过网络平台预约车辆并收取一定费用，但典型的网约顺风车发生保险事故后一般保险公司仍是需要给付保险金的。因为顺风车是私家车主事先通过网络平台发布行程信息，召集路线相同的其他人合乘，这种顺路搭乘并不具有营运性质，事故风险也不会显著增加（详情可参看江苏省盐城市中级人民法院的（2021）苏09民终304号民事判决书）。若网约顺风车一旦在出行目的、行驶线路、出行频率、费用分摊等方面与上述情况不同时，则很可能会认定顺风车具有营运性质。

因此，对于网约车使用性质的认定和出险后能否获得理赔，关键要看事故风险是否明显增加。

（2021）京02民终4386号

4.

私家车出租期间能否获赔？

——私家车改变车辆使用性质的认定

∙∙

【案例 90：（2021）京 02 民终 5160 号】

☐ 事情经过

2019年5月，欧阳某在保险公司购买了车损险（附加车损不计免赔）。保险单（电子保险单）载明，车辆使用性质为家庭自用车；机动车损失险保险条款第九条约定，"下列原因导致的被保险机动车的损失和费用，保险人不负责赔偿：……（五）被保险机动车被转让、改装、加装或改变使用性质等，被保险人、受让人未及时通知保险人，且因转让、改装、加装或改变使用性质等导致被保险机动车危险程度显著增加"。

欧阳某将该车辆放在租车平台进行租赁。2019年10月，赵某（承租人）驾驶该车与王某驾驶的车辆发生交通事故造成该车损坏。交通大队认定赵某负事故全部责任。保险公司对车辆定损的修理费总金额（含税）54156元后，该车进行了维修。

2019年10月21日，保险公司出具《拒赔通知书》，以欧阳某改变车辆使用性质为由不予理赔。

☐ 争议焦点

保险公司认为：欧阳某将车放在租车平台出租，2019年出租30多次，每次出租2至9天不等，都收取了租金，该车一年中大部分时间是对外租赁状态。欧阳某将家庭自用车作为赚钱工具，从根本上改变了车辆的使用性质，导致危险程度显著增加，所以保险公司不应给付保险金。

欧阳某认为：2019年1月至12月期间，该车辆在租车平台上的租车订单仅32单，不能认定已经改变为营运性质，发生事故保险公司应该赔偿。

□ 法院判决

经过一审和二审，法院都判决：无法认定欧阳某改变车辆使用性质，保险公司给付保险金。

判决理由：营运车辆通常是指以牟利为目的，从事旅客或货运运输的车辆，判断是否为营运行为，应当以车辆的实际用途是否从事旅客运输、货运运输为标准。保险公司的保险条款中未对营运行为进行定义，同时也未将家庭自用车辆出租的行为明确列入免赔范围。涉案车辆交通事故，虽发生在车辆租赁期间，欧阳某的出租行为属于对车辆的共享性经营行为，依据现有证据法院无法直接认定车辆已经转变为营运性质且导致危险程度显著增加。因此，保险公司不能以欧阳某改变营运性质为由拒绝赔付保险金。

案号：（2021）京02民终5160号，判决书详情请扫描文末二维码。

□ 适用法律法规

《中华人民共和国保险法》第五十二条：在合同有效期内，保险标的的危险程度显著增加的，被保险人应当按照合同约定及时通知保险人，保险人可以按照合同约定增加保险费或者解除合同。保险人解除合同的，应当将已收取的保险费，按照合同约定扣除自保险责任开始之日起至合同解除之日止应收的部分后，退还投保人。

被保险人未履行前款规定的通知义务的，因保险标的的危险程度显著增加而发生的保险事故，保险人不承担赔偿保险金的责任。

□ 案例评析

因营运车辆使用频率更高、行驶区域更广等因素，导致其比非营运车辆的危险性更大，保险公司承保时审核更严格，保险费更高。因此，根据《中华人民共和国保险法》和保险条款，车辆以非营运车辆投保，但实际却进行营运使用，会改变车辆性质，造成车辆危险程度显著增加时，要及时通知保险公司，否则发生保险事故后，保险公司将不承担责任。

出租车就是一种典型的营运车辆。但随着社会的发展，很多个人的私家车以非营运车辆投保，但却将私家车直接出租给他人或通过租赁平台（租赁公司）出租，并收取租金。这种行为是否导致车辆性质改变为实际上的"营运"性质，目前法院的判定标准并不统一。

本案中，欧阳某将自己的私家车出租收取租金，且车辆在出租期间发生交通事故导致车损。按照通常理解，欧阳某将非营利的私家车一年中大部分时间用来出租赚钱，不仅改变了车辆使用性质，而且因为驾车人员增多、车辆使用频率增加，相应的车辆危险程度也会增加，出险是得不到保险理赔的。但两审法院都判决保险公司需要承担保险责任。法院这样判决的主要理由是，出租车辆没有用于运输人和物，不是通常意义上的"营运"，而保险合同中又没有对"营运"进行定义，所以不能使用保险合同第九条的免责条款进行免赔，并没有从车辆危险程度是否显著增加这方面来阐述。

在另一起案件中，投保人在车辆投保时用途是非营业的家庭自用型车辆，但实际上却通过汽车租赁公司将车辆用于出租赚取租金，虽然出租后的承租人只是用来正常的生活交通，但法院仍然认定为已改变了原来的车辆用途，保险公司对发生的保险事故不承担保险责任。

在有的案例中，法院会根据出租后的实际使用情况来判断是否增加了车辆的危险程度，来判定保险公司是否承担保险责任。考虑的因素有：发生保险事故时，车辆是由谁在使用、租借人的使用频次是否更多、使用环境是否更危险、租借的频次是否较高等。

　　驾驶车辆是种风险较高的行为，在某些情况下车主会对保险事故的损失承担连带责任，所以车主在租借车辆时要高度谨慎，既要注意租借人的资质等情况，也要注意选择合适的租赁平台（租赁公司）。在签署租赁协议时，要注意规避相关风险。如果想通过租赁来获取收益，可以在投保交强险和商业车险时，按营运车辆投保，切实保障个人利益。

（2021）京02民终5160号

5.

驾驶超标电动车能否获赔？

——电动车性质的认定

【案例 91：（2020）闽 01 民终 3551 号】

□ **事情经过**

2018年2月，家居公司向保险公司投保团体意外伤害保险，保险期间为一年。向某为被保险人之一。保险合同责任免除中约定："因下列情形之一，导致被保险人身故或伤残的，本公司不承担给付保险金的责任，……六、被保险人酒后驾驶、无合法有效驾驶证驾驶或驾驶无有效行驶证的机动车"。保险条款释义中约定"无合法有效驾驶证驾驶，指下列情形之一，1. 没有取得驾驶资格；2. 驾驶与驾驶证准驾车型不相符合的车辆"、"机动车，指以动力装置驱动或者牵引，供人员乘用或者用于运送物品以及进行工程专项作业的轮式车辆。"

2018年3月，向某在未取得机动车驾驶证情况下，驾驶无牌二轮电动车与王某驾驶的超载重型自卸货车发生交通事故，向某当场死亡，两车受损。

2018年4月，司法鉴定中心作出鉴定意见书，鉴定意见为：二轮电动车照明及信号装置齐全完好，符合所依据标准中的运行安全技术条件；转向性能和制动性能有效；车辆属于两轮轻便摩托车的范畴（电压为

72V、电机功率800W、时速大于20km/h）。

2018年6月，交警大队出具交通事故认定书，认定：向某负事故的主要责任，王某负事故的次要责任。

此后，保险公司以向某无证驾驶属于免责事项为由，未予理赔。

□ 争议焦点

保险公司认为：二轮轻便摩托车属于应当取得机动车驾驶证才能驾驶的车型，且交警大队也认定向某的行为属于未取得机动车驾驶证驾驶机动车。无证驾驶机动车属于法律和行政法规的禁止性规定，保险公司以加黑加粗的方式对无证驾驶的免责条款进行了提示，该免责条款具有法律效力。保险公司不应承担保险责任。

向某继承人认为：法律未明确规定的情况下，仅根据鉴定意见书无法确定涉案二轮电动车是否属于保险条款约定的机动车，意见书只是鉴定涉案二轮电动车的车辆属性部分参数符合二轮轻便摩托车定义的范畴，这并不等于涉案二轮电动车就是保险条款中约定的机动车。客观上，向某驾驶的电动车不是众所周知的机动车，无法办理机动车驾驶证，不是被保险人和受益人能够通常理解的机动车，根据保险合同格式条款的解释原则也应当认定不属于合同条款中的机动车。保险公司应承担保险责任。

□ 法院判决

（一）一审法院判决：保险条款未约定电动车属于机动车，保险公司应当给付保险金。

判决理由：《机动车驾驶证申领和使用规定》没有把二轮电动车（含超标电动车）纳入到需要持有驾驶证的机动车范围内。在实践中，超标电动车不能像机动车一样领取驾驶证，无法在办理机动车手续上与真正意义上的机动车取得同等地位。保险条款对机动车的定义及列举免责条款"无有效驾驶证"的具体情形中均未明确约定二轮电动车（含超标电动车）是否属于机动车范围。在保险公司未对条款作出全面规定时，应当承担不利后果。由于电动车不属于需要持有机动车驾驶证的范围，且缺乏办理机动车驾驶证照的正当渠道，如果让无法申领机动车驾驶证的电动车骑行人，仅基于交警部门的鉴定结果承担无合法有效驾驶证驾驶机动车的同等风险，大大增加了被保险人的保险风险，对无过错的被保险人显然是不公平的。

（二）二审法院改判：向某属于未取得机动车驾驶证驾驶机动车，保险公司不应当给付保险金。

判决理由：《电动自行车通用技术条件》（GB 17761—1999）、《机动车运行安全技术条件》（GB 7258—2012）等国家或行业标准，是作为认定车辆性质的依据。司法鉴定中心据此作出的鉴定意见书，认定向某驾驶的车辆符合两轮轻便摩托车的定义范畴，所以本案的超标电动车依法应认定为机动车。交警大队出具事故认定书认定：向某未取得机动车驾驶证驾驶机动车，右转过程中未让正常行驶的车辆先行，违反了《中华人民共和国道路交通安全法》及《福建省实施〈中华人民共和国道路交通安全法〉办法》的规定。在车辆被认定为两轮轻便摩托车的情况下，向某未取得驾驶资格，且其未能按照交通规范谨慎驾驶而造成事故，向某自身存在主要过错，不是意外伤害，符合保险合同免责情形，保险公司不承担保险责任。

案号：（2020）闽01民终3551号，判决书详情请扫描文末二维码。

□ 适用法律法规

《中华人民共和国道路交通安全法》第十九条第一款：驾驶机动车，应当依法取得机动车驾驶证。

《机动车驾驶证申领和使用规定》第九条：机动车驾驶人准予驾驶的车型顺序依次分为：大型客车、牵引车、城市公交车、中型客车、大型货车、小型汽车、小型自动挡汽车、低速载货汽车、三轮汽车、残疾人专用小型自动挡载客汽车、普通三轮摩托车、普通二轮摩托车、轻便摩托车、轮式自行机械车、无轨电车和有轨电车。

《最高人民法院关于适用〈中华人民共和国保险法〉若干问题的解释（二）》第十条： 保险人将法律、行政法规中的禁止性规定情形作为保险合同免责条款的免责事由，保险人对该条款作出提示后，投保人、被保险人或者受益人以保险人未履行明确说明义务为由主张该条款不生效的，人民法院不予支持。

□ 案例评析

机动车的范围很广，对于其中的客车、货车、牵引车、公交车、挂车、小轿车等，普通民众都知道要先考取驾驶证，但驾驶电动车等是否需要有驾驶证很多人并不清楚，而且对电动车是否属于机动车也存在争议。

本案中的二轮电动车到底是不是机动车，决定了保险公司是否给付保险金。因为对这个问题的认识和认定不同，导致一审、二审作出了截然不同的判决。本案中，二审法院根据鉴定机构对车辆安全性、属性的鉴定结论，对事故责任进行了认定，最终判决：保险事故属于保险合同免责情形，保险公司不需要承担保险责任。

2019年6月，湖北省高级人民法院在一起保险合同纠纷案件【案号：（2019）鄂民申1398号】中，对三轮电动车是否属于机动车进行了阐述：现实中部分超标电动车行驶中已具有可比拟机动车的速度、力量及驾驶难度。此类电动车辆以非机动车名义上路行驶，会给包括驾驶者在内的所有交通参与者带来巨大危险。因此，人民法院在民事纠纷的裁判中，对于具备机动车特征的电动车，赋予其机动车的法律属性，并据此判定其应承担的法律后果，不仅符合普通人的一般认知，而且有利于相关者识别其危险性，引导车辆购买者、使用者谨慎行事。该法院最终也将超标电动车认定为机动车，支持了保险公司不需要给付保险金的判决。

但2020年9月，辽宁省鞍山市中级人民法院在一起涉及二轮电动车的保险合同纠纷案【案号：（2020）辽03民终2576号】中，却作出了不同的判决。该院认为：二轮电动车到底是属于机动车还是电动自行车，对二轮电动车如何管理，目前没有统一的法律法规或相应的规范。在这种情形下，消费者在购买二轮电动车时，对是否需要上牌照，上什么牌照，是否需要办理驾驶证等问题，因缺乏明确的法律法规指引，而无所适从。如发生保险事故，保险公司根据鉴定部门事后作出的该二轮电动车属于机动车的鉴定结论拒赔，对被保险人不公平，所以要求保险公司给付保险金。

综合以上判例可知，电动车是否属于机动车尚没有明确的标准，但电动车的某些技术指标可能会符合机动车的标准。因此，消费者在购买使用电动车时，应该客观谨慎，对于需要驾驶证才能驾驶的车型，一定要先办理驾驶证件，再上路行驶，以免发生事故时，产生不必要的纠纷，导致个人利益受损。

（2020）闽01民终3551号

6.

驾驶未年检车辆是否属于无有效行驶证?

——未年检车辆性质的认定

【案例 92:(2021)湘 09 民终 416 号】

□ **事情经过**

2019年8月,徐某为父亲向保险公司投保综合意外险,其中个人意外伤害保险的保险金额为50万元,保险期间一年。

2020年7月,徐某父亲(驾驶证准驾车型E)驾驶二轮摩托车(该车检验有效期至2016年9月)发生机动车交通事故死亡。交警大队委托司法鉴定所对二轮摩托车进行技术鉴定,鉴定意见为该车受检项目技术状况符合GB 7258—2017《机动车运行安全技术条件》。

此后,徐某向保险公司提出理赔。保险公司出具《拒赔通知书》,以其父亲驾驶机动车未按规定检验为由,不予理赔。

□ **争议焦点**

保险公司认为:被保险人驾驶无有效行驶证的机动车违反了《中华人民共和国道路交通安全法》的规定。保险合同中约定"被保险人酒后驾驶、无有效驾驶证驾驶或驾驶无有效行驶证的机动车期间遭受伤害以致身故或伤残的，保险人不承担给付保险责任"，保险公司已对该免责条款进行了充分合理提示，免责条款有效。另外，即使认为徐某是弱势群体一方，也应当适用比例原则合理分配保险责任。

徐某认为：死者有合法的机动车驾驶证，并非无证驾驶，保险公司应该承担保险责任。

□ 法院判决

经过一审和二审，法院都判决：车辆未年检不是导致事故发生的主要原因，保险公司给付保险金。

判决理由：导致事故发生的主要原因是死者的交通违法行为，与车辆未定期进行安全技术检验没有因果关系。死者驾驶的虽是未定期年检的机动车，但车辆年检与否只是行政管理措施，死者的行驶证是车辆管理部门核发的，合法有效，行驶证上载明的有效期间是对该车辆应按规定定期检验的有效期间，而不是对行驶证本身是否有效的规定。行驶证未年检可以补检，并不导致行驶证无效或被注销，因此，不能免除保险公司的赔偿责任。而且，事故发生时死者有合法有效的机动车驾驶证件，并非保险公司所说的无证驾驶。

（本案还有关于近因原则的阐述，在此不作赘述）

案号：（2021）湘09民终416号，判决书详情请扫描文末二维码。

□ 适用法律法规

《中华人民共和国道路交通安全法》第十三条第一款：对登记后上道路行驶的机动车，应当依照法律、行政法规的规定，根据车辆用途、载客载货数量、使用年限等不同情况，定期进行安全技术检验。对提供机动车行驶证和机动车第三者责任强制保险单的，机动车安全技术检验机构应当予以检验，任何单位不得附加其他条件。对符合机动车国家安全技术标准的，公安机关交通管理部门应当发给检验合格标志。

□ 案例评析

机动车行驶证未按期年检是否就属于无有效行驶证，在具体案件中法院的认定并不一致。本案中的法院认为，行驶证上的有效期间是车辆已检验合格的期间，并不是表示行驶证本身的有效期间。行驶证未年检可以补检，并不导致行驶证无效或被注销。

但2020年3月，江苏省高级人民法院在一起驾驶逾期未检验机动车引发的人身保险合同纠纷再审案【案号：（2019）苏民申5311号】中则认为，驾驶逾期未检验的机动车属于"驾驶无有效行驶证的机动车"情形，不适用保险法不利解释规则。事故发生时，因事故车辆逾期未检验，属于保险合同约定的保险人免责情形。

上海的法院在发布的《机动车交通事故责任类案办案要件指南之保险关系的认定和裁判规则》中指出，未按时年检并不直接导致免责事由成立，要判断该行为是否导致危险程度显著增加，如是，则免责成立；否则，免责不成立。可见，上海的法院在审理类似案件中并非简单看行驶证有无过期，而是重在判断未年检的车辆是否存在安全问题，是否与事故发生有关系。

（2021）湘09民终416号

7.
驾驶证超分被暂扣时交强险能否追偿？

——驾驶证超分被暂扣性质的认定

【案例 93：（2020）浙 05 民终 583 号】

□ 事情经过

2016年7月，吴某驾驶小型轿车与杨某驾驶的电动二轮车相撞，造成两车受损、杨某受伤。

2016年8月，交警大队出具道路交通事故认定书，认定吴某驾驶机动车不按规定借道通行和在驾驶证超分、暂扣、停止使用期间驾驶机动车的行为是造成此次事故发生的原因，承担事故全部责任，杨某无责任。

吴某驾驶的小型轿车登记在潘某名下，在保险公司投保交强险（死亡伤残赔偿限额11万元，医疗费用赔偿限额1万元）和商业三者险（责任限额100万元，含不计免赔）。本次事故发生于保险期限内，属于保险责任。保险公司在交强险责任限额内赔付了12万元后，向吴某、潘某追偿。

□ 争议焦点

保险公司认为：在驾驶证超分、暂扣、停止使用期间不得驾驶机动车，否则属于无驾驶资格。交警大队出具的事故责任认定书认定吴某负全责的原因之一是其在驾驶证超分、暂扣、停止使用期间驾驶机动车。

吴某认为：自己已在2010年正式领取驾驶证。驾驶证超分、暂扣、停止使用，不能说明未取得驾驶资格。由于以前的道路交通安全违法行为在一个记分周期内达到12分，被交管部门暂扣驾驶证，这是对未按照法律法规安全行驶的行政处罚，但不能否定自己的驾驶资格。

潘某认为：吴某不是不具备驾驶资格，而是超分被暂扣驾驶证。

□ 法院判决

经过一审和二审，法院都判决：驾驶证超分暂扣不属于"未取得驾驶资格"，保险公司不能向吴某、潘某追偿。

判决理由：驾驶证超分、暂扣、停止使用与自始未取得驾驶证、取得驾驶证后被注销等情形在危害程度等方面存在明显不同，不能等同于驾驶人未取得驾驶资格。吴某已取得驾驶证，具备相应驾驶技能和驾驶资格。交通事故发生时，吴某的驾驶证超分、暂扣、停止使用，是对其的行政处罚，并不能因此就认为其不具备驾驶技能和驾驶资质，其驾驶行为不属于《最高人民法院关于审理道路交通事故损害赔偿案件适用法律若干问题的解释》第十五条规定的"未取得驾驶资格"的情形。

案号：（2020）浙05民终583号，判决书详情请扫描文末二维码。

□ 适用法律法规

《中华人民共和国道路交通安全法实施条例》第二十八条：机动车驾驶人在机动车驾驶证丢失、损毁、超过有效期或者被依法扣留、暂扣期间以及记分达到12分的，不得驾驶机动车。

《机动车交通事故责任强制保险条例》第二十二条：有下列情形之一的，保险公司在机动车交通事故责任强制保险责任限额范围内垫付抢救费用，并有权向致害人追偿：

（一）驾驶人未取得驾驶资格或者醉酒的；

（二）被保险机动车被盗抢期间肇事的；

（三）被保险人故意制造道路交通事故的。

有前款所列情形之一，发生道路交通事故的，造成受害人的财产损失，保险公司不承担赔偿责任。

《最高人民法院关于审理道路交通事故损害赔偿案件适用法律若干问题的解释》第十五条：有下列情形之一导致第三人人身损害，当事人请求保险公司在交强险责任限额范围内予以赔偿，人民法院应予支持：

（一）驾驶人未取得驾驶资格或者未取得相应驾驶资格的；

（二）醉酒、服用国家管制的精神药品或者麻醉药品后驾驶机动车发生交通事故的；

（三）驾驶人故意制造交通事故的。

保险公司在赔偿范围内向侵权人主张追偿权的，人民法院应予支持。追偿权的诉讼时效期间自保险公司实际赔偿之日起计算。

□ **案例评析**

驾驶人在驾驶证被依法扣留、暂扣期间驾驶机动车发生交通事故，属于商业三者险的免责事项，保险公司不需要承担保险责任。

但由于交强险的免责事项表述为："驾驶人未取得驾驶资格"，含义不是十分清晰。因此，驾驶人在驾驶证被依法扣留、暂扣期间驾驶机动车发生交通事故，保险公司在交强险范围内对受害人赔偿后能否向驾驶人追偿，核心就在于"驾驶人在驾驶证被依法扣留、暂扣期间"是否属于"未取得驾驶资格"。关于这一点，在全国范围内，法院的意见尚不统一。

本案的浙江湖州市中级人民法院就没有支持保险公司的追偿请求。同在浙江省的嘉兴市中级人民法院在另一起类似案件【案号：（2020）浙04民终744号】中也没有支持保险公司向驾驶人追偿，该市两级人民法院都认为，在驾驶证超分、被扣留期间其驾驶资格受限制，驾驶机动车是违法行为，但驾驶人并未实际失去驾驶资格，不属于驾驶资格丧失、未取得驾驶资格或者未取得相应驾驶资格的情形。据此推测，此类情况下，浙江省法院认为保险公司不能在交强险赔偿范围内向驾驶人追偿。

但天津市第一中级人民法院在一起案件【案号：（2020）津01民终4855号】中却认为，驾驶人因驾驶车辆违章累积记分达12分而被交警部门暂扣驾驶证，在此期间驾驶保险车辆发生事故的，因该行为违反《中华人民共和国道路交通安全法》的规定，视同属于未取得驾驶资格的情形。承保交强险的保险公司在向受害人赔偿后，有权向驾驶人追偿。

江苏省无锡市中级人民法院在审理一起驾驶证被暂扣期间发生交通事故的案件【案号：（2019）苏02民终5301号】中认为，虽然驾驶人已在发生事故前完成学习，但未领到驾驶证，其驾驶车辆仍属无驾驶资格。该事故属于保险合同约定的保险人责任免除的情形，保险公司无须承担赔偿责任。

（2020）浙05民终583号

8.

增驾实习期内出险时能否获赔？

——实习期的界定

· ·

【案例 94：（2019）豫 96 民终 809 号、（2020）豫民再 191 号】

□ 事情经过

2017年8月，A公司驾驶员王某驾驶重型半挂牵引车发生单方交通事故，造成红绿灯设施和车辆损坏。管理部门认定王某负全部责任。事故发生后，A公司赔偿交通设施损失13500元，施救费3900元，车辆维修费23085元。王某持A2型驾驶证载明：增加A2，实习期至2018年3月22日。

该车向保险公司投保交强险、车损险（限额157040元）和商业三者险（100万元），均不计免赔。保险合同的免责条款约定：驾驶员在实习期内驾驶公共汽车、营运客车或者执行任务的警车、载有危险物品的机动车或牵引挂车的机动车，保险人不予赔偿。保险公司已经支付A公司交强险限额内财产损失2000元。

此后，保险公司以保险事故属于免责事项为由，未予理赔。

□ 争议焦点

保险公司认为：保险合同已约定实习期内的驾驶员不得驾驶牵引挂车，本案驾驶员王某正处于实习期内，其明知自己不具备驾驶资格，仍然驾驶车辆导致事故发生。A公司投保时，保险公司已经交付了保险单、保险条款及投保人声明等相关资料，对保险合同中免除保险责任条款进行了提示说明，所以，保险公司不应承担赔偿责任。

A公司认为：事故发生时距离王某初次申请驾驶证已经数年，其A2驾驶证上的实习期只是增驾实习期，并非初次申领驾驶证实习期。若认定增驾实习期间不能驾驶相应车辆，则驾驶员增驾实习期也就失去了实习的意义，不符合常理。保险公司提供的保险合同为格式合同，其没有进行合理的提示及说明，应承担保险责任。

□ **法院判决**

（一）经过一审和二审，法院都判决："增驾实习期"内驾车属于免责事由，保险公司只需在交强险范围内承担责任。

判决理由：A公司驾驶员在增驾实习期内驾驶机动车牵引挂车，发生交通事故，符合保险合同约定的免责事由。保险公司已经对保险合同的免责条款尽到了提示义务。因此，保险公司只需在交强险财产限额内理赔（赔偿2000元）。

案号：（2019）豫96民终809号，判决书详情请扫描文末二维码。

（二）再审中，河南省高级人民法院改判："增驾实习期"内驾车不属于免责事由，保险公司需给付交通设施损失、施救费、车辆维修，共计38485元（13500元+3900元+23085元-交强险已赔的2000元）。

判决理由：保险合同的免责情形是"实习期内驾驶公共汽车、营运客车或者执行任务的警车、载有危险物品的机动车或者牵引挂车的机动车"。该免责条款中的实习期未明确指出是初次申领驾驶证实习期，还是A2增驾实习期，或者两种情形均有。当事人对此产生不同的理解时，保险法的规定应当做出有利于被保险人和受益人的解释。按照一般人的通常认识与理解，机动车驾驶人初次申领机动车驾驶证后的12个月内为实习期，由于免责条款没有明确约定实习期是"初次申领驾驶证的实习期"，还是"增驾实习期"，因此对实习期的解释应是"初次申领驾驶证的实习期"。王某已经取得A2驾驶证，可以驾驶A2驾照的准驾车型：牵引车，重型、中型全挂、半挂汽车列车、B1、B2、C1、C2、C3、C4、M。

案号：（2020）豫民再191号，判决书详情请扫描文末二维码。

□ 适用法律法规

《中华人民共和国保险法》第三十条：采用保险人提供的格式条款订立的保险合同，保险人与投保人、被保险人或者受益人对合同条款有争议的，应当按照通常理解予以解释。对合同条款有两种以上解释的，人民法院或者仲裁机构应当作出有利于被保险人和受益人的解释。

《中华人民共和国道路交通安全法实施条例》第二十二条：机动车驾驶证的有效期为6年，本条例另有规定的除外。

机动车驾驶人初次申领机动车驾驶证后的12个月为实习期。在实习期内驾驶机动车的，应当在车身后部粘贴或者悬挂统一式样的实习标志。

机动车驾驶人在实习期内不得驾驶公共汽车、营运客车或者执行任务的警车、消防车、救护车、工程救险车以及载有爆炸物品、易燃易爆化学物品、剧毒或者放射性等危险物品的机动车；驾驶的机动车不得牵引挂车。

□ 案例评析

涉及机动车驾驶证的实习期有两种情况：初次申领机动车驾驶证的实习期和增驾实习期。《中华人民共和国道路交通安全法实施条例》对实习期的定义为"机动车驾驶人初次申领机动车驾驶证后的12个月"，因此，增驾实习期并不属于该条例所指的实习期，其规定的实习期不能驾驶的那些车辆自然对增驾实习期也不适用。

本案中，就是因为保险合同对实习期没有明确定义时，法院基于不利解释原则，对实习期会作出不利于保险公司的解释，即免责条款中的实习期不包括增驾实习期。2021年5月，山东省滨州市中级人民法院审理的一起同类案件中（案号：【2021】鲁16民终1320号），该院的判决结果与本案一致。

从法律效力上来看，《中华人民共和国道路交通安全法实施条例》与《机动车驾驶证申领和使用规定》两者对实习期的规定不一致，前者是国务院颁布的行政法规，后者是公安部的部门规章，行政法规层级高于部门规章，应以行政法规为准。

从《中华人民共和国保险法》规定来看，保险公司作为格式合同的提供一方，在未明确"实习期"为何种解释而存在争议的情况下，根据不利解释原则，增加准驾车型后的实习期不应包含在案涉免责条款中的"实习期"内。此外，保险公司若将免责条款中的"实习期"解释为包括增驾车型后的实习期，就应当对投保人或被保险人进行提示说明，该免责条款才能产生效力。

从设立实习期制度目的来看，实习期的存在是为了让驾驶员熟悉准驾车辆的驾驶情况，如果增驾实习期内不能驾驶与准驾车型相符的车辆，则失去了实习的意义。

（2019）豫96民终809号　　（2020）豫民再191号

9.

卸货属于使用机动车吗？

——使用机动车的界定

....

【案例 95：（2021）内 29 民终 89 号】

□ 事情经过

2020年4月，寇某为其名下的牵引机动车货车及挂车，向保险公司投保交强险、商业三者险和车上人员险，其中车上人员险保额为20万元。车上人员险条款约定："被保险人或其允许的合法驾驶人在使用被保险机动车过程中发生意外事故，致使车上人员遭受人身伤亡，依法应当由被保险人承担的损害赔偿责任，保险人依照保险合同的约定负责赔偿"。

2020年10月6日，寇某驾驶该车送货。车在停驶状态下，寇某站在车厢上指挥卸货时不慎从车厢上部跌落抢救无效死亡。事故发生后，其家属向派出所报案，该派出所没有认定为交通事故，处理意见为不属于公安机关职责范围。

2020年10月7日，寇某家属向保险公司报案理赔，要求保险公司在车上人员责任保险保额内承担保险金20万元。

此后，保险公司以出险时寇某不属于车上人员险赔偿范围为由，未予理赔。

□ 争议焦点

保险公司认为：寇某是在车辆停驶状态下，自己不慎从半挂车厢上部坠落死亡，不属于车上人员险（司机）合同赔偿范围。

寇某继承人认为：保险事故属于保险责任范围，保险公司应给付车上人员险（司机）保险金。

□ 法院判决

经过一审和二审，法院都判决：卸货属于"使用被保险机动车"，保险公司按机动车车上人员责任保险（司机）的约定给付保险金。

判决理由：车上人员险条款中对"使用被保险机动车"没有作出明确的解释和界定。保险车辆作为一种工具被使用，不仅包括在行驶中的使用，也包括处于静止状态时装货或卸货的使用，出事车辆是货运车辆，装货和卸货是货车的使用方式之一。根据不利解释原则，应将寇某指挥卸货认定为"使用被保险机动车"的方式。因此，虽然本次事故不是交通事故，但属于保险合同约定的被保险人在使用保险车辆过程中发生的意外事故，所以，保险公司应承担保险责任。

案号：（2021）内29民终89号，判决书详情请扫描文末二维码。

□ 适用法律法规

《中华人民共和国保险法》第三十条：采用保险人提供的格式条款订立的保险合同，保险人与投保人、被保险人或者受益人对合同条款有争议的，应当按照通常理解予以解释。对合同条款有两种以上解释的，人民法院或者仲裁机构应当作出有利于被保险人和受益人的解释。

□ 案例评析

本案中，保险合同对"使用被保险机动车"没有作出明确的解释和定义，法院采用不利解释原则，结合运输车辆的正常功能，将"使用被保险机动车"认定为包括在行驶中的使用和处于静止状态时装货或卸货的使用，从而判决保险公司按车上人员险合同的约定赔偿。

2008年12月，就起重机在作业时发生的责任事故是否属于交强险责任范围的问题，原中国保监会办公厅在《关于交强险条例适用问题的复函》（保监厅函〔2008〕345号）中明确回复江苏省徐州市九里区人民法院："根据《机动车交通事故责任强制保险条例》第四十三条的立法精神，用于起重的特种机动车在进行作业时的责任事故，可以比照适用该条例。"这也与本案的判决思路相同。

因此，具有特殊用途的车辆，在非驾驶期间进行的符合自身功能的专项作业，应被认定为属于"使用机动车"的范围。如吊车在停车时进行吊装货物的作业，也是"使用机动车"的形式之一。

（2021）内29民终89号

10.

车辆全损价值低于保险责任限额
如何理赔？

——高保低赔的处理

【案例 96：（2020）粤 09 民终 658 号】

□ 事情经过

2018年8月，陈某为名下小型轿车向保险公司投保保额为157182元的车损险，保险期间一年。

2018年9月，陈某妻子驾驶该车在家门口不远处的泥路上打滑后致使车辆无法离开原位置，后由于该位置水位升高，该车被水浸泡，由保险公司安排拖车将该车拖至修理厂。但保险公司一直未定损，致该车一直未进行维修。

2019年2月，陈某自行叫拖车把车辆拖至另一公司作出了维修估价单，确定该车损失价格为402319.3元。后该公司又作出了不拆估价单，确定该车维修价格为344194元。陈某用去拖车费800元。

2019年9月，保险公司委托的鉴定评估机构做出评估结论：车辆的维修费用超出其事故发生时实际市场价格的60%，确定按整车报废。整车损失鉴定价格=重置成本×成新率-残值=415200×23.73%-524，整车损失价格为98003元。该结论书附件载明车辆损失价格为516350元。保险公司预付鉴定费2000元。

此后，陈某要求保险公司按保险金额理赔，保险公司要求按评估的损失金额理赔。

□ **争议焦点**

保险公司认为：被保险车辆的维修费用超过事故发生时的实际市场价格的60%，应确定按整车报废损失评估，得出损失价格为98003元，该价格是受损车辆的实际价值，所以保险公司应按涉案车辆的实际价值（即98003元）进行保险赔付。若按保险金额157182元赔付，陈某存在不当得利的行为，与保险的性质相违背。

陈某认为：车辆投保了车损险及不计免赔，保险限额157182元。既然车辆经评估确定全损，保险公司就应按照约定的车损险限额赔偿，即赔偿157182元。

□ **法院判决**

经过一审和二审，法院都判决：保险公司应按保险合同约定的保险金额进行赔付。

判决理由：受损车辆投保了"车损险及不计免赔"，保险责任限额为157182元，保险公司也是按照这一保额收取的保险费。在被保险车辆发生保险事故被推定为全损时，保险公司却主张以车辆出险时的实际价值赔付，而不是根据投保时所确认的保险责任限额赔付，属于典型的"高保低赔"，违反了诚实信用和公平原则。而且车辆属于消耗品，价值会持续走低，若支持"高保低赔"将会导致保险责任限额的基本功能丧失。

（本案中还有关于车辆残值、拖车费、鉴定费等内容的阐述，在此不作赘述）

案号：（2020）粤09民终658号，判决书详情请扫描文末二维码。

□ 适用法律法规

《中华人民共和国保险法》第五十五条第一款：投保人和保险人约定保险标的的保险价值并在合同中载明的，保险标的发生损失时，以约定的保险价值为赔偿计算标准。

□ 案例评析

保险费的多少与保险金额有着密切关系。收取保险费是保险公司的权利，承担保险责任则是其收取保险费后应负的义务。权利义务应对等，若按高保险金额收保险费，却按低价值赔偿，则显然会导致权利义务的失衡，所以，当被保险车辆发生全损（或推定全损）事故时，即使保险合同中特别约定了此时按全损价值赔偿，而不按保险金额赔偿，基于公平原则也应是无效的，仍应按约定的保险金额赔偿。

现实生活中，还有一种情况也属于"高保低赔"。比如车辆销售存在补贴等情况，导致车辆实际售价少于车辆标价，如果保险公司按车辆标价收取保险费（即将车辆标价设定为保险责任限额），在出现全损的情况时，则应按车辆标价进行理赔，而不能按车辆实际售价进行理赔。

（2020）粤09民终658号

11.

交通事故中责任方未予赔付如何处理？

——车损险的先行赔偿责任

【案例 97：（2019）沪 74 民终 238 号】

□ 事情经过

2016年11月10日，王某向A保险公司投保车损险、商业三者险及不计免赔，保险期间一年。

2017年4月16日，周某驾驶小客车与王某驾驶的车辆发生碰撞，造成车辆受损。交警部门认定周某负事故全部责任。因周某的小客车在B保险公司投保交强险，王某遂将周某及承保其车辆的B保险公司一并起诉。2018年1月19日，法院判决，王某车辆损失共计322333元，由承保周某车辆的B保险公司在交强险范围内赔偿2000元，由周某赔偿320333元。判决生效后，承保周某车辆的B保险公司进行了赔偿，但周某未履行判决义务，且无财产可供执行，故法院裁定终结本次执行程序。

此后，王某向承保自己车辆的A保险公司申请理赔。保险公司以王某的损失已在其他案件中胜诉为由，未予理赔。

□ 争议焦点

A保险公司认为：王某已就车辆损失向周某和B保险公司提起诉讼，并已胜诉。王某再向承保自己车辆的保险公司提请诉讼，将获得双重赔偿，违反了法律规定。并且王某未向其报案，根据保险合同其有权查勘定损。

王某认为：该事故属于保险责任，周某未履行赔偿责任，A保险公司应承担保险责任。

□ 法院判决

经过一审和二审，法院都判决：王某未获得实际补偿，A保险公司根据新的损失评估，扣除王某已获得的赔偿后，向王某给付保险金，并具有向周某的追偿权。

判决理由：王某的被保险车辆发生了保险范围内的事故。王某虽胜诉，但未实际获得补偿，因此承保王某车辆的A保险公司仍应承担保险责任。承保王某车辆的A保险公司在给付赔偿金后，依法获得保险代位求偿权。因王某未及时向承保其车辆的A保险公司报案，A保险公司有权重新核定。经重新鉴定，结论为被保险车辆的维修费应为222900元。双方对此认可，因此，扣除王某已获得的2000元赔付，A保险公司应向王某支付的车辆损失保险金为220900元。评估费由A保险公司承担。

（本案还有关于代位求偿、车辆损失鉴定等内容的阐述，在此不作赘述）

案号：（2019）沪74民终238号，判决书详情请扫描文末二维码。

□ 适用法律法规

《中华人民共和国保险法》第六十条：因第三者对保险标的的损害而造成保险事故的，保险人自向被保险人赔偿保险金之日起，在赔偿金额范围内代位行使被保险人对第三者请求赔偿的权利。

前款规定的保险事故发生后，被保险人已经从第三者取得损害赔偿的，保险人赔偿保险金时，可以相应扣减被保险人从第三者已取得的赔偿金额。

保险人依照本条第一款规定行使代位请求赔偿的权利，不影响被保险人就未取得赔偿的部分向第三者请求赔偿的权利。

《最高人民法院关于适用〈中华人民共和国保险法〉若干问题的解释（二）》第十九条第二款：财产保险事故发生后，被保险人就其所受损失从第三者取得赔偿后的不足部分提起诉讼，请求保险人赔偿的，人民法院应予依法受理。

□ 案例评析

在车险中，致使受害人车辆损失的第三人无能力赔付时，受害人有权要求承保自己车损险的保险公司在保险金额和保险责任范围内先行赔付，然后再由保险公司向第三人行使代位求偿权。这也给了保险消费者更多的保障。

但如果受害人在进行车辆损失鉴定时，没有通知本车的保险公司，导致本车的保险公司对车辆损失评估结果不认可，本车的保险公司有权申请重新评估。评估鉴定费由本车的保险公司承担。为了节省时间和避免发生本案中受害人车辆承保公司评估时车损金额减少的情况，发生保险事故时不仅要通知致害方承保公司，也要一并通知受害方的承保公司。

（2019）沪74民终238号

12.

网约车乘客开车门致他人受伤如何理赔？

——乘客开车门致他人受伤的责任界定

· ·

【案例 98：（2021）黑 01 民终 791 号】

□ 事情经过

2018年11月，刘某驾驶小型轿车在网约车平台进行网络预约出租汽车客运过程中，乘客杨某下车开车门时造成驾驶二轮车的张某倒地受伤。事故发生后，张某住院治疗，产生一系列医疗费用。刘某的车辆向保险公司投保交强险及商业三者险30万元（含不计免赔）。此次事故发生在保险责任期间。

2019年1月，交警大队作出《道路交通事故认定书》，认定刘某承担事故的主要责任，杨某承担事故的次要责任，张某无事故责任。

2019年8月，司法鉴定中心鉴定结论：张某颅脑损伤（重型）后遗障碍，评定为十级伤残。

2020年7月，另一司法鉴定机构鉴定结论：张某目前为脑损伤所致智能损害综合征—轻度；与事件为完全作用；评定为八级伤残。

此后，就张某损害的赔偿问题，相关各方产生争议，起诉至法院。

□ 争议焦点

保险公司认为：网约车平台运营公司（以下简称"网约车平台"）对于乘客而言是承运人。刘某属于网约车平台委托或临时雇佣的驾驶员，网约车平台对营运期间驾驶员造成的他人损害应赔偿。

网约车平台认为：其在驾驶员、乘客之间处于居间地位，与驾驶员是新型合作关系，不是委托或雇佣关系。其无侵权行为，没有过错，与事故的发生没有因果关系，不该承担责任。杨某下车开车门时撞到张某承担事故次要责任，应当自行承担赔偿责任。保险合同中改变车辆用途的约定属于免责条款，保险公司应当履行提示及明确说明的义务，否则无效或者不能成为保险合同的内容。刘某将私家车用于网约车平台载客，达不到导致车辆危险程度显著增加的标准，不能成为商业三者险的拒赔理由。

刘某认为：自己与网约车平台是支配和管理的关系，接单是没有选择的，是平台给派单，如果连续取消两单就不能继续接单了。购买保险时没有人告诉自己是营运保险还是普通保险，不知情，所以在事故发生时不知道车辆已经改变了使用性质。

杨某认为：网约车平台对乘运价格、预约出租驾驶人经营行为准则、服务标准及处罚方式都作出了规定，证明其对驾驶人存在实际的管理行为。自己承担的责任应在损失额30%以下。

张某认为：刘某、杨某应赔偿医疗费、住院期间伙食补助费、误工费、护理费、营养费、残疾赔偿金、康复费、鉴定费、被抚养人生活费、精神损害赔偿金。保险公司在交强险及商业三者险范围内承担赔偿责任。网约车平台承担连带责任。

□ 法院判决

经过一审和二审，法院都判决：保险公司在交强险、商业三者险范围内赔偿。刘某承担超出交强险、商业三者险赔偿金额的70%；杨某承担超出交强险、商业三者险赔偿金额的30%；网约车平台对刘某和杨某应赔偿的金额承担20%的补充赔偿责任（即若刘某和杨某不能全额赔偿自己应该赔偿的数额时，网约车平台以20%为限赔偿）。

判决理由：

（一）刘某不按规定停车、杨某开车门时妨碍其他车辆通行，共同导致了案涉事故的发生。刘某和杨某的行为都未超出"使用机动车"的合理范畴。由此导致的张某受伤属于商业三者险的赔偿范围。

（二）《网络预约出租汽车经营服务管理暂行办法》除规定网络预约出租汽车平台公司应承担承运人责任外，还明确规定平台公司应当开展岗前培训和日常教育。结合网约车平台的运营方式可以看出，网约车平台构成网约车道路通行安全风险的开启者，还对网约车驾驶员进行了实际的管理。此外，网约车平台还从乘客支付的乘车费中提取一定比例的费用作为公司收益。鉴于网约车平台既进行管理又获取利益，同时考虑网约车平台抽成比例在30%以下，故网约车平台的赔偿比例不超过30%。

案号：（2021）黑01民终791号，判决书详情请扫描文末二维码。

□ 适用法律法规

《中华人民共和国民法典》第一千一百七十九条：侵害他人造成人身损害的，应当赔偿医疗费、护理费、交通费、营养费、住院伙食补助费等为治疗和康复支出的合理费用，以及因误工减少的收入。造成残疾的，还应当赔偿辅助器具费和残疾赔偿金；造成死亡的，还应当赔偿丧葬费和死亡赔偿金。

《中华人民共和国民法典》第一千二百一十三条：机动车发生交通事故造成损害，属于该机动车一方责任的，先由承保机动车强制保险的保险人在强制保险责任限额范围内予以赔偿；不足部分，由承保机动车商业保险的保险人按照保险合同的约定予以赔偿；仍然不足或者没有投保机动车商业保险的，由侵权人赔偿。

□ 案例评析

　　乘客下车开车门伤人在现实生活中并不罕见，此类情况是按责任人的过错程度进行赔偿。需要确定导致受害人损害的有哪些人，这些人应承担的责任比例（在交通事故认定书中一般会有责任认定），涉事车辆和人员有无保险，投保的是什么保险。车辆通常会投保交强险和商业三者险，此时应先由交强险在限额内给付保险金，不足部分再由商业三者险在保险金限额和被保险人应承担的责任范围内赔付。

　　需要特别说明的是，因为车辆是由驾驶员控制，其能选择停车地点、停车时机，且其在驾驶室中方便通过后视镜观察后方来车来人；同时，驾驶员对于乘客能否下车、从哪一侧下车、何时下车有一定控制权，也有进行安全提醒、提示的义务，所以发生乘客开门不当导致他人受到伤害时，驾驶员往往会被认定要承担主要责任。

　　本案中，除了此类人身损害赔偿案件中常规的赔偿人和赔偿项目、金额外，特殊之处在于网约车平台对于受害人的赔偿责任如何确定？哈尔滨市中级人民法院认为，网约车平台在网络预约出租汽车经营活动中既进行运营管理又获取运营收益，所以，网约车平台应根据利益分成比例对受害人进行赔偿。需注意的是，仅当侵权人（如本案的司机和乘客）对其应赔偿的数额不赔时，网约车平台才在一定比例内进行赔偿，承担的不是连带责任，更不会承担应由保险公司赔偿的那部分。

（2021）黑01民终791号

13.

车险理赔中投保人单方委托鉴定是否有效？

——车险理赔中鉴定结果的认定及费用承担

【案例 99：（2020）粤 01 民终 17426 号】

□ 事情经过

2017年12月14日，成某为小客车向保险公司投保车损险、商业三者险等险种，含不计免赔，其中车损险的保险金额（即赔偿限额）为701668元，保险期间自2018年2月2日至2019年2月1日。

2018年9月16日，小客车因台风发生水淹事故。成某向保险公司报案。保险公司派员进行了现场查勘，后车辆被拖到维修厂。

其后，保险公司拟定《事故车辆定损协议》，将车辆损失按180000元一次性定损（不含施救费）。成某认为上述定损价格过低，不同意签订上述《事故车辆定损协议》。

2018年12月5日，成某自行委托资产评估鉴定事务所对小客车损失评估。2018年12月14日，资产评估鉴定事务所出具评估结果为：小客车在价格评估基准日（2018年9月16日）的损失价格为人民币598715元。成某支出评估费17962元。

因保险公司不予理赔，成某起诉至法院。

一审中，保险公司请求对小客车的损失进行重新鉴定。一审法院委托公估公司进行评估，评估基准日为2018年9月16日。公估公司出具评估结果：因小客车已转卖，无法查勘。根据小客车的车辆行驶证，适用《广东省道路交通事故车辆损失价格鉴定操作规程》，确认小客车更换配件标准为全新原厂配件，最终维修费用损失确定为433178元。保险公司支付评估费用26125元。

□ **争议焦点**

保险公司认为：1. 成某无正当理由将诉讼中涉案车辆变卖，致使公估机构无法对车辆进行查勘，保险公司无法核实车辆实际维修情况，不能确认车辆实际更换的配件是不是全新原厂配件，应承担不利后果。2. 根据保险补偿原则，保险赔偿以被保险人的实际损失为限，被保险人不能因获得保险赔偿而获得额外利益。该车辆在保险公司投保了701668元的机动车损失险（为该车新车购置价），经鉴定该车辆在出险后维修前的市场价值为515900元，即成某转卖的价格至少是515900元，再加上一审法院委托的公估公司确定的损失为433178元，则成某将获得949078元（515900元+433178元），超过车辆购置价701668元，获得了额外利益。故成某实际损失应当按照新车购置价减去市场同类车辆转让价格计算赔偿即185760元（701668元-515900元）。3. 成某自行委托评估存在多处错误，重新鉴定的费用由保险公司支付，因此，成某应承担自行委托产生的评估费。

成某认为：1. 自己向保险公司投保机动车损险701558元，但保险金额只是保险公司的最高赔付限额，不等同于车辆的实际价值。2. 保险合同所约定车损险赔款有全损和部分损失两种计算方式，本车应采用部分损失定损。3. 该车辆是加价30万元购入的。购车价816000元，购置税69743.59元，加价30万元，购车成本近120万元。保险公司对明显未达全损的车辆，要求适用全损，并强行要求取得被保险车辆，企图占有购置税69743.59元和加价30万元等保险单中未能体现的部分价值。因此，要求保险公司按其委托的资产评估鉴定事务所出具的报告进行理赔。

□ **法院判决**

经过一审和二审，法院都判决：因成某将车辆转让致无法查勘，根据法院委托的公估公司的鉴定结果，保险公司按一定比例（90%）承担车辆损失赔偿金，并承担成某自行委托的评估费。

判决理由：

（一）保险公司单方委托的公估公司评估车辆出险后维修前的整车市场价值，非法院委托的评估机构作出，也未得到成某认可，法院对此金额不予认可。故保险公司将两个不同机构对不同事项的评估结论简单加总后，认为不符合保险损失补偿原则，不能成立。

（二）无论车辆有无实际维修，车辆的损失已实际发生，且未经维修的车辆转让价格不可能与已经维修的车辆相等，因此，成某一定会遭受损失，车损险应予以赔付。

（三）保险公司认为法院委托的公估公司按全新原厂配件价格进行的评估与事实不符，因法院委托的公估公司已说明评估依据，保险公司未能提交证据证明该评估结论在程序或方法上存在不当，故评估结论有效。

（四）鉴于成某在司法机关尚未最终确认车辆损失的情况下将车辆售卖，致使未能对车辆进行查勘，故酌定车辆损失以公估价格下降10%计算损失，即保险公司应支付车辆损失赔偿金389860.2元（433178元×90%=389860.2元）。

（五）成某作为被保险人，没有调查义务，因保险公司单方委托的评估结果金额明显偏低，其才委托评估机构进行评估，具有协助保险人查明保险损失的性质，并且评估费用低于一审法院委托的评估机构收取的费用，说明该评估费用未严重偏离市场价格。因此，鉴于保险公司较为明显的惜赔行为，成某自行委托评估，具有必要性，且未偏离市场价格，保险公司应承担该评估费用。

案号：（2020）粤01民终17426号，判决书详情请扫描文末二维码。

□ 适用法律法规

《中华人民共和国保险法》第六十四条：保险人、被保险人为查明和确定保险事故的性质、原因和保险标的的损失程度所支付的必要的、合理的费用，由保险人承担。

□ 案例评析

本案涉及车辆损失的评估、未通知保险公司即转让车辆、实际维修与理赔的关系、鉴定费的承担主体等四个主要问题。

关于以上四点，在车险理赔中应作如下考量：

（一）车辆损失的评估

发生交通事故后，保险公司和投保人应在双方协商一致的情况下，委托具有资质的第三方进行损失评估。

如果一方无故拖延评估，另一方可以单方委托有资质的第三方进行评估。

如果一方对另一方评估结果不认可，自己可以委托有资质的第三方另行评估。

对一些标注有效期的评估报告，即使评估报告超过有效期，如果评估报告本身做出时符合相关要求，能够客观反映出车辆的损失，法院仍会采纳评估报告的结果。

如果双方评估的结果差距较大，法院会根据实际情况进行裁决，或者再次委托第三方进行评估后裁决。如果一方只是对另一方的评估结果表示不认可，却没有实际证据或合理原因，法院一般不会支持，而会根据现有的评估报告进行裁决。

（二）车辆转让

根据保险条款，保险公司一般要求投保人在车辆转让后，要在一定时间内尽快通知保险公司。但有时由于投保人疏忽等原因，未能及时通知保险公司。产生的后果可以分为以下两种情况：

1. 在出险前转让车辆。如果车辆转让虽未通知保险人，但只要转让未明显增加车辆的危险程度，事故发生后，保险公司仍要给付保险金。

2. 在出险后，未完成理赔前转让车辆。如果理赔虽然没有完成，但车辆转让前已进行合理的评估或维修，评估报告或维修清单等能完整地说明车辆的损失，保险公司按确定的损失承担保险责任。但如果车辆转让后，保险公司对车辆损失存在异议，但因无法进行实地踏勘，造成车辆损失难以准确查明，投保人就要承担一定不利后果。在本案中，投保人就是因为在理赔结束前，将车辆转让，导致保险公司对损失具体数额存在异议时无法实际查勘车辆，法院判定由投保人承担评估车损金额的10%。在有的案例中，即使有一审法院的评估报告，当保险公司提出异议后，投保人对于车辆维修费数额、更换配件等重要信息无法给出让人足以信服的答复，二审法院也要求投保人进一步提供证据明确证明车辆的损失后，再确定理赔数额。

车辆转让后，不论车辆是否过户，车辆的转让人与受让人都有权要求保险公司赔偿，可以由交通事故中车辆损失的实际承担者提起理赔申请；或者由车辆的转让人与受让人协商一致后，由一方向保险公司提出理赔申请。

（三）是否实际维修与理赔的关系

根据目前的法院判例，交通事故中车辆维修费用不以车辆已经或必然会维修为条件，只要车辆发生了损害，就需要赔偿。且保险限额是一次维修费用的最高上限，保险期间内维修费不累加计算。

（四）鉴定费的承担主体

大多数法院认为保险公司需要承担鉴定费用。在投保人单方委托第三方进行评估时，保险公司是否承担鉴定费，主要依据鉴定行为是否有必要、鉴定费是否符合市场价格等因素判定。本案中，因为保险公司委托的评估公司鉴定的损失金额明显过低，投保人自己委托第三方评估公司具有合理性和必要性，且评估费用符合市场价格，所以，法院判定保险公司承担该鉴定费。但也有的法院将鉴定费作为诉讼费的一部分，与诉讼费一并确认承担主体。

但是，陕西省高级人民法院在（2021）陕民申923号民事裁定书中表明鉴定费的性质是：受害人为明确其损失数额进行鉴定所产生的费用，属于因交通事故产生的仲裁或者诉讼费用以及其他相关费用，同时，鉴定费既不属于人身伤亡产生的费用，也不属于财产直接损毁产生的损失。在该案中，交强险条款约定，因交通事故产生的仲裁或者诉讼费用以及其他相关费用不负责赔偿和垫付；商业三者险条款约定，保险公司承担保险责任的范围是第三者因保险事故遭受人身伤亡或财产直接损毁。所以该法院裁定，承保交强险和商业三者险的保险公司无须承担鉴定费用。鉴定费属于因事故造成的间接损失，应由肇事方承担。

（2020）粤01民终17426号

14.

车辆部分信息与投保单不一致时能否获赔？

——投保车辆基本信息错误的处理

....

【案例100：（2020）津03民终3808号】

□ 事情经过

2017年8月，张某为自己名下的车辆向保险公司投保车损险、不计免赔等保险产品，保险期间自2017年8月14日至2018年8月13日。

2018年8月13日00时30分，张某驾驶该车与宋某驾驶重型货车相撞，造成两车损坏的交通事故。事故发生在保险期间内。经交警大队处理并出具道路交通事故认定书，认定张某负事故全部责任，宋某无责任。事故发生后，刘某（被保险人）委托鉴定评估公司对涉案车辆的损失数额进行了评估。该车行驶证记载的号牌号码与保险单中的不同，发动机号、车架号与保险单一致。

张某出具书面证明，涉案车辆已于2017年7月卖给刘某，本次交通事故由刘某进行理赔，将理赔款直接给付刘某。

此后，保险公司以刘某提供虚假车辆信息为由，未予理赔。

□ 争议焦点

保险公司认为：承保的车辆牌照号与刘某申请理赔的车辆牌照号不一致，刘某故意提供虚假的车辆信息，隐瞒车辆及车辆权利人真实情况，公司不应承担保险责任。

刘某认为：自己的车辆损失费和施救费应该由保险公司赔偿。

□ 法院判决

经过一审和二审，法院都判决：刘某受损的车辆是被投保车辆，保险公司给付刘某评估报告中的车辆损失费和施救费（实际发生的施救费扣减掉无责方交强险应承担的100元）。

判决理由：保险公司在出具保险单前，应对投保人提供的信息进行审核，如其认真查询，不难发现投保车辆信息是否作假，除非保险公司明知车辆信息有假而故意或放任虚假信息，在此情况下出具保险单，视为其已认可承保。事故车辆的发动机号码、车架号与保险单信息上所载的投保车辆的发动机号码、车架号相一致，而车辆的发动机号码、车架号具有唯一性，且是认定是否是被保险车辆的核心特征，所以刘某受损的车辆是被投保车辆。

（本案还有关于车主单方面委托鉴定的效力、车辆转让后诉讼适格主体等问题的阐述，在此不作赘述）

案号：（2020）津03民终3808号，判决书详情请扫描文末二维码。

□ 适用法律法规

《中华人民共和国保险法》第十六条第六款：保险人在合同订立时已经知道投保人未如实告知的情况的，保险人不得解除合同；发生保险事故的，保险人应当承担赔偿或者给付保险金的责任。

□ 案例评析

投保车辆部分信息与投保单上记载不一致，并不必然导致不能获得理赔。通过其他具有唯一性的信息、证据能够证明受损车辆就是投保车辆，保险公司仍应理赔。本案即是属于此种情况。

现在，买卖二手车是很常见的现象。二手车购买完成后，为了避免保险理赔上的麻烦和纠纷，要立即对车辆保险进行必要的变更，主要有两种形式：（1）原车主将车险退保，新车主重新投保，重新投保可以选择新的保险公司；（2）原车主、现车主一起至保险公司办理保险单批改手续，将原保险信息改为新的被保险人、车牌号等相关信息。

保险公司在承保时应认真查询、审核投保材料，避免后期产生纠纷。保险公司在审核投保信息时应该能发现但因疏忽未发现的，可能会被认定为同意依现状承保或存在过错，进而需要承担保险责任。

（2020）津03民终3808号

责任编辑：王雪珂
责任校对：潘　洁
责任印制：陈晓川

图书在版编目(CIP)数据

保险法商典型案例解析 / 张韧，张礼编著. — 北京：中国金融出版社，
2022.2

ISBN 978-7-5220-1514-9

Ⅰ.①保…　Ⅱ.①张…　②张…　Ⅲ.①保险法 — 案例 — 中国
Ⅳ.①D922.284.5

中国版本图书馆CIP数据核字 (2022) 第024175号

保险法商典型案例解析
BAOXIAN FASHANG DIANXING ANLI JIEXI

出版
发行　　**中国金融出版社**

社址　　北京市丰台区益泽路2号
市场开发部　(010) 66024766，63805472，63439533 (传真)
网 上 书 店　www.cfph.cn
　　　　　　(010) 66024766，63372837 (传真)
读者服务部　(010) 66070833，62568380
邮编　　100071
经销　　新华书店
印刷　　河北松源印刷有限公司
尺寸　　169毫米×239毫米
印张　　26.75
字数　　342千
版次　　2022年3月第1版
印次　　2022年3月第1次印刷
定价　　86.00元
ISBN　978-7-5220-1514-9
如出现印装错误本社负责调换　联系电话 (010) 63263947